최근 기출문제 유형을 분석하여
급수별 유형을 100% 반영한
기본→유형→실력→실전의 4단계 구성으로
체계적인 학습을 이끌어 줍니다.

풀기만 하면 자격증 따는 한자자격시험 문제집!

풀기만 하면 자격증 따는 한자자격시험 문제집!

풀기만 하면 자격증 따는

풀자 3급

한자자격시험

교과서 한자어 공부를 겸한 한자자격시험 적중 문제집

≒ 풀기만 하면
자격증 취득

㈜유피교육

編 著	(주)유피교육 부설연구소
發 行 人	신찬성
發 行 處	(주)유피교육
登 錄	2009년 11월 04日 第03-98號
住 所	서울특별시 금천구 가산동 371-47번지
電 話	02-864-3000
F A X	02-864-1730
무료상담	08-0984-0984(공부박사)

* 이 책은 국가공인 한자자격시험 관리·운영기관인 (사)한자교육진흥회가 시행하는 한자자격시험을 대비하기 위한 문제집입니다.
* 이 책에 실린 모든 내용에 대한 저작권은 (주)유피교육에 있으므로 무단으로 복사, 복제할 수 없습니다.
* 파손된 책은 바꾸어 드립니다.

I.n.f.o.r.m.a.t.i.o.n
한자자격시험 안내 3급

1 한자자격시험

- **주관** : 사단법인 한자교육진흥회
- **시행** : 한국 한자실력평가원
- **후원** : (주)유피교육

2 한자자격시험 일정

- 연 6회 실시
- 매 2월, 4월, 6월, 8월, 10월, 12월 시행(사정에 따라 변경될 수 있음)
- **응시 자격** : 제한 없음

3 한자자격시험 준비물 및 입실 시간

- **접수 준비물** : 기본 인적 사항, 응시 원서, 응시료, 반명함판 사진(3cm×4cm 2매)
- **시험 준비물** :
  ① 수험표
  ② 신분증(학생증, 주민등록증, 운전면허증, 여권 – 초등학생과 미취학 아동은 건강보험증 또는 주민등록등본(복사본))
  ③ 컴퓨터용 펜(7, 8급은 연필 사용 가능)
  ④ 검정 볼펜
  ⑤ 컴퓨터용 수정 테이프(※ 수정액 사용 불가)
- **고사장 입실 시간** : 시험 시작 20분 전까지

4 합격자 발표 및 문의처

- **합격자 발표** : 시험 종료 약 1개월 후
- **홈페이지** : http://www.hanja114.org 또는 한자자격시험, 유피교육
- **기타 문의** : 한국 한자실력평가원(전화 02-3406-9111, 팩스 02-3406-9118)

I.n.f.o.r.m.a.t.i.o.n
한자자격시험 안내

3급

5 한자자격시험 급수별 출제 범위

구분	급수	교양한자급수								국가공인급수			
		8급(첫걸음)	7급	6급	준5급	5급	준4급	4급	준3급	3급	2급	1급	사범
평가한자수	계	50자	120자	170자	250자	450자	700자	900자	1,350자	1,800자	2,300자	3,500자	5,000자
	선정한자	30자	50자	70자	150자	300자	500자	700자	1,000자	1,300자	2,300자	3,500자	5,000자
	교과서·실용한자어	20자(13단어)(이상)	70자(43단어)(이상)	100자(62단어)(이상)	100자(62단어)(이상)	150자(117단어)(이상)	200자(139단어)(이상)	200자(156단어)(이상)	350자(305단어)(이상)	500자(436단어)(이상)	500단어(이상)	500단어(이상)	–
한자어 출제 교과서·수준		초1·취학 전	초2	초3	초4	초5·6	중1·2	중3	중3	고1·2·3	대학생 일반	고급	지도자

※ 한자자격시험은 8급~사범까지 총 12개 급수로 구성
※ 1급과 2급은 직업분야별 실용한자어, 3급 이하는 교과서 한자어를 뜻함 (3급 이하의 교과서 한자어에서는 한자 쓰기 문제를 출제하지 않음)
※ 巾(수건 건) 자는 교육부 지정 선정한자(1,800자)에서 제외된 글자이나, 실생활에서 자주 활용되는 부수 자이므로 준5급에 추가하여 80+1자가 되었음

6 급수별 출제 문항 수 및 출제 기준

구분		급수	교양한자급수								국가공인급수			
			8급(첫걸음)	7급	6급	준5급	5급	준4급	4급	준3급	3급	2급	1급	사범
출제기준	문항수 합계		50문항	50문항	80문항	100문항	100문항	100문항	100문항	100문항	100문항	100문항	150문항	200문항
	주관식	문항수	20문항	20문항	50문항	70문항	70문항	70문항	70문항	70문항	70문항	70문항	100문항	150문항
		비율(%)	40% 이상	40% 이상	60% 이상	70% 이상	70% 이상	70% 이상	70% 이상	70% 이상	70% 이상	70% 이상	65% 이상	75% 이상
		한자쓰기(비율%)	–	–	10%	20%	20%	20%	20%	20%	20%	25%	25%	25%
	객관식	문항수	30문항	30문항	30문항	30문항	30문항	30문항	30문항	30문항	30문항	30문항	50문항	50문항
문항별 배점			2점	2점	1.25점	1점	1점	1점	1점	1점	2점	2점	2점	2점
만점(환산점수: 100점)			100점	100점	100점	100점	100점	100점	100점	100점	200점(100점)	200점(100점)	300점(100점)	400점(100점)

풀 기만 하면 자 격 증 취 득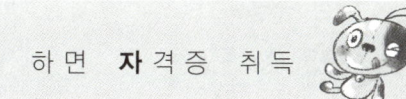

7 급수별 합격 기준

구분 \ 급수	교양한자급수							국가공인급수			
	8급(첫걸음)	7급	6급	준5급	5급	준4급	4급	준3급	3급	2급	1급	사범
합격 기준 (문항 수 기준)	70% 이상	70% 이상	70% 이상	70% 이상	70% 이상	70% 이상	70% 이상	70% 이상	70% 이상	70% 이상	70% 이상	80% 이상

※ 각 급수별 합격 기준 이상의 점수를 얻어야 합격할 수 있음

8 급수별 시험 시간, 출제 유형별 비율(%)

구분		급수	교양한자급수							국가공인급수			
			8급(첫걸음)	7급	6급	준5급	5급	준4급	4급	준3급	3급	2급	1급	사범
시험시간			60분	60분	60분	60분	60분	60분	60분	60분	60분	60분	80분	120분
출제 유형·비율(%)	급수별 선정 한자	훈음	25%	25%	20%	15%	15%	15%	15%	15%	15%	15%	15%	25%
		독음	25%	25%	20%	15%	15%	15%	15%	15%	15%	15%	15%	35%
		쓰기	–	–	10%	20%	20%	20%	20%	20%	20%	20%	20%	25%
		기타	15%	15%	15%	15%	15%	15%	15%	15%	15%	15%	15%	15%
		소계	65%	65%	65%	65%	65%	65%	65%	65%	65%	65%	65%	100%
	교과서 한자어	독음	15%	15%	15%	15%	15%	15%	15%	15%	15%	10%	10%	–
		용어 뜻	10%	10%	10%	10%	10%	10%	10%	10%	10%	10%	10%	–
		쓰기	0%	0%	0%	0%	0%	0%	0%	0%	0%	5%	5%	–
		기타	10%	10%	10%	10%	10%	10%	10%	10%	10%	10%	10%	–
		소계	35%	35%	35%	35%	35%	35%	35%	35%	35%	35%	35%	–
합계			100%	100%	100%	100%	100%	100%	100%	100%	100%	100%	100%	100%

한자자격시험 안내

9 원서 접수 방법

〈방문 접수와 인터넷 접수〉

- **방문 접수** : 지역별 원서접수처를 직접 방문하여 접수하는 경우
  ① 응시 급수 선택 : 한자자격시험 급수별 출제범위를 참고하여, 응시자에 알맞은 급수를 선택
  ② 원서 접수 준비물 확인 : 응시자 성명/주민등록번호/학교명, 학년, 반/전화번호/우편번호,
  　　　　　　　　　　　　주소/반명함판 사진 2매(3×4cm)/응시료
  ③ 원서 작성·접수 : 한자자격시험 OMR 지원서를 작성 후 접수
  ④ 수험표 확인 : 수험표의 응시 급수, 수험 번호, 성명, 주민등록번호, 고사장명, 고사장 문의 전화,
  　　　　　　　　시험 일시를 확인

- **인터넷 접수** : 한자자격시험 홈페이지에 접속하여 원서를 접수
  (홈페이지 : http://www.hanja114.org, 또는 한글 인터넷 주소 : 한자자격시험)

10 국가공인 한자자격 취득자 우대

- 자격기본법 제27조에 의거 국가자격 취득자와 동등한 대우 및 혜택
- 직업 교육 훈련 기관에서 입학 전형 자료로 활용
- 학점 인정 등에 관한 법률의 제7조 3항과 동법 시행령 제9조 2항에 따라 고졸자의 경우에는 전문대학의 학점을, 전문대학 졸업자는 대학교 학점 인정 가능
- 직업 능력의 우월성 인정으로 취업 시 우대
- 공공기관과 기업체 채용, 보수, 승진 과정에서 우대/전문대학, 대학교 입학 시 가점 인정 등
  - 대상 급수 : 사범, 1, 2, 3급
  ※ 우대 반영 비율 및 세부 사항은 기업체 및 각 대학 입시 요강에 따름
- 고등학생 : 교육과학기술부 훈령 제616호에 따라 학교생활기록부 '자격증 및 인증 취득 상황' 란에 등재
- 한국방송통신대학교 해당학과 졸업 논문으로 대체 인정

이 책의 특징

C.h.a.r.a.c.t.e.r.i.s.t.i.c.s

첫째, 이 책은 국가공인 한자자격시험 관리·운영기관인 **사단법인 한자교육진흥회 주관**으로 한국 한자실력평가원에서 시행하는 **국가공인 한자자격시험 3급을 대비**하기 위한 문제집입니다.

둘째, 여기에서는 **한자평가원의 3급 한자 1,800자**(3급 선정한자 1,300자+교과서 한자어 500자로 구성)를 유형별로 학습할 수 있도록 구성하였습니다.

셋째, 유형별 구성은 '**체계적 학습**'을 이끌어 주는 **학습 유도 방법**으로, 이는 **실제 한자자격시험을 취득한 학생들의 사례가 결부**된, 한자자격시험을 손쉽게 대비할 수 있는 유용한 방법입니다.

넷째, 기존의 한자급수시험이 한자의 전반적인 이해와 평가였다면 한자자격시험은 한자는 물론 초·중·고등학교 교과서에 쓰이고 있는 한자어를 읽고, 쓰고, 뜻을 알게 하는 과정을 통해 **우리말의 어휘력과 사고력, 문제의 핵심을 파악하게 하는 능력 등을 높여** 자연스럽게 교과 학습 성취도를 높이는 잠재적 목표까지도 설정하고 있습니다.

풀자 3급

문제집 100% 활용하기

★ 이 책은 기본학습 → 유형학습 → 실력평가 → 실전평가의 4단계로 구성되어 체계적인 한자급수시험 대비가 가능하도록 하였습니다.

★ 교과서 한자어에는 뜻풀이와 쓰임을 함께 수록하여 한자어의 활용 이해가 용이하도록 하였습니다.

★ 최근 기출문제 유형을 분석하여 급수별 유형을 100% 반영함으로써 한자자격시험 유형 이해가 용이하도록 하였습니다.

★ 급수별로 문제집을 구성하여 수준에 맞는 급수 선택과 급수별 집중 학습이 용이하도록 하였습니다.

★ 실제 시험과 동일한 문제와 크기로 제작하여 실전시험 적응력이 향상되도록 하였습니다.

★ OCR 답안지를 수록하여 답안 작성이 용이하도록 구성하였습니다.

이 책의 목차 information

급수별 선정한자 일람표	12
3급 교과서 한자어 일람표	29
3급 한자성어 일람표	39

1단계 기본학습

PART-01 선정한자 익히기	44
PART-02 교과서 한자어 익히기	104
PART-03 한자성어 익히기	192

2단계 유형학습

객|관|식

음이 같은 한자 고르기	216
뜻이 상대되는 한자 고르기	217
뜻이 비슷한 한자 고르기	218
내용과 관련이 깊은 한자 고르기	219
한자어의 독음 고르기	220
설명과 같은 한자어 고르기	221
문장의 ( ) 안에 들어갈 한자어 고르기	222

주|관|식

한자의 훈·음 쓰기	223
훈·음에 맞는 한자 찾아 쓰기	224
공통 한자 찾아 쓰기	225
설명에 맞는 공통 한자 쓰기	226
한자어의 독음 쓰기	227
밑줄 친 낱말이 뜻하는 한자 찾아 쓰기	228
문장에 표기된 단어의 독음 쓰기	229
( ) 안의 단어 한자로 쓰기	230
문장 관련 단어 고쳐 쓰기	231
한자 써서 한자성어 완성하기	232

3단계 실력평가

예상문제(10회분)	234

4단계 실전평가

기출문제(4회분)	266

부록

예상문제 정답	280
기출문제 정답	285
OCR 답안지	

급수별 선정한자 일람표

:: 8급 선정한자

한자	훈	음
一	한	일
二	두	이
三	석	삼
四	넉	사
五	다섯	오
六	여섯	륙
七	일곱	칠
八	여덟	팔
九	아홉	구
十	열	십
日	날	일
月	달	월
火	불	화
水	물	수
木	나무	목
上	위	상
中	가운데	중
下	아래	하
父	아버지	부
母	어머니	모
王	임금	왕
子	아들	자
女	계집	녀
口	입	구
土	흙	토
山	메	산
門	문	문
小	작을	소
人	사람	인
白	흰	백

:: 7급 선정한자

한자	훈	음
江	강	강
工	장인	공
金	쇠	금
男	사내	남
力	힘	력
立	설	립
目	눈	목
百	일백	백
生	날	생
石	돌	석
手	손	수
心	마음	심
入	들	입
自	스스로	자
足	발	족
川	내	천
千	일천	천
天	하늘	천
出	날	출

한자	훈	음
兄	맏	형

:: 6급 선정한자

한자	훈	음
東	동녘	동
西	서녘	서
南	남녘	남
北	북녘	북
方	모	방
向	향할	향
內	안	내
外	바깥	외
同	한가지	동
名	이름	명
靑	푸를	청
年	해	년
正	바를	정
文	글월	문
主	주인	주
寸	마디	촌
弟	아우	제
夫	지아비	부
少	적을	소
夕	저녁	석

:: 준5급 선정한자

한자	훈	음
歌	노래	가

3급 급수별 선정한자 일람표

한자	훈	음
家	집	가
間	사이	간
車	수레	거
巾	수건	건
古	예	고
空	빌	공
敎	가르칠	교
校	학교	교
國	나라	국
軍	군사	군
今	이제	금
記	기록할	기
氣	기운	기
己	몸	기
農	농사	농
答	대답	답
代	대신할	대
大	큰	대
道	길	도
洞	골	동
登	오를	등
來	올	래
老	늙을	로
里	마을	리
林	수풀	림
馬	말	마
萬	일만	만
末	끝	말
每	매양	매
面	낯	면
問	물을	문
物	물건	물
民	백성	민
本	근본	본
分	나눌	분
不	아니	불
食	밥	사
士	선비	사
事	일	사
色	빛	색
先	먼저	선
姓	성씨	성
世	세상	세
所	바	소
時	때	시
市	저자	시
植	심을	식
室	집	실
安	편안할	안
羊	양	양
語	말씀	어
午	낮	오
玉	구슬	옥
牛	소	우
右	오른	우
位	자리	위
有	있을	유
育	기를	육
邑	고을	읍
衣	옷	의
耳	귀	이
字	글자	자
長	긴	장
場	마당	장
電	번개	전
前	앞	전
全	온전할	전
祖	할아비	조
左	왼	좌
住	살	주
地	땅	지
草	풀	초
平	평평할	평
學	배울	학
韓	나라이름	한
漢	한수	한
合	합할	합
海	바다	해

3급 급수별 선정한자 일람표

孝	효도	효
休	쉴	휴

:: 5급 선정한자

各	각각	각
感	느낄	감
强	강할	강
開	열	개
去	갈	거
犬	개	견
見	볼	견
京	서울	경
計	셀	계
界	지경	계
苦	괴로울	고
高	높을	고
功	공	공
共	함께	공
科	과목	과
果	과실	과
光	빛	광
交	사귈	교
郡	고을	군
近	가까울	근
根	뿌리	근
急	급할	급

多	많을	다
短	짧을	단
當	마땅할	당
堂	집	당
對	대답할	대
圖	그림	도
度	법도	도
刀	칼	도
讀	읽을	독
冬	겨울	동
童	아이	동
頭	머리	두
等	무리	등
樂	즐거울	락
禮	예도	례
路	길	로
綠	푸를	록
理	다스릴	리
李	오얏(자두)	리
利	이로울	리
命	목숨	명
明	밝을	명
毛	털	모
無	없을	무
聞	들을	문
米	쌀	미

美	아름다울	미
朴	순박할	박
反	돌이킬	반
半	절반	반
發	필	발
放	놓을	방
番	차례	번
別	다를	별
病	병	병
步	걸음	보
服	옷	복
部	거느릴	부
死	죽을	사
書	글	서
席	자리	석
線	줄	선
省	살필	성
性	성품	성
成	이룰	성
消	사라질	소
速	빠를	속
孫	손자	손
樹	나무	수
首	머리	수
習	익힐	습
勝	이길	승

3급 급수별 선정한자 일람표

漢字	訓	音
詩	글	시
示	보일	시
始	처음	시
式	법	식
神	귀신	신
身	몸	신
信	믿을	신
新	새로울	신
失	잃을	실
愛	사랑	애
野	들	야
夜	밤	야
藥	약	약
弱	약할	약
陽	볕	양
洋	큰바다	양
魚	물고기	어
言	말씀	언
業	일	업
永	길	영
英	꽃부리	영
勇	날쌜	용
用	쓸	용
友	벗	우
運	움직일	운
遠	멀	원

漢字	訓	音
原	언덕, 근본	원
元	으뜸	원
油	기름	유
肉	고기	육
銀	은	은
飮	마실	음
音	소리	음
意	뜻	의
者	놈	자
昨	어제	작
作	지을	작
章	글	장
在	있을	재
才	재주	재
田	밭	전
題	제목	제
第	차례	제
朝	아침	조
族	겨레	족
晝	낮	주
竹	대	죽
重	무거울	중
直	곧을	직
窓	창문	창
淸	맑을	청
體	몸	체

漢字	訓	音
村	마을	촌
秋	가을	추
春	봄	춘
親	친할	친
太	클	태
通	통할	통
貝	조개	패
便	편할	편
表	겉	표
品	물건	품
風	바람	풍
夏	여름	하
行	다닐	행
幸	다행	행
血	피	혈
形	모양	형
號	이름	호
花	꽃	화
話	말씀	화
和	화할, 화목할	화
活	살	활
黃	누를	황
會	모일	회
後	뒤	후

:: 준4급 선정한자

3급 급수별 선정한자 일람표

한자	훈	음
價	값	가
加	더할	가
可	옳을	가
角	뿔	각
甘	달	감
改	고칠	개
個	낱	개
客	손님	객
決	결단할	결
結	맺을	결
輕	가벼울	경
敬	공경할	경
季	철	계
固	굳을	고
考	상고할	고
告	알릴	고
曲	굽을	곡
公	공변될	공
課	매길	과
過	지날	과
關	관계할, 빗장	관
觀	볼	관
廣	넓을	광
橋	다리	교
求	구할	구
君	임금	군

한자	훈	음
貴	귀할	귀
極	다할	극
給	줄	급
期	기약할	기
技	재주	기
基	터	기
吉	길할	길
念	생각	념
能	능할	능
談	말씀	담
待	기다릴	대
德	덕	덕
都	도읍	도
島	섬	도
到	이를	도
動	움직일	동
落	떨어질	락
冷	찰	랭
兩	두	량
良	어질	량
量	헤아릴	량
歷	지낼	력
領	옷깃	령
令	하여금, 명령할	령
例	법식	례
勞	수고로울	로

한자	훈	음
料	헤아릴	료
流	흐를	류
亡	망할	망
望	바랄	망
買	살	매
妹	아랫누이	매
賣	팔	매
武	굳셀	무
味	맛	미
未	아닐	미
法	법	법
兵	군사	병
報	갚을	보
福	복	복
奉	받들	봉
富	부자	부
備	갖출	비
比	견줄	비
貧	가난할	빈
氷	얼음	빙
仕	벼슬할	사
思	생각	사
師	스승	사
史	역사	사
使	하여금	사
産	낳을	산

3급 급수별 선정한자 일람표

算	셈	산	氏	성씨	씨	因	인할	인
賞	상줄	상	兒	아이	아	姉	맏누이	자
相	서로	상	惡	악할	악	再	두	재
商	장사	상	案	책상, 생각	안	材	재목	재
常	항상	상	暗	어두울	암	財	재물	재
序	차례	서	約	맺을	약	爭	다툴	쟁
船	배	선	養	기를	양	低	낮을	저
仙	신선	선	漁	고기잡을	어	貯	쌓을	저
善	착할	선	億	억	억	的	과녁	적
雪	눈	설	如	같을	여	赤	붉을	적
說	말씀	설	餘	남을	여	典	법	전
星	별	성	然	그럴	연	戰	싸움	전
城	재	성	熱	더울	열	傳	전할	전
誠	정성	성	葉	잎	엽	展	펼	전
洗	씻을	세	屋	집	옥	店	가게	점
歲	해	세	溫	따뜻할	온	庭	뜰	정
送	보낼	송	完	완전할	완	情	뜻	정
數	셈	수	要	구할	요	定	정할	정
守	지킬	수	雨	비	우	調	고를	조
宿	잠잘	숙	雲	구름	운	助	도울	조
順	순할	순	園	동산	원	鳥	새	조
視	볼	시	願	원할	원	早	이를	조
試	시험	시	由	말미암을	유	存	있을	존
識	알	식	義	옳을	의	卒	군사	졸
臣	신하	신	醫	의원	의	終	마칠	종
實	열매	실	以	써	이	種	씨	종

3급 급수별 선정한자 일람표

罪	허물	죄	敗	패할	패	甲	껍질, 갑옷	갑
注	물댈	주	必	반드시	필	擧	들	거
止	그칠	지	河	물	하	巨	클	거
志	뜻	지	寒	찰	한	建	세울	건
知	알	지	害	해칠	해	乾	하늘	건
至	이를	지	香	향기	향	更	다시	갱
紙	종이	지	許	허락할	허	慶	경사	경
支	지탱할	지	現	나타날	현	競	다툴	경
進	나아갈	진	好	좋을	호	耕	밭갈	경
眞	참	진	湖	호수	호	景	볕	경
質	바탕	질	畵	그림	화	經	지날, 글	경
集	모일	집	化	될, 변화할	화	庚	천간, 별	경
次	버금	차	患	근심	환	溪	시내	계
參	참여할 셋	참 삼	回	돌	회	癸	천간	계
責	꾸짖을	책	效	본받을	효	故	연고	고
鐵	쇠	철	訓	가르칠	훈	谷	골	곡
初	처음	초	凶	흉할	흉	骨	뼈	골
祝	빌	축	黑	검을	흑	官	벼슬	관
充	채울	충				救	구원할	구
忠	충성	충	**4급 선정한자**			究	궁구할	구
致	이를	치	街	거리	가	句	글귀	구
他	다를	타	假	거짓	가	舊	옛	구
打	칠	타	佳	아름다울	가	久	오랠	구
宅	집	택	干	방패	간	弓	활	궁
統	거느릴	통	看	볼	간	權	권세	권
特	특별할	특	減	덜	감	均	고를	균

3급 급수별 선정한자 일람표

禁	금할	금
及	미칠	급
其	그	기
起	일어날	기
乃	이에	내
怒	성낼	노
端	바를	단
丹	붉을	단
單	홑	단
達	통달할	달
徒	무리	도
獨	홀로	독
斗	말	두
得	얻을	득
燈	등잔	등
旅	나그네	려
連	이을	련
練	익힐	련
烈	매울, 뜨거울	렬
列	벌일	렬
論	논할	론
陸	뭍	륙
倫	인륜	륜
律	법	률
滿	찰	만
忘	잊을	망

妙	묘할	묘
卯	토끼	묘
務	힘쓸	무
尾	꼬리	미
密	빽빽할	밀
飯	밥	반
防	막을	방
房	방	방
訪	찾을	방
拜	절	배
伐	칠	벌
變	변할	변
丙	남녘	병
保	지킬	보
復	돌아올	복
否	아닐	부
婦	지어미, 며느리	부
佛	부처	불
悲	슬플	비
非	아닐	비
鼻	코	비
巳	뱀, 지지	사
謝	사례할	사
私	사사로울	사
絲	실	사
寺	절	사

舍	집	사
散	흩어질	산
想	생각	상
選	가릴	선
鮮	고울	선
舌	혀	설
聖	성스러울	성
盛	성할	성
聲	소리	성
細	가늘	세
勢	권세	세
稅	세금	세
笑	웃음	소
續	이을	속
俗	풍속	속
松	소나무	송
收	거둘	수
修	닦을	수
受	받을	수
授	줄	수
純	순수할	순
戌	개, 지지	술
拾	주울	습
承	이을	승
是	옳을	시
辛	매울	신

급수별 선정한자 일람표

3급

申	펼, 지지	신
眼	눈	안
若	같을, 만약	약
與	더불, 줄	여
逆	거스를	역
硏	갈	연
榮	영화	영
藝	재주	예
誤	그릇될	오
往	갈	왕
浴	목욕할	욕
容	얼굴	용
遇	만날	우
雄	수컷	웅
危	위태할	위
偉	클	위
爲	할	위
遺	남길	유
酉	닭, 지지	유
恩	은혜	은
乙	새	을
陰	그늘	음
應	응할	응
依	의지할	의
異	다를	이
移	옮길	이

益	더할	익
引	끌	인
印	도장	인
寅	범	인
認	알	인
壬	천간, 북방	임
將	장수	장
適	맞을	적
敵	원수	적
節	마디	절
接	이을	접
停	머무를	정
井	우물	정
精	정기	정
政	정사	정
除	덜	제
祭	제사	제
製	지을	제
兆	조	조
造	지을	조
尊	높을	존
坐	앉을	좌
走	달릴	주
朱	붉을	주
衆	무리	중
增	더할	증

持	가질	지
指	손가락	지
辰	별, 지지	진
着	붙을	착
察	살필	찰
唱	부를	창
冊	책	책
處	곳, 살	처
聽	들을	청
請	청할	청
最	가장	최
蟲	벌레	충
取	가질	취
治	다스릴	치
齒	이	치
則	법칙	칙
針	바늘, 침	침
快	쾌할	쾌
脫	벗을	탈
探	찾을	탐
退	물러날	퇴
波	물결	파
判	판단할	판
片	조각	편
布	베, 펼	포
暴	사나울	포

3급 급수별 선정한자 일람표

筆	붓	필
限	한정	한
解	풀	해
鄕	시골, 마을	향
協	도울	협
惠	은혜	혜
呼	부를	호
戶	지게문	호
婚	혼인할	혼
貨	재화	화
興	일어날	흥
希	바랄	희

준3급 선정한자

脚	다리	각
渴	목마를	갈
敢	감히	감
監	볼	감
鋼	강철	강
降	내릴	강
康	편안할	강
皆	다	개
居	살	거
健	건강할	건
件	사건	건
檢	검사할	검

儉	검소할	검
格	격식	격
堅	굳을	견
潔	깨끗할	결
鏡	거울	경
警	경계할	경
驚	놀랄	경
境	지경	경
戒	경계할	계
鷄	닭	계
階	섬돌	계
繼	이을	계
庫	곳집	고
孤	외로울	고
穀	곡식	곡
困	곤할	곤
坤	땅	곤
具	갖출	구
球	공	구
區	나눌	구
局	판	국
群	무리	군
窮	다할	궁
宮	집	궁
勸	권할	권
卷	책	권

歸	돌아갈	귀
規	법	규
勤	부지런할	근
級	등급	급
器	그릇	기
旗	기	기
幾	몇	기
旣	이미	기
暖	따뜻할	난
難	어려울	난
納	들일	납
努	힘쓸	노
斷	끊을	단
但	다만	단
團	둥글	단
壇	제단	단
段	층계	단
隊	무리	대
導	인도할	도
豆	콩	두
羅	벌일	라
卵	알	란
覽	볼	람
浪	물결	랑
郞	사내	랑
略	간략할	략

3급 급수별 선정한자 일람표

凉	서늘할	량
露	이슬	로
錄	기록할	록
留	머무를	류
類	무리	류
柳	버들	류
莫	없을	막
晚	늦을	만
忙	바쁠	망
麥	보리	맥
免	면할	면
眠	잠잘	면
勉	힘쓸	면
鳴	울	명
暮	저물	모
牧	칠	목
墓	무덤	묘
茂	무성할	무
戊	천간	무
舞	춤출	무
墨	먹	묵
勿	말	물
班	나눌	반
倍	갑절	배
背	등	배
杯	잔	배

配	짝	배
罰	벌할	벌
凡	무릇	범
犯	범할	범
寶	보배	보
伏	엎드릴	복
逢	만날	봉
扶	도울	부
浮	뜰	부
副	버금	부
朋	벗	붕
飛	날	비
秘	숨길	비
費	쓸	비
社	모일	사
寫	베낄	사
射	쏠	사
査	조사할	사
殺	죽일	살
狀	모양	상
傷	상할	상
霜	서리	상
尚	오히려	상
喪	초상	상
象	코끼리	상
床	평상	상

暑	더울	서
惜	아낄	석
昔	옛	석
設	베풀	설
掃	쓸	소
素	흴	소
束	묶을	속
損	덜	손
愁	근심	수
誰	누구	수
須	모름지기	수
壽	목숨	수
雖	비록	수
秀	빼어날	수
淑	맑을	숙
叔	아재비	숙
術	재주	술
崇	높일	숭
乘	탈	승
施	베풀	시
息	숨쉴	식
深	깊을	심
甚	심할	심
我	나	아
顔	얼굴	안
巖	바위	암

3급 급수별 선정한자 일람표

央	가운데	앙	憂	근심	우	仁	어질	인
仰	우러를	앙	尤	더욱	우	忍	참을	인
哀	슬플	애	又	또	우	任	맡길	임
也	어조사	야	于	어조사	우	慈	사랑	자
揚	날릴, 떨칠	양	宇	집	우	壯	씩씩할	장
讓	사양할	양	云	이를	운	腸	창자	장
於	어조사	어	源	근원	원	栽	심을	재
憶	생각할	억	圓	둥글	원	哉	어조사	재
嚴	엄할	엄	怨	원망할	원	災	재앙	재
余	나	여	員	인원	원	著	나타날	저
汝	너	여	院	집	원	積	쌓을	적
亦	또	역	威	위엄	위	轉	구를	전
域	지경	역	猶	같을	유	錢	돈	전
煙	연기	연	遊	놀	유	專	오로지	전
悅	기쁠	열	柔	부드러울	유	絕	끊을	절
炎	불꽃	염	儒	선비	유	切	끊을, 간절할	절
營	경영할	영	幼	어릴	유	點	점	점
迎	맞이할	영	唯	오직	유	靜	고요할	정
烏	까마귀	오	乳	젖	유	貞	곧을	정
悟	깨달을	오	吟	읊을	음	淨	깨끗할	정
吾	나	오	泣	울	읍	丁	장정	정
瓦	기와	와	矣	어조사	의	頂	정수리	정
臥	누울	와	議	의논할	의	制	마를	제
曰	가로	왈	而	말이을	이	諸	모든	제
謠	노래	요	易	쉬울	이	際	사이	제
欲	하고자할	욕	已	이미	이	帝	임금	제

3급 급수별 선정한자 일람표

操	잡을	조
宗	마루	종
鐘	쇠북	종
從	좇을	종
州	고을	주
酒	술	주
宙	집	주
準	법도	준
卽	곧	즉
曾	일찍	증
證	증거	증
枝	가지	지
之	갈	지
只	다만	지
智	지혜	지
職	벼슬	직
盡	다할	진
執	잡을	집
且	또	차
借	빌릴	차
此	이	차
創	비롯할	창
昌	창성할	창
菜	나물	채
採	캘	채
妻	아내	처

尺	자	척
泉	샘	천
淺	얕을	천
晴	갤	청
招	부를	초
總	거느릴	총
推	밀	추
追	쫓을	추
丑	소	축
就	나아갈	취
吹	불	취
層	층	층
卓	높을	탁
炭	숯	탄
泰	클	태
討	칠	토
痛	아플	통
投	던질	투
破	깨뜨릴	파
板	널빤지	판
篇	책	편
閉	닫을	폐
包	쌀	포
抱	안을	포
票	표	표
豊	풍년	풍

皮	가죽	피
彼	저	피
疲	피곤할	피
匹	짝	필
何	어찌	하
賀	하례할	하
閑	한가할	한
恨	한할	한
恒	항상	항
亥	돼지	해
虛	빌	허
驗	시험	험
革	가죽	혁
賢	어질	현
刑	형벌	형
虎	범	호
乎	어조사	호
或	혹	혹
混	섞을	혼
紅	붉을	홍
華	빛날	화
歡	기쁠	환
皇	임금	황
候	기후	후
厚	두터울	후
胸	가슴	흉

3급 급수별 선정한자 일람표

吸	숨들이쉴	흡
喜	기쁠	희

3급 선정한자

暇	겨를	가
架	시렁	가
覺	깨달을	각
刻	새길	각
姦	간사할	간
刊	책펴낼	간
講	익힐	강
介	낄	개
距	떨어질	거
拒	막을	거
傑	뛰어날	걸
劍	칼	검
激	부딪칠	격
缺	이지러질	결
兼	겸할	겸
硬	굳을	경
傾	기울	경
械	기계	계
係	맬	계
契	맺을	계
系	이어맬	계
姑	시어미	고

稿	원고	고
恭	공손	공
孔	구멍	공
貢	바칠	공
供	이바지할	공
攻	칠	공
冠	갓	관
貫	꿸	관
管	대롱	관
慣	버릇	관
較	견줄	교
構	얽을	구
苟	진실로	구
券	문서	권
拳	주먹	권
菌	버섯	균
克	이길	극
斤	도끼	근
謹	삼갈	근
畿	경기	기
奇	기이할	기
企	꾀할	기
機	베틀	기
紀	벼리	기
寄	부칠	기
祈	빌	기

欺	속일	기
娘	아가씨	낭
耐	견딜	내
奴	종	노
腦	뇌	뇌
茶	차	다
淡	맑을	담
擔	멜	담
畓	논	답
黨	무리	당
帶	띠	대
貸	빌릴	대
倒	넘어질	도
逃	달아날	도
盜	도둑	도
督	감독할	독
毒	독	독
豚	돼지	돈
突	갑자기	돌
銅	구리	동
亂	어지러울	란
糧	양식	량
慮	생각	려
戀	사모할	련
蓮	연꽃	련
聯	잇닿을	련

3급 급수별 선정한자 일람표

한자	훈	음
嶺	고개	령
鹿	사슴	록
了	마칠	료
龍	용	룡
輪	바퀴	륜
栗	밤	률
離	떠날	리
履	밟을	리
梨	배	리
吏	아전	리
臨	임할	림
麻	삼	마
妄	망령될	망
梅	매화	매
盲	눈멀	맹
孟	맏	맹
盟	맹세	맹
銘	새길	명
募	모을	모
模	법	모
慕	사모할	모
某	아무	모
睦	화목할	목
貿	무역할	무
敏	재빠를	민
博	넓을	박

한자	훈	음
薄	엷을	박
返	돌아올	반
般	일반	반
髮	터럭	발
芳	꽃다울	방
邦	나라이름	방
妨	방해할	방
輩	무리	배
繁	번성할	번
範	법	범
壁	벽	벽
邊	가	변
辯	말잘할	변
補	기울	보
普	넓을	보
譜	족보	보
複	겹칠	복
腹	배	복
卜	점	복
峰	봉우리	봉
府	관청	부
付	부칠	부
負	질	부
粉	가루	분
奔	달릴	분
紛	어지러울	분

한자	훈	음
拂	떨칠	불
批	비평할	비
肥	살찔	비
司	맡을	사
捨	버릴	사
詐	속일	사
斯	이	사
祀	제사	사
償	갚을	상
祥	상서로울	상
像	형상	상
索	찾을	색
署	관청	서
庶	여러	서
恕	용서할	서
宣	베풀	선
涉	건널	섭
蔬	나물	소
頌	기릴	송
訟	송사할	송
刷	인쇄할	쇄
囚	가둘	수
輸	보낼	수
熟	익을	숙
巡	순행할	순
旬	열흘	순

3급 급수별 선정한자 일람표

한자	훈	음
述	지을	술
雅	바를	아
亞	버금	아
餓	주릴	아
岸	언덕	안
涯	물가	애
額	이마	액
樣	모양	양
壤	흙	양
役	부릴	역
驛	역마	역
延	끌	연
鉛	납	연
沿	물따라내려갈	연
緣	인연	연
宴	잔치	연
演	펼	연
映	비칠	영
泳	헤엄칠	영
銳	날카로울	예
辱	욕될	욕
慾	욕심	욕
羽	깃	우
優	넉넉할	우
愚	어리석을	우
郵	우편	우

한자	훈	음
援	도울	원
委	맡길	위
胃	밥통	위
圍	에울	위
衛	지킬	위
裕	넉넉할	유
悠	멀	유
維	벼리	유
儀	거동	의
宜	마땅	의
疑	의심	의
姻	혼인할	인
逸	편안	일
姿	맵시	자
資	재물	자
殘	남을	잔
雜	섞일	잡
奬	권면할	장
裝	꾸밀	장
障	막을	장
張	베풀	장
丈	어른	장
帳	휘장	장
抵	거스를	저
底	밑	저
績	길쌈	적

한자	훈	음
賊	도둑	적
籍	문서	적
占	점칠	점
整	가지런할	정
訂	바로잡을	정
亭	정자	정
廷	조정	정
征	칠	정
齊	가지런할	제
濟	건널	제
提	끌	제
堤	둑	제
照	비칠	조
條	조목	조
弔	조상할	조
租	조세	조
潮	조수	조
組	짤	조
座	자리	좌
株	그루	주
柱	기둥	주
周	두루	주
舟	배	주
俊	준걸	준
症	증세	증
誌	기록할	지

3급 급수별 선정한자 일람표

한자	훈	음
池	못	지
織	짤	직
陳	늘어놓을	진
珍	보배	진
鎭	진압할	진
陣	진칠	진
姪	조카	질
秩	차례	질
差	어긋날	차
贊	도울	찬
倉	곳집	창
債	빚	채
策	꾀	책
拓	넓힐	척
踐	밟을	천
賤	천할	천
哲	밝을	철
妾	첩	첩
超	넘을	초
礎	주춧돌	초
聰	귀밝을	총
築	쌓을	축
側	곁	측
測	헤아릴	측
値	값	치
置	둘	치

한자	훈	음
恥	부끄러울	치
浸	적실	침
侵	침노할	침
稱	일컬을	칭
妥	평온할	타
濯	씻을	탁
歎	탄식할	탄
彈	탄알	탄
塔	탑	탑
態	모양	태
擇	가릴	택
澤	못	택
吐	토할	토
鬪	싸울	투
派	물갈래	파
版	판목	판
販	팔	판
評	평론할	평
肺	허파	폐
浦	물가	포
捕	잡을	포
胞	태보	포
爆	터질	폭
被	입을	피
避	피할	피
咸	다	함

한자	훈	음
抗	겨룰	항
項	목	항
航	배	항
港	항구	항
享	누릴	향
響	소리	향
憲	법	헌
險	험할	험
絃	줄	현
亨	형통할	형
昏	저물	혼
弘	클	홍
確	굳을	확
環	고리	환
丸	알	환
悔	뉘우칠	회
劃	그을	획
揮	휘두를	휘

3급 교과서 한자어 일람표

家畜	가축
簡單	간단
諫言	간언
葛藤	갈등
槪念	개념
凱旋	개선
慨歎	개탄
坑道	갱도
乾燥	건조
檢閱	검열
揭揚	게양
激勵	격려
隔差	격차
結晶	결정
缺乏	결핍

缺陷	결함
謙遜	겸손
頃刻	경각
啓蒙	계몽
苦悶	고민
古墳	고분
枯死	고사
雇傭	고용
鼓吹	고취
攻擊	공격
空欄	공란
貢獻	공헌
恐慌	공황
瓜年	과년
誇張	과장

寡占	과점
官僚	관료
寬容	관용
官廳	관청
鑛物	광물
狂人	광인
掛圖	괘도
傀儡	괴뢰
巧妙	교묘
絞首	교수
郊外	교외
矯正	교정
膠着	교착
交替	교체
敎鞭	교편

3급 교과서 한자어 일람표

交換	교환
狡猾	교활
丘陵	구릉
驅使	구사
拘束	구속
屈伏	굴복
宮闕	궁궐
宮殿	궁전
倦怠	권태
軌道	궤도
鬼神	귀신
閨房	규방
根幹	근간
根據	근거
近隣	근린

筋肉	근육
錦繡	금수
禽獸	금수
琴瑟	금슬
金融	금융
急騰	급등
肯定	긍정
矜持	긍지
祈禱	기도
岐路	기로
欺瞞	기만
起訴	기소
飢餓	기아
氣壓	기압
忌憚	기탄

嗜好	기호
緊張	긴장
懶怠	나태
拉致	납치
朗誦	낭송
來賓	내빈
冷却	냉각
奴隷	노예
老翁	노옹
祿俸	녹봉
濃度	농도
雷電	뇌전
樓閣	누각
陋名	누명
淚腺	누선

3급 교과서 한자어 일람표

漏電	누전
多汗症	다한증
檀君	단군
鍛鍊	단련
膽囊	담낭
踏査	답사
臺本	대본
對酌	대작
垈地	대지
圖鑑	도감
陶工	도공
塗褙	도배
跳躍	도약
稻作	도작
渡河	도하

敦篤	돈독
頓悟	돈오
洞窟	동굴
棟梁	동량
凍死	동사
鈍角	둔각
屯田	둔전
摩擦	마찰
幕	막
灣	만
埋藏	매장
媒體	매체
脈絡	맥락
猛獸	맹수
萌芽	맹아

免疫	면역
綿織	면직
滅亡	멸망
蔑視	멸시
冥府	명부
名詞	명사
名譽	명예
模倣	모방
矛盾	모순
茅屋	모옥
謀議	모의
冒險	모험
沐浴	목욕
沒入	몰입
蒙昧	몽매

3급 교과서 한자어 일람표

苗木	묘목
描寫	묘사
無影	무영
舞踊	무용
美貌	미모
微分	미분
迷信	미신
未畢	미필
民譚	민담
博物館	박물관
伴侶	반려
發掘	발굴
拔萃	발췌
防禦	방어
賠償	배상

俳優	배우
排斥	배척
白鹿潭	백록담
白眉	백미
伯父	백부
煩惱	번뇌
飜譯	번역
氾濫	범람
僻地	벽지
辨別	변별
病棟	병동
竝列	병렬
輔國	보국
保護	보호
覆蓋	복개

福祉	복지
封建	봉건
蜂蜜	봉밀
訃告	부고
附錄	부록
附屬	부속
赴任	부임
分娩	분만
奮發	분발
分析	분석
分裂	분열
崩壞	붕괴
鼻腔	비강
碑銘	비명
誹謗	비방

3급 교과서 한자어 일람표

卑俗語	비속어
比喩	비유
比率	비율
頻度	빈도
祠堂	사당
沙漠	사막
赦免	사면
斜陽	사양
似而非	사이비
辭典	사전
蛇足	사족
四肢	사지
寺刹	사찰
奢侈	사치
朔望月	삭망월

山岳	산악
撒布	살포
三綱	삼강
森林	삼림
揷畵	삽화
上位圈	상위권
象徵	상징
相互	상호
狀況	상황
生殖	생식
敍述	서술
誓約	서약
書札	서찰
書翰	서한
徐行	서행

船舶	선박
禪宗	선종
旋回	선회
纖維	섬유
攝取	섭취
紹介	소개
疎外	소외
疏遠	소원
所謂	소위
騷音	소음
垂簾	수렴
收斂	수렴
狩獵	수렵
受賂	수뢰
睡眠	수면

3급 교과서 한자어 일람표

受侮	수모
搜査	수사
需要	수요
羞恥	수치
隨筆	수필
瞬間	순간
純粹	순수
脣音	순음
殉葬	순장
濕度	습도
昇華	승화
信賴	신뢰
愼重	신중
信託	신탁
審議	심의

惡魔	악마
惡臭	악취
安寧	안녕
哀悼	애도
厄運	액운
輿論	여론
旅程	여정
役割	역할
年齡	연령
憐憫	연민
燃燒	연소
鹽酸	염산
厭世	염세
永訣	영결
令孃	영양

零下	영하
靈魂	영혼
預金	예금
誤謬	오류
傲慢	오만
汚染	오염
沃土	옥토
緩和	완화
歪曲	왜곡
倭亂	왜란
畏敬	외경
尿道	요도
搖籃	요람
要塞	요새
夭折	요절

3급 교과서 한자어 일람표

腰痛	요통
溶解	용해
優劣	우열
右翼	우익
寓話	우화
運搬	운반
鬱蒼	울창
月蝕	월식
緯度	위도
慰勞	위로
僞造	위조
威脅	위협
紐帶	유대
遺蹟	유적
幼稚	유치

誘惑	유혹
輪郭	윤곽
隆盛	융성
淫亂	음란
音韻	음운
凝固	응고
裏面	이면
利潤	이윤
匿名性	익명성
翌日	익일
咽喉	인후
賃金	임금
姙娠	임신
粒子	입자
自愧	자괴

磁力	자력
諮問	자문
潛水	잠수
暫時	잠시
障碍	장애
莊園	장원
匠人	장인
災殃	재앙
裁判	재판
顚倒	전도
絶叫	절규
店鋪	점포
情緖	정서
提携	제휴
彫刻	조각

3급 교과서 한자어 일람표

調劑	조제
族閥	족벌
拙稿	졸고
宗廟	종묘
縱橫	종횡
週末	주말
鑄造	주조
主軸	주축
遵法	준법
中庸	중용
蒸散	증산
贈與	증여
憎惡	증오
脂肪	지방
地獄	지옥

地震	지진
遲滯	지체
智慧	지혜
振動	진동
診療	진료
塵土	진토
振幅	진폭
疾病	질병
窒息	질식
懲罰	징벌
錯雜	착잡
燦爛	찬란
慘狀	참상
蒼空	창공
滄海	창해

遷都	천도
天賦	천부
尖端	첨단
添削	첨삭
捷徑	첩경
淸廉	청렴
締結	체결
遞增	체증
抄錄	초록
招聘	초빙
肖像	초상
超越	초월
叢書	총서
醜聞	추문
趨勢	추세

3급 교과서 한자어 일람표

推薦	추천
抽出	추출
蹴球	축구
縮尺	축척
衝突	충돌
醉氣	취기
趣味	취미
炊事	취사
勅書	칙서
親戚	친척
鍼灸	침구
沈默	침묵
稱讚	칭찬
墮落	타락
琢磨	탁마

誕生	탄생
奪取	탈취
耽溺	탐닉
貪慾	탐욕
胎氣	태기
太陽曆	태양력
颱風	태풍
兎鼈歌	토별가
堆積	퇴적
透明	투명
特殊	특수
罷市	파시
把握	파악
播種	파종
覇權	패권

偏西風	편서풍
編輯	편집
平衡	평형
廢鑛	폐광
幣帛	폐백
弊社	폐사
抛棄	포기
葡萄糖	포도당
捕虜	포로
飽和	포화
標準語	표준어
瑕疵	하자
虐待	학대
旱魃	한발
函數	함수

3급 교과서 한자어 일람표

含蓄	함축
巷說	항설
亢星	항성
解夢	해몽
解剖	해부
核	핵
許諾	허락
穴居	혈거
螢雪	형설
胡亂	호란
酷寒	혹한
魂魄	혼백
混濁	혼탁
忽然	홀연
洪水	홍수

華燭	화촉
擴大	확대
還穀	환곡
幻想	환상
闊葉	활엽
回顧	회고
膾炙	회자
獲得	획득
嚆矢	효시
勳章	훈장
毁損	훼손
休憩	휴게
戲曲	희곡
戲弄	희롱
犧牲	희생

稀少	희소

3급 한자성어 일람표

刻骨難忘	각골난망
格物致知	격물치지
結者解之	결자해지
傾國之色	경국지색
敬而遠之	경이원지
鷄卵有骨	계란유골
孤立無援	고립무원
姑息之計	고식지계
苦肉之策	고육지책
苦盡甘來	고진감래
過猶不及	과유불급
群盲評象	군맹평상
克己復禮	극기복례
近墨者黑	근묵자흑
金石盟約	금석맹약

金字塔	금자탑
金枝玉葉	금지옥엽
氣高萬丈	기고만장
奇想天外	기상천외
難攻不落	난공불락
內憂外患	내우외환
老馬之智	노마지지
斷金之交	단금지교
大驚失色	대경실색
大器晩成	대기만성
東奔西走	동분서주
得意揚揚	득의양양
登龍門	등용문
莫上莫下	막상막하
萬事亨通	만사형통

3급 한자성어 일람표

孟母斷機	맹모단기
面從腹背	면종복배
目不識丁	목불식정
無病長壽	무병장수
尾生之信	미생지신
博覽强記	박람강기
博學多識	박학다식
背恩忘德	배은망덕
富貴榮華	부귀영화
不可思議	불가사의
不恥下問	불치하문
氷姿玉質	빙자옥질
氷炭之間	빙탄지간
捨生取義	사생취의
事必歸正	사필귀정

山海珍味	산해진미
殺身成仁	살신성인
三人成虎	삼인성호
雪上加霜	설상가상
束手無策	속수무책
送舊迎新	송구영신
水魚之交	수어지교
識字憂患	식자우환
信賞必罰	신상필벌
心機一轉	심기일전
深思熟考	심사숙고
我田引水	아전인수
惡戰苦鬪	악전고투
養虎遺患	양호유환
如履薄氷	여리박빙

3급 한자성어 일람표

易地思之	역지사지
緣木求魚	연목구어
炎凉世態	염량세태
烏飛梨落	오비이락
烏合之卒	오합지졸
愚公移山	우공이산
流芳百世	유방백세
優柔不斷	우유부단
類類相從	유유상종
以卵投石	이란투석
利用厚生	이용후생
仁者無敵	인자무적
人之常情	인지상정
一刻千金	일각천금
日就月將	일취월장

臨機應變	임기응변
臨戰無退	임전무퇴
張三李四	장삼이사
赤手空拳	적수공권
絶世佳人	절세가인
頂門一針	정문일침
朝令暮改	조령모개
種豆得豆	종두득두
衆口難防	중구난방
指鹿爲馬	지록위마
指呼之間	지호지간
進退兩難	진퇴양난
天高馬肥	천고마비
天生緣分	천생연분
天壤之差	천양지차

3급 한자성어 일람표

千篇一律	천편일률
鐵面皮	철면피
初志一貫	초지일관
寸鐵殺人	촌철살인
他山之石	타산지석
卓上空論	탁상공론
泰山北斗	태산북두
泰然自若	태연자약
快刀亂麻	쾌도난마
破竹之勢	파죽지세
抱腹絶倒	포복절도
匹夫之勇	필부지용
匹夫匹婦	필부필부
咸興差使	함흥차사
虛張聲勢	허장성세
弘益人間	홍익인간
花容月態	화용월태
會者定離	회자정리
厚顏無恥	후안무치
興盡悲來	흥진비래

기본학습

- PART_01 3급 선정한자 익히기
- PART_02 3급 교과서 한자어 익히기
- PART_03 3급 한자성어 익히기

PART 01 선정한자 익히기

제시된 용례의 한자어를 통해 그 한자의 쓰임을 알고, 한자를 필순에 맞추어 정자로 또박또박 써 나갑니다.

暇

훈	음	부수	총획
겨를(틈)	가	日	13

餘暇(여가): 일이 없어 남는 시간
閑暇(한가): 겨를이 생겨 여유가 있음

架

훈	음	부수	총획
시렁	가	木	9

架橋(가교): 1. 다리를 놓음, 또는 그런 일
          2. 서로 떨어져 있는 것을 이어 주는 사물이나 사실
十字架(십자가): 1. 예전에, 서양에서 죄인을 못 박아 죽이던 십자형의 형틀
              2. 기독교도를 상징하는 '十'자 모양의 표

覺

훈	음	부수	총획
깨달을	각	見	20

覺悟(각오): 1. 앞으로 해야 할 일이나 겪을 일에 대한 마음의 준비
          2. 도리를 깨우쳐 앎
發覺(발각): 숨기던 것이 드러남

刻

훈	음	부수	총획
새길	각	刂(刀)	8

彫刻(조각): 재료를 새기거나 깎아서 입체 형상을 만듦, 또는 그런 미술 분야
卽刻(즉각): 당장에 곧

姦

훈	음	부수	총획
간사할	간	女	9

姦通(간통): 결혼하여 배우자가 있는 사람이 배우자가 아닌 사람과 성적 관계를 맺음
强姦(강간): 폭행 또는 협박 따위의 불법적인 수단으로 부녀자를 간음함

刊	훈	음	부수	총획	一 二 千 刊 刊
	책펴낼	간	刂(刀)	5	

刊行(간행): 책 따위를 인쇄하여 발행함
發刊(발간): 책, 신문, 잡지 따위를 만들어 냄

講	훈	음	부수	총획	丶 亠 宀 亠 言 言 言 言 訁 訁 詩 諾 諾 講 講 講
	익힐	강	言	17	

講壇(강단): 강연이나 강의, 설교 따위를 하는 사람이 올라서도록 약간 높게 만든 자리
閉講(폐강): 있던 강좌나 강의를 폐지함

介	훈	음	부수	총획	丿 人 介 介
	낄	개	人	4	

介意(개의): 어떤 일 따위를 마음에 두고 생각하거나 신경을 씀
介入(개입): 자신과 직접적인 관계가 없는 일에 끼어듦

距	훈	음	부수	총획	丨 口 口 尸 ヂ 兄 足 趾 距 距 距 距
	떨어질	거	跙(足)	12	

距離(거리): 1. 두 개의 물건이나 장소 따위가 공간적으로 떨어진 길이
2. 일정한 시간 동안에 이동할 만한 공간적 간격
3. 사람과 사람 사이에 느껴지는 간격
遠距離(원거리): 먼 거리

拒	훈	음	부수	총획	一 十 才 扌 扩 拒 拒 拒
	막을	거	扌(手)	8	

拒絶(거절): 상대편의 요구, 제안, 선물, 부탁 따위를 받아들이지 않고 물리침
抗拒(항거): 순종하지 아니하고 맞서서 반항함

PART 01 선정한자 익히기

傑	훈	음	부수	총획
	뛰어날	걸	亻(人)	12

傑出(걸출): 남보다 훨씬 뛰어남, 또는 그런 사람
俊傑(준걸): 재주와 슬기가 매우 뛰어남, 또는 그런 사람

劍	훈	음	부수	총획
	칼	검	刂(刀)	15

劍道(검도): 죽도(竹刀)로 상대편을 치거나 찔러서 얻은 점수로 승패를 겨루는 운동 경기
劍術(검술): 1. 검을 가지고 싸우는 기술
2. 투구와 갑옷을 갖추고 검을 써서 승부를 겨루는 경기

激	훈	음	부수	총획
	부딪칠(격할)	격	氵(水)	16

感激(감격): 1. 마음에 깊이 느끼어 크게 감동함, 또는 그 감동
2. 고마움을 깊이 느낌
急激(급격): 변화의 움직임 따위가 급하고 격렬함

缺	훈	음	부수	총획
	이지러질	결	缶	10

缺禮(결례): 예의범절에서 벗어나는 짓을 함, 또는 예의를 갖추지 못함
缺席(결석): 나가야 할 자리에 나가지 않음

兼	훈	음	부수	총획
	겸할	겸	八	10

兼事(겸사): 1. 둘 이상의 대상을 아울러 섬김
2. 한 가지 일을 하면서 동시에 다른 일도 아울러 함
兼任(겸임): 두 가지 이상의 직무를 아울러 맡아봄, 또는 그 직무

硬	훈	음	부수	총획	一 丆 丆 石 石 石 石 石 石 硬 硬 硬
	굳을	경	石	12	

硬直(경직): 1. 몸 따위가 굳어서 뻣뻣하게 됨
　　　　　2. 사고방식, 태도, 분위기가 부드럽지 못하여 융통성이 없고 엄격하게 됨
　　　　　3. 근육이 수축하여 굳어지는 일
强硬(강경): 굳세게 버티어 굽히지 않음

傾	훈	음	부수	총획	丿 亻 亻 化 化 化 化 倾 倾 倾 傾 傾 傾
	기울	경	亻(人)	13	

傾向(경향): 현상이나 사상, 행동 따위가 어떤 방향으로 기울어짐
傾聽(경청): 귀를 기울여 들음

械	훈	음	부수	총획	一 十 十 木 木 木 杧 械 械 械 械
	기계(형틀)	계	木	11	

機械(기계): 1. 동력을 써서 움직이거나 일을 하는 장치
　　　　　2. 생각, 행동, 생활 방식 따위가 정확하거나 판에 박은 듯한 사람을 비유적으로 이르는 말
　　　　　3. 자기 뜻이 아닌 남의 뜻에 따라 행동하는 사람을 비유적으로 이르는 말
農機械(농기계): 농사짓는 데 쓰는 기계

係	훈	음	부수	총획	丿 亻 亻 亻 伝 伝 係 係 係
	맬	계	亻(人)	9	

係長(계장): 계 단위 조직을 감독하는 직책, 또는 그 직책을 맡고 있는 사람
關係(관계): 1. 둘 이상의 사람, 사물, 현상 따위가 서로 관련을 맺거나 관련이 있음, 또는 그런 관련
　　　　　2. 어떤 방면이나 영역에 관련을 맺고 있음, 또는 그 방면이나 영역

契	훈	음	부수	총획	一 二 三 丰 邦 邦 契 契 契
	맺을(계약)	계	大	9	

契機(계기): 어떤 일이 일어나거나 변화하도록 만드는 결정적인 원인이나 기회
契約(계약): 관련되는 사람이나 조직체 사이에서 서로 지켜야 할 의무에 대하여 글이나 말로 정하여 둠,
　　　　　또는 그런 약속

PART 01 선정한자 익히기

系

훈	음	부수	총획
이어맬	계	糸	7

生態系(생태계): 어느 환경 안에서 사는 생물군과 그 생물들을 제어하는 제반 요인을 포함한 복합 체계
太陽系(태양계): 태양과 그것을 중심으로 공전하는 천체의 집합

姑

훈	음	부수	총획
시어미	고	女	8

姑母(고모): 1. 아버지의 누이
         2. 아버지의 누이를 이르거나 부르는 말
姑婦(고부): 시어머니와 며느리를 아울러 이르는 말

稿

훈	음	부수	총획
원고(볏짚)	고	禾	15

原稿(원고): 1. 인쇄하거나 발표하기 위하여 쓴 글이나 그림 따위
         2. 연설 따위의 초안
脫稿(탈고): 원고 쓰기를 마침

恭

훈	음	부수	총획
공손	공	忄(心)	10

恭敬(공경): 공손히 받들어 모심
恭待(공대): 1. 공손하게 잘 대접함
         2. 상대에게 높임말을 함

孔

훈	음	부수	총획
구멍	공	子	4

氣孔(기공): 식물의 잎이나 줄기의 겉껍질에 있는, 숨쉬기와 증산 작용을 하는 구멍
毛孔(모공): 털이 나는 작은 구멍. 털구멍

훈	음	부수	총획
바칠	공	貝	10

一 T 干 干 丐 青 青 貢 貢

貢納(공납): 백성이 그 지방에서 나는 특산물을 조정에 바치던 일, 또는 그 세제(稅制)
租貢(조공): 조세 따위를 바침, 또는 그 조세

훈	음	부수	총획
이바지할	공	亻(人)	8

丿 亻 亻 仁 仕 供 供 供

供給(공급): 1. 요구나 필요에 따라 물품 따위를 제공함
2. 교환하거나 판매하기 위하여 시장에 재화나 용역을 제공하는 일, 또는 그 제공된 상품의 양
提供(제공): 무엇을 내주거나 갖다 바침

훈	음	부수	총획
칠	공	攵(攴)	7

一 T 工 工 I 攻 攻

專攻(전공): 1. 어느 한 분야를 전문적으로 연구함, 또는 그 분야
2. 전공과목
侵攻(침공): 다른 나라를 침범하여 공격함

훈	음	부수	총획
갓	관	冖	9

一 冖 冖 冖 冖 元 冠 冠 冠

冠禮(관례): 예전에, 남자가 성년에 이르면 어른이 된다는 의미로 상투를 틀고 갓을 쓰게 하던 의례(儀禮)
冠婚(관혼): 관례와 혼례를 아울러 이르는 말

훈	음	부수	총획
꿸	관	貝	11

𠃊 口 四 毌 毌 貫 貫 貫 貫 貫 貫

貫通(관통): 1. 꿰뚫어서 통함
2. 처음부터 끝까지 일관함
一貫(일관): 하나의 방법이나 태도로써 처음부터 끝까지 한결같음

PART 01 선정한자 익히기

管
훈	음	부수	총획
대롱(주관할)	관	⺮(竹)	14

필순: 管管管管管管管管管管管管管管

保管(보관): 물건을 맡아서 간직하고 관리함
血管(혈관): 혈액이 흐르는 관(管)

慣
훈	음	부수	총획
버릇(익숙할)	관	忄(心)	14

필순: 慣慣慣慣慣慣慣慣慣慣慣慣慣慣

慣性(관성): 물체가 밖의 힘을 받지 않는 한 정지 또는 등속도 운동의 상태를 지속하려는 성질
習慣(습관): 1. 어떤 행위를 오랫동안 되풀이하는 과정에서 저절로 익혀진 행동 방식
2. 학습된 행위가 되풀이되어 생기는, 비교적 고정된 반응 양식

較
훈	음	부수	총획
견줄(비교할)	교	車	13

필순: 較較較較較較較較較較較較較

比較(비교): 둘 이상의 사물을 견주어 서로 간의 유사점, 차이점, 일반 법칙 따위를 고찰하는 일
日較差(일교차): 기온, 습도, 기압 따위가 하루 동안에 변화하는 차이

構
훈	음	부수	총획
얽을	구	木	14

필순: 構構構構構構構構構構構構構構

構造(구조): 부분이나 요소가 어떤 전체를 짜 이룸, 또는 그렇게 이루어진 얼개
虛構(허구): 1. 사실에 없는 일을 사실처럼 꾸며 만듦
2. 소설이나 희곡 따위에서, 실제로는 없는 사건을 작가의 상상력으로 재창조해 냄, 또는 그런 이야기

苟
훈	음	부수	총획
진실로	구	艹(艸)	9

필순: 苟苟苟苟苟苟苟苟苟

苟安(구안): 1. 한때 겨우 편안함
2. 일시적인 안락을 꾀함
苟且(구차): 1. 살림이 몹시 가난함
2. 말이나 행동이 떳떳하거나 버젓하지 못함

券

훈	음	부수	총획
문서	권	刀	8

丶 丷 䒑 半 关 秦 券 券

旅券(여권): 외국을 여행하는 사람의 신분이나 국적을 증명하고 상대국에 그 보호를 의뢰하는 문서
證券(증권): 1. 증거가 되는 문서나 서류
2. '유가 증권'을 일상적으로 이르는 말
3. 재산상의 권리와 의무에 관한 사항을 기재한 서면

拳

훈	음	부수	총획
주먹	권	手	10

丶 丷 䒑 半 关 䒑 叅 叁 拳

拳鬪(권투): 두 사람이 양손에 글러브를 끼고 상대편 허리 벨트 위의 상체를 쳐서 승부를 겨루는 경기
鐵拳(철권): 1. 쇠뭉치같이 굳센 주먹
2. 타격이나 제재를 가하기 위하여 쓰는 폭력을 비유적으로 이르는 말

菌

훈	음	부수	총획
버섯	균	艹(艸)	12

一 十 艹 艹 芍 茍 莔 菌 菌 菌

菌絲(균사): 균류의 몸을 이루는 섬세한 실 모양의 세포, 또는 그런 세포로 된 열(列)
殺菌(살균): 세균 따위의 미생물을 죽임

克

훈	음	부수	총획
이길	극	儿	7

一 十 古 古 吉 声 克

克己(극기): 자기의 감정이나 욕심, 충동 따위를 이성적 의지로 눌러 이김
克服(극복): 1. 악조건이나 고생 따위를 이겨 냄
2. 적을 이기어 굴복시킴

斤

훈	음	부수	총획
도끼	근	斤	4

丿 厂 斤 斤

斤量(근량): 저울로 단 무게
斤數(근수): 저울에 단 무게의 수

PART 01 선정한자 익히기

謹

훈	음	부수	총획
삼갈	근	言	18

謹嚴(근엄): 점잖고 엄숙함
謹弔(근조): 사람의 죽음에 대하여 삼가 슬픈 마음을 나타냄

畿

훈	음	부수	총획
경기	기	田	15

畿湖(기호): 우리나라의 서쪽 중앙부를 차지하고 있는 지역
京畿(경기): 서울을 중심으로 한 가까운 주위의 지방

奇

훈	음	부수	총획
기이할	기	大	8

奇妙(기묘): 생김새 따위가 이상하고 묘함
好奇心(호기심): 새롭고 신기한 것을 좋아하거나 모르는 것을 알고 싶어 하는 마음

企

훈	음	부수	총획
꾀할	기	人	6

企業(기업): 영리(營利)를 얻기 위하여 재화나 용역을 생산하고 판매하는 조직체
企劃(기획): 일을 꾀하여 계획함

機

훈	음	부수	총획
베틀(기계)	기	木	16

機智(기지): 경우에 따라 재치 있게 대응하는 지혜
動機(동기): 어떤 일이나 행동을 일으키게 하는 계기

훈	음	부수	총획
벼리	기	糸	9

`ㄥ ㄠ ㄠ 幺 幺 糸 糹 紀 紀`

紀元(기원): 연대를 계산하는 데에 기준이 되는 해
檀紀(단기): 단군이 즉위한 해인 서력 기원전 2333년을 원년(元年)으로 하는 기원. 단군기원

훈	음	부수	총획
부칠(줄)	기	宀	11

`丶 宀 宀 宁 宊 宊 宊 窂 窂 寄 寄`

寄稿(기고): 신문, 잡지 따위에 싣기 위하여 원고를 써서 보냄. 또는 그 원고
寄與(기여): 1. 도움이 되도록 이바지함
　　　　　　2. 물건을 부쳐 줌

훈	음	부수	총획
빌	기	示	9

`一 二 亍 亓 示 示' 示厂 示斤 祈`

祈雨祭(기우제): 고려·조선 시대에, 하지(夏至)가 지나도록 비가 오지 않을 때에 비 오기를 빌던 제사
祈願(기원): 바라는 일이 이루어지기를 빎

훈	음	부수	총획
속일	기	欠	12

`一 十 廿 甘 其 其 其 其 欺 欺 欺`

欺瞞(기만): 남을 속여 넘김
詐欺(사기): 나쁜 꾀로 남을 속임

훈	음	부수	총획
아가씨	낭	女	10

`く 夕 女 女' 女' 女' 妒 妒 娘 娘`

娘家(낭가): 어머니의 친정이라는 뜻으로, '외가'를 달리 이르는 말
娘子(낭자): 예전에, '처녀'를 높여 이르던 말

PART ❶ 선정한자 익히기

	훈	음	부수	총획
耐	견딜(참을)	내	而	9

耐久(내구): 오래 견딤
忍耐(인내): 괴로움이나 어려움을 참고 견딤

	훈	음	부수	총획
奴	종	노	女	5

賣國奴(매국노): 사사로운 이익을 위하여 나라의 주권이나 이권을 남의 나라에 팔아먹는 행위를 하는 사람
守錢奴(수전노): 돈을 모을 줄만 알아 한번 손에 들어간 것은 도무지 쓰지 않는 사람을 낮잡아 이르는 말

	훈	음	부수	총획
腦	뇌	뇌	月(肉)	13

腦炎(뇌염): 바이러스 감염이나 물리적·화학적 자극에 의한 뇌의 염증을 통틀어 이르는 말
頭腦(두뇌): 1. 뇌
2. 사물을 판단하는 슬기
3. 지식수준이 높은 사람을 비유적으로 이르는 말

	훈	음	부수	총획
茶	차	다(차)	⺿(艸)	10

茶禮(차례): 음력 매달 초하룻날과 보름날, 명절날, 조상 생일 등의 낮에 지내는 제사
綠茶(녹차): 푸른빛이 그대로 나도록 말린 부드러운 찻잎, 또는 그 찻잎을 우린 물

	훈	음	부수	총획
淡	맑을	담	氵(水)	11

淡白(담백): 1. 욕심이 없고 마음이 깨끗함   2. 아무 맛이 없이 싱거움
3. 음식이 느끼하지 않고 산뜻함   4. 빛깔이 진하지 않고 산뜻함
雅淡(아담): 고상하면서 담백함

擔

훈	음	부수	총획
멜	담	扌(手)	16

擔保(담보): 1. 맡아서 보증함
2. 민법에서, 채무 불이행 때 채무의 변제를 확보하는 수단으로 채권자에게 제공하는 것
負擔(부담): 어떠한 의무나 책임을 짐

畓

훈	음	부수	총획
논	답	田	9

田畓(전답): 논과 밭을 아울러 이르는 말. 논밭
天水畓(천수답): 빗물에 의하여서만 벼를 심어 재배할 수 있는 논. 천둥지기

黨

훈	음	부수	총획
무리	당	黑	20

惡黨(악당): 1. 악한 사람의 무리
2. 나쁜 짓을 일삼는 사람
政黨(정당): 정치적인 주의나 주장이 같은 사람들이 정권을 잡고 정치적 이상을 실현하기 위하여 조직한 단체

帶

훈	음	부수	총획
띠	대	巾	11

眼帶(안대): 눈병이 났을 때 아픈 눈을 가리는 거즈 따위의 천 조각
地帶(지대): 자연적, 또는 인위적으로 한정된 일정 구역

貸

훈	음	부수	총획
빌릴	대	貝	12

貸與(대여): 빌려 줌
貸出(대출): 돈이나 물건 따위를 빌려 주거나 빌림

PART 01 선정한자 익히기

倒

훈	음	부수	총획
넘어질	도	亻(人)	10

필순: 丿 亻 亻 仁 仁 伫 佟 伶 倒 倒

倒置(도치): 1. 차례나 위치 따위를 서로 뒤바꿈
          2. 문장 안에서 정상적인 어순 따위를 뒤바꿈
打倒(타도): 어떤 대상이나 세력을 쳐서 거꾸러뜨림

逃

훈	음	부수	총획
달아날	도	辶(辵)	10

필순: 丿 丿 扌 扎 北 兆 洮 洮 逃

逃亡(도망): 피하거나 쫓기어 달아남
逃避(도피): 1. 도망하여 몸을 피함
          2. 적극적으로 나서야 할 일에서 몸을 사려 빠져나감

盜

훈	음	부수	총획
도둑	도	皿	12

필순: 丶 冫 冫 汈 汭 次 次 咨 咨 盜 盜

盜賊(도적): 남의 물건을 훔치거나 빼앗는 따위의 나쁜 짓, 또는 그런 짓을 하는 사람. 도둑
盜聽(도청): 남의 이야기, 회의의 내용, 전화 통화 따위를 몰래 엿듣거나 녹음하는 일

督

훈	음	부수	총획
감독할(살필)	독	目	13

필순: 丨 丨 丄 뉴 쀼 쀼 叔 叔 督 督 督

監督(감독): 1. 일이나 사람 따위가 잘못되지 아니하도록 살피어 단속함, 또는 일의 전체를 지휘함
          2. 영화나 연극, 운동 경기 따위에서 일의 전체를 지휘하며 실질적으로 책임을 맡은 사람
總督(총독): 1. 어떤 관할 구역 안의 모든 행정을 통할하는 직책
          2. 식민지 통치 기구의 우두머리

毒

훈	음	부수	총획
독	독	母	8

필순: 一 二 十 生 主 青 青 毒

毒感(독감): 1. 지독한 감기
          2. 인플루엔자 바이러스에 의하여 일어나는 감기. 유행성 감기
消毒(소독): 병의 감염이나 전염을 예방하기 위하여 병원균을 죽이는 일

豚

훈	음	부수	총획
돼지	돈	豕	11

丿 刀 月 月 月 肝 肝 肝 肟 豚 豚

豚肉(돈육): 식용으로 하는 돼지의 고기. 돼지고기
養豚(양돈): 돼지를 먹여 기름, 또는 그 돼지

突

훈	음	부수	총획
갑자기	돌	穴	9

丶 亠 宀 宀 宀 空 突 突 突

突破(돌파): 1. 쳐서 깨뜨려 뚫고 나아감
　　　　　2. 일정한 기준이나 기록 따위를 지나서 넘어섬
　　　　　3. 장애나 어려움 따위를 이겨 냄
激突(격돌): 세차게 부딪침

銅

훈	음	부수	총획
구리	동	金	14

丿 𠂉 乍 乍 乍 乍 金 金 釒 釒 釦 銅 銅 銅

銅像(동상): 구리로 사람이나 동물의 형상을 만들거나 그런 형상에 구릿빛을 입혀서 만들어 놓은 기념물
銅錢(동전): 1. 구리로 만든 돈
　　　　　2. 구리·은·니켈 또는 이들의 합금 따위로 만든, 동그랗게 생긴 모든 돈을 통틀어 이르는 말

亂

훈	음	부수	총획
어지러울	란	乚(乙)	13

丿 丿 丆 丆 丏 兯 孚 孚 匓 匓 匓 亂 亂

散亂(산란): 1. 흩어져 어지러움
　　　　　2. 어수선하고 뒤숭숭함
混亂(혼란): 뒤죽박죽이 되어 어지럽고 질서가 없음

糧

훈	음	부수	총획
양식	량	米	18

丶 丶 丷 业 半 米 米 米 料 料 料 粐 粐 粐 糧 糧 糧

糧穀(양곡): 양식으로 쓰는 곡식
食糧(식량): 1. 생존을 위하여 필요한 사람의 먹을거리. 양식
　　　　　2. 지식이나 물질, 사상 따위의 원천이 되는 것을 비유적으로 이르는 말

PART ❷ 선정한자 익히기

훈	음	부수	총획
생각	려	心	15

一 厂 广 广 卢 卢 卢 虍 虐 虑 虑 慮 慮 慮 慮

配慮(배려): 도와주거나 보살펴 주려고 마음을 씀
念慮(염려): 앞일에 대하여 여러 가지로 마음을 써서 걱정함, 또는 그런 걱정

훈	음	부수	총획
사모할	련	心	23

戀慕(연모): 이성을 사랑하여 간절히 그리워함
戀愛(연애): 남녀가 서로 애틋하게 그리워하고 사랑함

훈	음	부수	총획
연꽃	련	艹(艸)	15

蓮根(연근): 연꽃의 뿌리
木蓮(목련): 1. 목련과의 자목련, 백목련 따위를 통틀어 이르는 말
          2. 목련과의 낙엽 활엽 교목

훈	음	부수	총획
잇닿을	련	耳	17

聯合(연합): 두 가지 이상의 사물이 서로 합동하여 하나의 조직체를 만듦, 또는 그렇게 만든 조직체
關聯(관련): 둘 이상의 사람, 사물, 현상 따위가 서로 관계를 맺어 매여 있음, 또는 그 관계

훈	음	부수	총획
고개	령	山	17

大關嶺(대관령): 강원도 강릉시 성산면과 평창군 대관령면 사이에 있는 고개
分水嶺(분수령): 1. 분수계가 되는 산마루나 산맥
             2. 어떤 사실이나 사태가 발전하는 전환점 또는 어떤 일이 한 단계에서 전혀 다른 단계로 넘어가는 전환점을 비유적으로 이르는 말

훈	음	부수	총획
사슴	록	鹿	11

鹿 　 `、一广户庐庐庐庐鹿鹿鹿`

鹿角(녹각): 1. 사슴뿔
2. 녹용이 자라서 그 속에 들어 있던 피의 양도 줄고 털도 뻣뻣하게 되어 굳어진 것
鹿茸(녹용): 새로 돋은 사슴의 연한 뿔

훈	음	부수	총획
마칠	료	亅	2

了 　 `了了`

修了(수료): 일정한 학과를 다 배워 끝냄
完了(완료): 완전히 끝마침

훈	음	부수	총획
용	룡	龍	16

龍 　 `、一十立产音音音背背龍龍龍龍`

龍床(용상): 임금이 정무를 볼 때 앉던 평상. 용평상
龍王(용왕): 바다에 살며 비와 물을 맡고 불법을 수호하는 용 가운데의 임금

훈	음	부수	총획
바퀴(돌)	륜	車	15

輪 　 `一匚ㄇ百百車車軟軟軟輪輪輪`

輪作(윤작): 1. 같은 주제나 소재로 여러 작가가 돌아가며 글을 쓰는 일
2. 같은 땅에 여러 가지 농작물을 해마다 바꾸어 심는 일. 돌려짓기
車輪(차륜): 차의 바퀴. 차바퀴

훈	음	부수	총획
밤	률	木	10

栗 　 `一厂厂厂两两西西栗栗栗`

栗谷(율곡): 조선 중기의 문신·학자. 이이의 호
生栗(생률): 1. 익히거나 말리거나 하지 아니한 밤. 날밤
2. 껍질을 벗겨 나부죽하게 쳐서 깎은 밤

PART 01 선정한자 익히기

離

훈	음	부수	총획
떠날	리	隹	19

필순: 丶 亠 亡 产 产 卤 离 离 离 离 离 离 离 离 离 离 离 离 离

離散(이산): 헤어져 흩어짐
亂離(난리): 1. 전쟁이나 병란(兵亂)
2. 분쟁, 재해 따위로 세상이 소란하고 질서가 어지러워진 상태
3. 작은 소동을 비유적으로 이르는 말

履

훈	음	부수	총획
밟을(신)	리	尸	15

필순: 一 コ コ P P P P 尸 尸 尸 尸 尸 尸 尸 履

履歷書(이력서): 이력을 적은 문서
履行(이행): 1. 실제로 행함
2. 채무자가 채무의 내용을 실행하는 일

梨

훈	음	부수	총획
배	리	木	11

필순: 一 二 千 千 禾 利 利 利 梨 梨 梨

梨花(이화): 배나무의 꽃. 배꽃
烏飛梨落(오비이락): 까마귀 날자 배 떨어진다는 뜻으로, 아무 관계도 없이 한 일이 공교롭게도 때가 같아 억울하게 의심을 받거나 난처한 위치에 서게 됨을 이르는 말

吏

훈	음	부수	총획
아전(벼슬아치)	리	口	6

필순: 一 一 丆 戸 吏 吏

吏讀(이두): 한자의 음과 뜻을 빌려 우리말을 적은 표기법
官吏(관리): 관직에 있는 사람

臨

훈	음	부수	총획
임할	림	臣	17

필순: 一 丆 丆 臣 臣 臣 臣 臣 臣 臣 臣 臨 臨 臨 臨 臨 臨

臨時(임시): 1. 미리 정하지 아니하고 그때그때 필요에 따라 정한 것
2. 미리 얼마 동안으로 정하지 아니한 잠시 동안
臨終(임종): 1. 죽음을 맞이함
2. 부모가 돌아가실 때 그 곁에 지키고 있음

훈	음	부수	총획
삼	마	麻	11

`亠广广庁庐庐麻麻麻麻`

麻織(마직): 삼실이나 아마실 따위로 짠 피륙
大麻草(대마초): 환각제로 쓰는 대마의 이삭이나 잎, 또는 그것을 담배처럼 피우도록 만든 것

훈	음	부수	총획
망령될	망	女	6

`亠亠亡亡妄妄`

妄言(망언): 이치나 사리에 맞지 아니하고 망령되게 말함, 또는 그 말
虛妄(허망): 1. 거짓되고 망령됨
2. 어이없고 허무함

훈	음	부수	총획
매화	매	木	11

`一十才木木朽朽梅梅梅梅`

梅實(매실): 매실나무의 열매
梅花(매화): 1. 매실나무의 꽃. 매화꽃
2. 장미과의 낙엽 소교목. 매실나무

훈	음	부수	총획
눈멀(소경)	맹	目	8

`亠亡亡盲盲盲盲`

盲兒(맹아): 눈먼 아이
色盲(색맹): 색채를 식별하는 감각이 불완전하여 빛깔을 가리지 못하거나 다른 빛깔로 잘못 보는 상태, 또는 그런 증상의 사람

훈	음	부수	총획
맏(성)	맹	子	8

`マ了子子孟孟孟孟`

孟浪(맹랑): 1. 생각하던 바와 달리 허망함
2. 하는 짓이 만만히 볼 수 없을 만큼 똘똘하고 깜찍함
3. 처리하기가 매우 어렵고 묘함
孟子(맹자): 1. 중국 전국 시대의 사상가 2. 유교 경전인 사서(四書)의 하나

PART 01 선정한자 익히기

盟
훈	음	부수	총획
맹세	맹	皿	13

필순: 盟盟盟盟明明明明明盟盟

同盟(동맹): 둘 이상의 개인이나 단체, 또는 국가가 서로의 이익이나 목적을 위하여 동일하게 행동하기로 맹세하여 맺는 약속이나 조직체, 또는 그런 관계를 맺음
血盟(혈맹): 혈판(血判)을 찍어 굳게 맹세함, 또는 그런 관계

銘
훈	음	부수	총획
새길	명	金	14

필순: 銘銘銘銘銘銘銘銘銘銘銘銘銘銘

銘心(명심): 잊지 않도록 마음에 깊이 새겨 둠
感銘(감명): 감격하여 마음에 깊이 새김, 또는 그 새겨진 느낌

募
훈	음	부수	총획
모을	모	力	13

필순: 募募募募募募募募募募募募募

募集(모집): 사람이나 작품, 물품 따위를 일정한 조건 아래 널리 알려 뽑아 모음
應募(응모): 모집에 응하거나 지원함

模
훈	음	부수	총획
법(본뜰)	모	木	15

필순: 模模模模模模模模模模模模模模模

模樣(모양): 겉으로 나타나는 생김새나 모습
模範(모범): 본받아 배울 만한 대상

慕
훈	음	부수	총획
사모할	모	忄(心)	15

필순: 慕慕慕慕慕慕慕慕慕慕慕慕慕慕慕

思慕(사모): 1. 애틋하게 생각하고 그리워함
　　　　　 2. 우러러 받들고 마음속 깊이 따름
追慕(추모): 죽은 사람을 그리며 생각함

某

훈	음	부수	총획
아무	모	木	9

一 十 𠁼 廿 甘 甘 某 某 某

某氏(모씨): 어떤 사람
某處(모처): 어떠한 곳

睦

훈	음	부수	총획
화목할	목	目	13

丨 冂 冃 目 目⁻ 目¹ 目⁺ 睦 睦 睦 睦 睦 睦

親睦(친목): 서로 친하여 화목함
和睦(화목): 서로 뜻이 맞고 정다움

貿

훈	음	부수	총획
무역할(바꿀)	무	貝	12

丶 亠 夕 夕⁻ 夘 卯 留 留 留 留 貿 貿

貿易(무역): 1. 지방과 지방 사이에 서로 물건을 사고팔거나 교환하는 일
         2. 나라와 나라 사이에 서로 물품을 매매하는 일
貿易風(무역풍): 중위도 고압대에서 열대 수렴대로 부는 바람

敏

훈	음	부수	총획
재빠를 (총명할)	민	攵(攴)	11

丿 ⺌ 亠 勹 勹⁻ 每 每 每 每 敏 敏

敏感(민감): 느낌이나 반응이 날카롭고 빠름
銳敏(예민): 1. 무엇인가를 느끼는 능력이나 분석하고 판단하는 능력이 빠르고 뛰어남
         2. 어떤 문제의 성격이 여러 사람의 관심을 불러일으킬 만큼 중대하고 그 처리에 많은 갈등이 있는 상태에 있음

博

훈	음	부수	총획
넓을	박	十	12

一 十 十⁻ 忄 忄⁺ 忄⁺ 愽 愽 博 博 博 博

博覽會(박람회): 생산물의 개량·발전 및 산업의 진흥을 꾀하기 위하여 농업, 상업, 공업 따위에 관한 온갖 물품을 모아 벌여 놓고 판매, 선전, 우열 심사를 하는 전람회
博士(박사): 대학원의 박사 과정을 마치고 규정된 절차를 밟은 사람에게 수여하는 학위, 또는 그 학위를 딴 사람

PART 01 선정한자 익히기

薄

훈	음	부수	총획
엷을	박	⺾(艸)	17

薄福(박복): 복이 없음, 또는 팔자가 사나움
淺薄(천박): 학문이나 생각 따위가 얕거나, 말이나 행동 따위가 상스러움

返

훈	음	부수	총획
돌아올	반	辶(辵)	8

返納(반납): 도로 바침, 또는 도로 돌려줌
返送(반송): 1. 빌리거나 차지했던 것을 되돌려 줌
2. 왔던 길을 되돌아감

般

훈	음	부수	총획
일반	반	舟	10

萬般(만반): 마련할 수 있는 모든 것
全般(전반): 어떤 일이나 부문에 대하여 그것에 관계되는 전체, 또는 통틀어서 모두

髮

훈	음	부수	총획
터럭	발	髟	15

假髮(가발): 머리털이나 이와 유사한 것으로 머리 모양을 만들어 쓰는 것
理髮(이발): 머리털을 깎아 다듬음

芳

훈	음	부수	총획
꽃다울(향기)	방	⺾(艸)	8

芳年(방년): 이십 세 전후의 한창 젊은 꽃다운 나이
芳名錄(방명록): 어떤 일에 참여하거나 찾아온 사람들을 특별히 기념하기 위하여 그 사람들의 이름을 적어 놓은 기록, 또는 그 책

邦

훈	음	부수	총획
나라이름	방	阝(邑)	7

一 二 三 丰 丰 邦 邦

聯邦(연방): 자치권을 가진 다수의 나라가 공통의 정치 이념 아래에서 연합하여 구성하는 국가
異邦人(이방인): 다른 나라에서 온 사람

妨

훈	음	부수	총획
방해할	방	女	7

く 夕 女 女 女' 妨 妨

妨害(방해): 남의 일을 간섭하고 막아 해를 끼침
無妨(무방): 거리낄 것이 없이 괜찮음

輩

훈	음	부수	총획
무리	배	車	15

丿 亅 ヨ 韭 非 非 非 非 韮 輩 輩 輩 輩

年輩(연배): 1. 비슷한 또래의 나이, 또는 그런 사람
          2. 일정한 정도에 도달한 나이
後輩(후배): 1. 같은 분야에서 자기보다 늦게 종사하게 된 사람
          2. 같은 학교를 나중에 나온 사람

繁

훈	음	부수	총획
번성할	번	糸	17

丿 二 仁 句 句 每 每' 每攵 敏 敏 繁 繁 繁 繁

繁昌(번창): 번화하게 창성함
頻繁(빈번): 번거로울 정도로 도수(度數)가 잦음

範

훈	음	부수	총획
법(모범)	범	⺮(竹)	15

丿 ᄼ 卆 卆 竹 竺 竺 笁 笁 筲 範 範 範

規範(규범): 1. 인간이 행동하거나 판단할 때에 마땅히 따르고 지켜야 할 가치 판단의 기준
          2. 사유(思惟)나 의지, 감정 따위가 일정한 이상이나 목적을 이루기 위하여 마땅히 따르고 지켜야 할 법칙과 원리
師範(사범): 1. 남의 스승이 될 만한 모범이나 본보기
          2. 유도나 검도, 바둑 따위의 기술을 가르치는 사람, 또는 그 자격

PART 01 선정한자 익히기

壁

훈	음	부수	총획
벽	벽	土	16

필순: 壁壁壁壁壁壁壁壁壁壁壁壁壁壁壁壁

壁報(벽보): 벽이나 게시판에 붙여 널리 알리는 글
巖壁(암벽): 깎아지른 듯 높이 솟은 벽 모양의 바위

邊

훈	음	부수	총획
가	변	辶(辵)	19

필순: 邊邊邊邊邊邊邊邊邊邊邊邊邊邊邊邊邊邊邊

周邊(주변): 어떤 대상의 둘레
海邊(해변): 바닷물과 땅이 서로 닿은 곳이나 그 근처. 바닷가

辯

훈	음	부수	총획
말잘할(말씀)	변	辛	21

필순: 辯辯辯辯辯辯辯辯辯辯辯辯辯辯辯辯辯辯辯辯辯

答辯(답변): 물음에 대하여 밝혀 대답함, 또는 그런 대답
雄辯(웅변): 조리가 있고 막힘이 없이 당당하게 말함, 또는 그런 말이나 연설

補

훈	음	부수	총획
기울(도울)	보	衤(衣)	12

필순: 補補補補補補補補補補補補

補藥(보약): 몸의 전체적 기능을 조절하고 저항 능력을 키워 주며 기력을 보충해 주는 약
候補(후보): 1. 선거에서, 어떤 직위나 신분을 얻으려고 일정한 자격을 갖추어 나섬, 또는 그런 사람
2. 시상식·운동 경기 따위에서, 어떤 지위에 오를 자격이나 가능성이 있음
3. 결원이 생겼을 때 그 자리를 채울 수 있는 자격을 가짐, 또는 그런 사람

普

훈	음	부수	총획
넓을(널리)	보	日	12

필순: 普普普普普普普普普普普普

普及(보급): 널리 펴서 많은 사람들에게 골고루 미치게 하여 누리게 함
普通(보통): 1. 특별하지 아니하고 흔히 볼 수 있어 평범함, 또는 뛰어나지도 열등하지도 아니한 중간 정도
2. 일반적으로, 또는 흔히

譜

훈	음	부수	총획
족보(적을)	보	言	19

樂譜(악보): 음악의 곡조를 일정한 기호를 써서 기록한 것
族譜(족보): 1. 한 가문의 계통과 혈통 관계를 적어 기록한 책
          2. 한 가문의 계통과 혈통 관계

複

훈	음	부수	총획
겹칠	복	衤(衣)	14

複寫(복사): 1. 종이를 포개고 그 사이사이에 복사지를 받쳐 한 번에 여러 장을 씀
          2. 문서나 그림, 사진 따위를 복사기를 이용하여 같은 크기로, 또는 확대·축소하여 복제함
複雜(복잡): 1. 일이나 감정 따위가 갈피를 잡기 어려울 만큼 여러 가지가 얽혀 있음
          2. 복작거리어 혼잡스러움

腹

훈	음	부수	총획
배	복	月(肉)	13

腹部(복부): 배의 부분
空腹(공복): 배 속이 비어 있는 상태, 또는 그 배 속

卜

훈	음	부수	총획
점	복	卜	2

卜占(복점): 점치는 일. 점복
卜債(복채): 점을 쳐 준 값으로 점쟁이에게 주는 돈

峰

훈	음	부수	총획
봉우리	봉	山	10

峰頭(봉두): 산봉우리의 맨 꼭대기
最高峰(최고봉): 1. 어느 지방이나 산맥 가운데 가장 높은 봉우리
             2. 어떤 분야에서 가장 높은 수준

PART 01 선정한자 익히기

府
훈	음	부수	총획
관청	부	广	8

广广广广广府府府

府署(부서): 예전에, 벼슬아치들이 모여 나랏일을 처리하던 곳. 관아
司法府(사법부): 대법원 및 대법원이 관할하는 모든 기관을 통틀어 이르는 말

付
훈	음	부수	총획
부칠(줄)	부	亻(人)	5

丿亻仁付付

結付(결부): 일정한 사물이나 현상을 서로 연관시킴
交付(교부): 1. 내어 줌
　　　　　 2. 물건을 인도하는 일

負
훈	음	부수	총획
질(패할)	부	貝	9

負負負負負負負負負

勝負(승부): 이김과 짐
抱負(포부): 마음속에 지니고 있는, 미래에 대한 계획이나 희망

粉
훈	음	부수	총획
가루	분	米	10

粉粉丷丷米米米米粉粉

粉乳(분유): 우유 속의 수분을 증발시키고 농축하여 가루로 만든 것
粉筆(분필): 칠판에 글씨를 쓰는 필기구

奔
훈	음	부수	총획
달릴(힘쓸)	분	大	9

一ナ大太本本李李奔

奔忙(분망): 매우 바쁨
奔走(분주): 몹시 바쁘게 뛰어다님

훈	음	부수	총획
어지러울 (혼잡할)	분	糸	10

紛亂(분란): 어수선하고 소란스러움
內紛(내분): 특정 조직이나 단체의 내부에서 자기편끼리 일으킨 분쟁

훈	음	부수	총획
떨칠	불	扌(手)	8

一時拂(일시불): 금액을 한꺼번에 내거나 상환하는 일
支拂(지불): 돈을 내어 줌, 또는 값을 치름

훈	음	부수	총획
비평할	비	扌(手)	7

批判(비판): 사물의 옳고 그름을 가리어 판단하거나 밝힘
批評(비평): 1. 사물의 옳고 그름, 아름다움과 추함 따위를 분석하여 가치를 논함
2. 남의 잘못을 드러내어 이러쿵저러쿵 좋지 아니하게 말하여 퍼뜨림

훈	음	부수	총획
살찔	비	月(肉)	8

肥料(비료): 경작지에 뿌리는 영양 물질
肥滿(비만): 살이 쪄서 몸이 뚱뚱함

훈	음	부수	총획
맡을	사	口	5

司會者(사회자): 모임이나 예식에서 진행을 맡아보는 사람
上司(상사): 1. 위 등급의 관청
2. 자기보다 벼슬이나 지위가 위인 사람

선정한자 익히기

捨
훈	음	부수	총획
버릴	사	扌(手)	11

一十扌扌扨扲拾拾拾拾捨

捨生取義(사생취의): 목숨을 버리고 의를 좇는다는 뜻으로, 목숨을 버릴지언정 옳은 일을 함을 이르는 말
取捨(취사): 쓸 것은 쓰고 버릴 것은 버림

詐
훈	음	부수	총획
속일(거짓)	사	言	12

言言言言言言言許許許詐詐

詐欺罪(사기죄): 남을 속여 불법으로 이익을 얻거나 제삼자로 하여금 불법으로 이익을 얻게 함으로써 성립하는 범죄
詐稱(사칭): 이름, 직업, 나이, 주소 따위를 거짓으로 속여 이름

斯
훈	음	부수	총획
이	사	斤	12

一十十廿廿廿其其其斯斯斯

斯界(사계): 해당되는 분야
斯文亂賊(사문난적): 성리학에서, 교리를 어지럽히고 사상에 어긋나는 언행을 하는 사람을 이르는 말

祀
훈	음	부수	총획
제사	사	示	8

祀祀示示示祀祀祀

告祀(고사): 액운(厄運)은 없어지고 풍요와 행운이 오도록 집안에서 섬기는 신(神)에게 음식을 차려 놓고 비는 제사
祭祀(제사): 신령이나 죽은 사람의 넋에게 음식을 바치어 정성을 나타냄. 또는 그런 의식

償
훈	음	부수	총획
갚을	상	亻(人)	17

償償償償償償償償償償償償償償

無償(무상): 어떤 행위에 대하여 아무런 대가나 보상이 없음
報償(보상): 1. 남에게 진 빚 또는 받은 물건을 갚음
2. 어떤 것에 대한 대가로 갚음

祥

훈	음	부수	총획
상서로울	상	示	11

發祥地(발상지): 1. 역사적으로 큰 가치가 있는 어떤 일이나 사물이 처음 나타난 곳
2. 예전에, 나라를 세운 임금이 태어난 땅을 이르던 말
不祥事(불상사): 상서롭지 못한 일

像

훈	음	부수	총획
형상	상	亻(人)	14

佛像(불상): 부처의 형상을 표현한 상
胸像(흉상): 사람의 모습을 가슴까지만 표현한 그림이나 조각

索

훈	음	부수	총획
찾을 동아줄	색 삭	糸	10

索引(색인): 1. 어떤 것을 뒤져서 찾아내거나 필요한 정보를 밝힘
2. 책 속의 내용 중에서 중요한 단어나 항목, 인명 따위를 쉽게 찾아볼 수 있도록 일정한 순서에 따라 별도로 배열하여 놓은 목록
探索(탐색): 드러나지 않은 사물이나 현상 따위를 찾아내거나 밝히기 위하여 살피어 찾음

署

훈	음	부수	총획
관청(맡을)	서	罒(网)	14

警察署(경찰서): 경찰 사무를 맡아보는 관청
官公署(관공서): 관서와 공서를 아울러 이르는 말

庶

훈	음	부수	총획
여러	서	广	11

庶務(서무): 특별한 명목이 없는 여러 가지 일반적인 사무, 또는 그런 일을 맡은 사람
庶民(서민): 1. 아무 벼슬이나 신분적 특권을 갖지 못한 일반 사람
2. 경제적으로 중류 이하의 넉넉지 못한 생활을 하는사람

PART 01 선정한자 익히기

훈	음	부수	총획
용서할(어질)	서	心	10

ㄥ 攵 女 如 如 如 恕 恕 恕

容恕(용서): 지은 죄나 잘못한 일에 대하여 꾸짖거나 벌하지 아니하고 덮어 줌
忠恕(충서): 충성과 용서라는 뜻으로, 충직하고 동정심이 많음

훈	음	부수	총획
베풀	선	宀	9

宣 宀 宀 宀 宁 宜 宜 宣 宣

宣揚(선양): 명성이나 권위 따위를 널리 떨치게 함
宣傳(선전): 주의나 주장, 사물의 존재, 효능 따위를 많은 사람이 알고 이해하도록 잘 설명하여 널리 알리는 일

훈	음	부수	총획
건널	섭	氵(水)	10

氵 氵 氵 氵 汁 沙 涉 涉 涉 涉

關涉(관섭): 어떤 일에 참견하고 간섭함
交涉(교섭): 어떤 일을 이루기 위하여 서로 의논하고 절충함

훈	음	부수	총획
나물	소	艹(艸)	16

艹 艹 艹 艹 艹 苎 莎 莎 莎 蔬 蔬 蔬 蔬 蔬

蔬飯(소반): 변변하지 아니한 음식
菜蔬(채소): 밭에서 기르는 농작물

훈	음	부수	총획
기릴(칭송할)	송	頁	13

八 公 公 公 公 公 訟 訟 頌 頌 頌 頌

頌德(송덕): 공덕을 기림
稱頌(칭송): 칭찬하여 일컬음, 또는 그런 말

훈	음	부수	총획
송사할	송	言	11

訟事(송사): 재판에 의하여 원고와 피고 사이의 권리나 의무 따위의 법률관계를 확정하여 줄 것을 법원에 요구함. 또는 그런 절차. 소송
爭訟(쟁송): 서로 다투어 송사함

훈	음	부수	총획
인쇄할	쇄	刂(刀)	8

刷新(쇄신): 나쁜 폐단이나 묵은 것을 버리고 새롭게 함
印刷(인쇄): 잉크를 사용하여 판면(版面)에 그려져 있는 글이나 그림 따위를 종이, 천 따위에 박아 냄

훈	음	부수	총획
가둘	수	口	5

囚人(수인): 옥에 갇힌 사람
罪囚(죄수): 죄를 지어 교도소에 수감된 사람

훈	음	부수	총획
보낼	수	車	16

輸送(수송): 기차나 자동차, 배, 항공기 따위로 사람이나 물건을 실어 옮김
輸出(수출): 국내의 상품이나 기술을 외국으로 팔아 내보냄

훈	음	부수	총획
익을	숙	灬(火)	15

熟眠(숙면): 잠이 깊이 듦. 또는 그 잠
早熟(조숙): 1. 식물의 열매가 일찍 익음
2. 나이에 비하여 정신적·육체적으로 발달이 빠름

선정한자 익히기

巡

훈	음	부수	총획
순행할(돌)	순	巛(川)	7

`く 巛 巛 巡 巡 巡`

巡訪(순방): 나라나 도시 따위를 차례로 돌아가며 방문함
巡察(순찰): 여러 곳을 돌아다니며 사정을 살핌

旬

훈	음	부수	총획
열흘	순	日	6

`旬 勹 勹 旬 旬 旬`

旬報(순보): 1. 열흘마다 한 번씩 내는 보고
　　　　　 2. 열흘에 한 번씩 펴내는 신문이나 잡지
初旬(초순): 한 달 가운데 1일에서 10일까지의 동안. 상순

述

훈	음	부수	총획
지을	술	辶(辵)	9

`述 十 才 才 求 求 述 述 述`

著述(저술): 글이나 책 따위를 씀, 또는 그 글이나 책
陳述(진술): 1. 일이나 상황에 대하여 자세하게 이야기함, 또는 그런 이야기
　　　　　 2. 민사 소송에서, 당사자가 법원에 대하여 구체적인 법률 상황이나 사실에 관한 지식을 보고하고 알리는 일, 또는 그런 소송 행위

雅

훈	음	부수	총획
바를(맑을)	아	隹	12

`雅 二 千 于 开 邪 邪 雅 雅 雅 雅`

端雅(단아): 단정하고 아담함
優雅(우아): 고상하고 기품이 있으며 아름다움

亞

훈	음	부수	총획
버금	아	二	8

`亞 亞 亞 亞 亞 亞 亞 亞`

亞流(아류): 1. 둘째가는 사람이나 사물
　　　　　 2. 문학예술, 학문에서 독창성이 없이 모방하는 일이나 그렇게 한 것, 또는 그런 사람
亞聖(아성): 유학에서 공자 다음가는 성인(聖人)이라고 하여 '맹자'를 이르는 말

餓	훈	음	부수	총획	ノ ハ ク 今 今 今 自 食 食 食 食 飮 飮 餓 餓
	주릴(굶을)	아	食(食)	16	

餓死(아사): 굶어 죽음
飢餓(기아): 먹을 것이 없어 배를 곯는 것. 굶주림

岸	훈	음	부수	총획	ᅵ ᅩ 屮 屮 ヴ 岸 岸 岸
	언덕	안	山	8	

涯岸(애안): 바다, 강, 못 따위와 같이 물이 있는 곳의 가장자리. 물가
海岸(해안): 바다와 육지가 맞닿은 부분

涯	훈	음	부수	총획	丶 氵 氵 汀 汇 沪 沪 涯 涯 涯 涯
	물가	애	氵(水)	11	

生涯(생애): 살아 있는 한평생의 기간
天涯(천애): 1. 하늘의 끝
2. 까마득하게 멀리 떨어져 있는 곳을 비유적으로 이르는 말
3. 이승에 살아 있는 핏줄이나 부모가 없음을 이르는 말

額	훈	음	부수	총획	ᅩ 宀 宀 宀 安 安 客 客 客 額 額 額 額 額 額 額
	이마 (현판, 수량)	액	頁	18	

額面(액면): 1. 편액(扁額)의 겉면
2. 말이나 글로 표현된 사실이나 겉으로 드러난 모습을 비유적으로 이르는 말
額子(액자): 그림, 글씨, 사진 따위를 끼우는 틀

樣	훈	음	부수	총획	一 十 才 才 木 术 栏 样 样 样 样 様 様 様 様
	모양	양	木	15	

多樣(다양): 여러 가지 모양이나 양식
文樣(문양): 1. 물건의 거죽에 어룽져 나타난 어떤 모양
2. 옷감이나 조각품 따위를 장식하기 위한 여러 가지 모양

PART 01 선정한자 익히기

壤 | 훈: 흙 | 음: 양 | 부수: 土 | 총획: 20

土壤(토양): 1. 지구의 표면을 덮고 있는, 바위가 부스러져 생긴 가루인 무기물과 동식물에서 생긴 유기물이 섞여 이루어진 물질. 흙
2. 식물에 영양을 공급하여 자라게 할 수 있는 흙
3. 어떤 활동이 이루어질 수 있는 밑받침을 비유적으로 이르는 말
平壤(평양): 평안남도 서남쪽에 있는 도시

役 | 훈: 부릴(직무) | 음: 역 | 부수: 彳 | 총획: 7

代役(대역): 배우가 맡은 역할을 사정상 할 수 없을 때에 다른 사람이 그 역할을 대신 맡아 하는 일. 또는 그 사람
兒役(아역): 연극이나 영화에서 어린이의 역. 또는 그 역을 맡은 배우

驛 | 훈: 역마(역) | 음: 역 | 부수: 馬 | 총획: 23

驛舍(역사): 역으로 쓰는 건물
驛前(역전): 역의 앞쪽

延 | 훈: 끌(늘일) | 음: 연 | 부수: 廴 | 총획: 7

演技(연기): 정해진 기한을 뒤로 물려서 늘림
延着(연착): 정하여진 시간보다 늦게 도착함

鉛 | 훈: 납 | 음: 연 | 부수: 金 | 총획: 13

鉛筆(연필): 필기도구의 하나
亞鉛(아연): 질(質)이 무르고 광택이 나는 청색을 띤 흰색의 금속 원소

훈	음	부수	총획
물따라내려갈	연	氵(水)	8

丶 丶 氵 氵 氿 氿 沿 沿

沿岸(연안): 1. 강이나 호수, 바다를 따라 잇닿아 있는 육지
　　　　　 2. 육지와 면한 바다·강·호수 따위의 물가
沿革(연혁): 변천하여 온 과정

훈	음	부수	총획
인연	연	糹	15

' ' ᄼ ᄼ 糸 糸 糸 糽 紣 紣 絠 絠 絠 緣 緣

緣分(연분): 1. 서로 관계를 맺게 되는 인연　2. 하늘이 배푼 인연
　　　　　 3. 부부가 되는 인연
因緣(인연): 1. 사람들 사이에 맺어지는 관계
　　　　　 2. 어떤 사물과 관계되는 연줄

훈	음	부수	총획
잔치	연	宀	10

' 宀 宀 宁 宁 宫 宴 宴 宴 宴

宴會(연회): 축하, 위로, 환영, 석별 따위를 위하여 여러 사람이 모여 베푸는 잔치
壽宴(수연): 장수(長壽)를 축하하는 잔치

훈	음	부수	총획
펼 (멀리흐를)	연	氵(水)	14

丶 丶 氵 氵 氵 浐 浐 浐 洀 洀 演 演 演 演

演技(연기): 배우가 배역의 인물, 성격, 행동 따위를 표현해 내는 일
演藝人(연예인): 연예에 종사하는 배우, 가수, 무용가 등을 통틀어 이르는 말

훈	음	부수	총획
비칠	영	日	9

丨 冂 冂 日 日 旫 旫 映 映

映畵(영화): 일정한 의미를 갖고 움직이는 대상을 촬영하여 영사기로 영사막에 재현하는 종합 예술
反映(반영): 1. 빛이 반사하여 비침
　　　　　 2. 다른 것에 영향을 받아 어떤 현상이 나타남, 또는 어떤 현상을 나타냄

PART 6 선정한자 익히기

훈	음	부수	총획
헤엄칠	영	氵(水)	8

泳泳泳泳汀汀泳泳

背泳(배영): 위를 향하여 반듯이 누워 양팔을 번갈아 회전하여 물을 밀치면서 두 발로 물장구를 치는 수영법
水泳(수영): 스포츠나 놀이로서 물속을 헤엄치는 일

훈	음	부수	총획
날카로울	예	金	15

丿𠂉𠂉丆午午金金釤釤釤鈄鈄鋭

銳角(예각): 직각보다 작은 각
銳利(예리): 1. 끝이 뾰족하거나 날이 선 상태에 있음
2. 관찰이나 판단이 정확하고 날카로움
3. 눈매나 시선 따위가 쏘아보는 듯 매서움

훈	음	부수	총획
욕될	욕	辰	10

辱厂厂厂辰辰辰辰辱辱

辱說(욕설): 남의 인격을 무시하는 모욕적인 말, 또는 남을 저주하는 말
恥辱(치욕): 수치와 모욕을 아울러 이르는 말

훈	음	부수	총획
욕심	욕	心	15

慾慾慾慾慾夕夕夕谷谷欲欲慾慾慾

慾望(욕망): 부족을 느껴 무엇을 가지거나 누리고자 탐함, 또는 그런 마음
虛慾(허욕): 헛된 욕심

훈	음	부수	총획
깃	우	羽	6

丆丆丆羽羽羽

羽毛(우모): 조류의 몸 표면을 덮고 있는 털. 깃털
項羽壯士(항우장사): 1. 항우 같은 장사라는 뜻으로, 힘이 아주 센 사람을 비유적으로 이르는 말
2. 웬만한 일에는 끄떡도 아니하는 꿋꿋한 사람을 비유적으로 이르는 말

優	훈	음	부수	총획	ノイイ仁仁仨佴伓偤偤傊傊傓優優優
	넉넉할 (뛰어날)	우	亻(人)	17	

優秀(우수): 여럿 가운데 뛰어남
聲優(성우): 목소리로만 연기하는 배우

愚	훈	음	부수	총획	丨口日日日日禺禺禺禺愚愚愚
	어리석을	우	心	13	

愚直(우직): 어리석고 고지식힘
萬愚節(만우절): 가벼운 거짓말로 서로 속이면서 즐거워하는 날

郵	훈	음	부수	총획	一二三千千丘垂垂垂垂郵郵
	우편	우	阝(邑)	11	

郵便(우편): 1. 지식 경제부의 관할 아래 서신이나 기타 물품을 국내나 전 세계에 보내는 업무
         2. 우편으로 전달되는 서신이나 물품을 통틀어 이르는 말. 우편물
郵票(우표): 우편 요금을 낸 표시로 우편물에 붙이는 증표

援	훈	음	부수	총획	一二才才才扩护护护捋援
	도울	원	扌(手)	12	

援助(원조): 물품이나 돈 따위로 도와줌
應援(응원): 1. 운동 경기 따위에서, 선수들이 힘을 낼 수 있도록 도와주는 일
         2. 곁에서 성원함, 또는 호응하여 도와줌

委	훈	음	부수	총획	一二千千禾秀委委
	맡길	위	女	8	

委員(위원): 선거나 임명에 의하여 지명되어 단체의 특정 사항을 처리할 것을 위임받은 사람
委任(위임): 1. 어떤 일을 책임 지워 맡김, 또는 그 책임
         2. 당사자 중 한쪽이 상대편에게 사무 처리를 맡기고 상대편은 이를 승낙함으로써 성립
            하는 계약

PART 01 선정한자 익히기

훈	음	부수	총획
밥통	위	月(肉)	9

胃 ノ 冂 冃 田 甲 甲 胃 胃 胃

胃炎(위염): 위 점막에 생기는 염증성 질환을 통틀어 이르는 말
胃腸(위장): 위(胃)와 창자를 아울러 이르는 말

훈	음	부수	총획
에울(둘레)	위	口	12

圍 丨 冂 冂 門 門 門 周 周 周 圍 圍

周圍(주위): 1. 어떤 곳의 바깥 둘레
            2. 어떤 사물이나 사람을 둘러싸고 있는 것, 또는 그 환경
            3. 어떤 사람의 가까이에 있는 사람들
包圍(포위): 주위를 에워쌈

훈	음	부수	총획
지킬	위	行	15

衛 ノ 彳 彳 彳 彳 彳 衤 衞 衞 衞 衛 衛 衛 衛

衛星(위성): 행성의 인력에 의하여 그 둘레를 도는 천체
保衛(보위): 보호하고 방위함

훈	음	부수	총획
넉넉할	유	衤(衣)	12

裕 丶 亠 ラ 礻 礻 衤 衤 衤 衤 裕 裕 裕

富裕(부유): 재물이 넉넉함
餘裕(여유): 1. 물질적·공간적·시간적으로 넉넉하여 남음이 있는 상태
            2. 느긋하고 차분하게 생각하거나 행동하는 마음의 상태, 또는 대범하고 너그럽게 일을 처리하는 마음의 상태

훈	음	부수	총획
멀(한가할)	유	心	11

悠 ノ 亻 亻 攸 攸 攸 攸 悠 悠 悠

悠久(유구): 아득하게 오래됨
悠悠自適(유유자적): 속세를 떠나 아무 속박 없이 조용하고 편안하게 삶

훈	음	부수	총획
벼리(맬)	유	糸	14

維新(유신): 낡은 제도를 고쳐 새롭게 함
維持(유지): 어떤 상태나 상황을 그대로 보존하거나 변함없이 계속하여 지탱함

훈	음	부수	총획
거동	의	亻(人)	15

禮儀凡節(예의범절): 일상생활에서 갖추어야 할 모든 예의와 절차
祝儀金(축의금): 축하하는 뜻을 나타내기 위하여 내는 돈

훈	음	부수	총획
마땅	의	宀	8

宜當(의당): 사물의 이치에 따라 마땅히
便宜(편의): 형편이나 조건 따위가 편하고 좋음

훈	음	부수	총획
의심(옳을)	의	疋	14

疑心(의심): 확실히 알 수 없어서 믿지 못하는 마음
質疑(질의): 1. 의심나거나 모르는 점을 물음
2. 국회 회의에서 의제가 되어 있는 의안이나 동의 등에 관하여 의원이 국무 위원, 정부 위원, 발의자 또는 제안자, 보고자에게 의문점을 따져 묻는 일

훈	음	부수	총획
혼인할	인	女	9

姻親(인친): 혼인으로 맺어진 관계, 또는 혼인 관계로 척분(戚分)이 있는 사람. 사돈
婚姻(혼인): 남자와 여자가 부부가 되는 일

PART 01 선정한자 익히기

훈	음	부수	총획
편안(뜰)	일	辶(辵)	12

逸 逸 逸 逸 逸 免 免 免 逸 逸 逸 逸

逸脫(일탈): 1. 정하여진 영역 또는 본디의 목적이나 길, 사상, 규범, 조직 따위로부터 빠져 벗어남
2. 사회적인 규범으로부터 벗어나는 일
安逸(안일): 편안하고 한가로움, 또는 편안함만을 누리려는 태도

훈	음	부수	총획
맵시	자	女	9

姿 姿 姿 姿 姿 姿 姿 姿 姿

姿勢(자세): 1. 몸을 움직이거나 가누는 모양
2. 사물을 대할 때 가지는 마음가짐
姿態(자태): 어떤 모습이나 모양

훈	음	부수	총획
재물	자	貝	13

資 資 資 資 資 資 資 資 資 資 資 資 資

資源(자원): 1. 인간 생활 및 경제 생산에 이용되는 원료로서의 광물, 산림, 수산물 따위를 통틀어 이르는 말
2. 인간 생활 및 경제 생산에 이용되는 노동력이나 기술 따위를 통틀어 이르는 말
投資(투자): 이익을 얻기 위하여 어떤 일이나 사업에 자본을 대거나 시간이나 정성을 쏟음

훈	음	부수	총획
남을	잔	歹	12

殘 殘 殘 殘 殘 殘 殘 殘 殘 殘 殘 殘

殘額(잔액): 나머지 액수
殘忍(잔인): 인정이 없고 아주 모짊

훈	음	부수	총획
섞일	잡	隹	18

雜 雜 雜 雜 雜 雜 雜 雜 雜 雜 雜 雜 雜 雜 雜 雜 雜 雜

雜念(잡념): 여러 가지 잡스러운 생각
混雜(혼잡): 여럿이 한데 뒤섞이어 어수선함

훈	음	부수	총획
권면할 (칭찬할)	장	大	14

獎學金(장학금): 1. 주로 성적은 우수하지만 경제적인 이유로 학업에 어려움을 겪는 학생에게 보조해 주는 돈
2. 학문의 연구를 돕기 위하여 연구자에게 주는 장려금
勸獎(권장): 권하여 장려함

훈	음	부수	총획
꾸밀	장	衣	13

裝備(장비): 1. 갖추어 차림, 또는 그 장치와 설비
2. 군대의 전투력을 이루는 무기·장치·설비, 또는 기술적인 준비와 차림
變裝(변장): 본래의 모습을 알아볼 수 없게 하기 위하여 옷차림이나 얼굴, 머리 모양 따위를 다르게 바꿈

훈	음	부수	총획
막을	장	阝(阜)	14

故障(고장): 1. 기구나 기계가 제대로 움직이지 못하게 되는 기능상의 장애
2. 사람의 몸에 생긴 탈을 속되게 이르는 말
保障(보장): 어떤 일이 어려움 없이 이루어지도록 조건을 마련하여 보증하거나 보호함

훈	음	부수	총획
베풀(벌릴)	장	弓	11

緊張(긴장): 1. 마음을 조이고 정신을 바짝 차림
2. 정세나 분위기가 평온하지 않은 상태
3. 근육이나 신경 중추의 지속적인 수축, 흥분 상태
主張(주장): 자기의 의견이나 주의를 굳게 내세움, 또는 그런 의견이나 주의

훈	음	부수	총획
어른	장	一	3

丈母(장모): 1. 아내의 어머니
2. 아내의 어머니를 이르는 말
大丈夫(대장부): 건장하고 씩씩한 사내

PART 01 선정한자 익히기

帳
훈	음	부수	총획
휘장	장	巾	11

丨 冂 巾 巾' 巾⺁ 帄 帐 帳 帳 帳

日記帳(일기장): 그날그날 겪은 일이나 생각, 느낌 따위를 적는 장부
通帳(통장): 금융 기관에서, 예금한 사람에게 출납의 상태를 적어 주는 장부

抵
훈	음	부수	총획
거스를(막을)	저	扌(手)	8

一 十 扌 扌' 扌⺁ 拆 抵 抵

抵當(저당): 1. 볼모로 삼음
          2. 부동산이나 동산을 채무의 담보로 잡거나 담보로 잡힘
抵抗(저항): 1. 어떤 힘이나 조건에 굽히지 아니하고 거역하거나 버팀
          2. 물체의 운동 방향과 반대 방향으로 작용하는 힘

底
훈	음	부수	총획
밑	저	广	8

丶 亠 广 广 庁 庄 底 底

底力(저력): 속에 간직하고 있는 든든한 힘
底邊(저변): 1. 어떤 대상의 아래를 이루는 부분
          2. 한 분야의 밑바탕을 이루는 부분

績
훈	음	부수	총획
길쌈(공)	적	糸	17

幺 幺 乡 糸 糸 糽 紝 綪 綪 績 績 績 績 績 績

成績(성적): 1. 하여 온 일의 결과로 얻은 실적
          2. 학생들이 배운 지식, 기능, 태도 따위를 평가한 결과
業績(업적): 어떤 사업이나 연구 따위에서 세운 공적

賊
훈	음	부수	총획
도둑	적	貝	13

丨 冂 冃 月 貝 貝 貝 貯 賊 賊 賊

逆賊(역적): 자기 나라나 민족, 통치자를 반역한 사람
海賊(해적): 배를 타고 다니면서, 다른 배나 해안 지방을 습격하여 재물을 빼앗는 강도

훈	음	부수	총획
문서	적	⺮(竹)	20

國籍(국적): 한 나라의 구성원이 되는 자격
戶籍(호적): 호주(戶主)를 중심으로 하여 그 집에 속하는 사람의 본적지, 성명, 생년월일 따위의 신분에 관한 사항을 기록한 공문서

훈	음	부수	총획
점칠 (차지할)	점	卜	5

占居(점거): 어떤 장소를 차지하여 삶
獨占(독점): 1. 혼자서 모두 차지함. 독차지
2. 개인이나 하나의 단체가 다른 경쟁자를 배제하고 생산과 시장을 지배하여 이익을 독차지함. 또는 그런 경제 현상

훈	음	부수	총획
가지런할	정	攵(攴)	16

整理(정리): 1. 흐트러지거나 혼란스러운 상태에 있는 것을 한데 모으거나 치워서 질서 있는 상태가 되게 함
2. 체계적으로 분류하고 종합함
調整(조정): 어떤 기준이나 실정에 맞게 정돈함

훈	음	부수	총획
바로잡을	정	言	9

訂正(정정): 글자나 글 따위의 잘못을 고쳐서 바로잡음
校訂(교정): 남의 문장 또는 출판물의 잘못된 글자나 글귀 따위를 바르게 고침

훈	음	부수	총획
정자	정	亠	9

亭子(정자): 경치가 좋은 곳에 놀거나 쉬기 위하여 지은 집
八角亭(팔각정): 지붕을 여덟모가 지도록 지은 정자

PART 01 선정한자 익히기

	훈	음	부수	총획
廷	조정(법정)	정	廴	7

廷廴千壬任廷廷

法廷(법정): 법원이 소송 절차에 따라 송사를 심리하고 판결하는 곳
朝廷(조정): 임금이 나라의 정치를 신하들과 의논하거나 집행하는 곳, 또는 그런 기구

	훈	음	부수	총획
征	칠(갈)	정	彳	8

征彳彳彳行行征征

征伐(정벌): 적 또는 죄 있는 무리를 무력으로써 침
遠征(원정): 1. 먼 곳으로 싸우러 나감
　　　　　　 2. 먼 곳으로 운동 경기 따위를 하러 감
　　　　　　 3. 연구, 탐험, 조사 따위를 위하여 먼 곳으로 떠남

	훈	음	부수	총획
齊	가지런할	제	齊	14

齊亠亠亠产产产产齐齐齊齊齊齊

齊唱(제창): 1. 여러 사람이 다 같이 큰 소리로 외침
　　　　　　 2. 같은 가락을 두 사람 이상이 동시에 노래함
一齊(일제): 여럿이 한꺼번에 함

	훈	음	부수	총획
濟	건널(구할)	제	氵(水)	17

濟氵氵氵汀沪沪沪濟濟濟濟濟濟

經濟(경제): 인간의 생활에 필요한 재화나 용역을 생산·분배·소비하는 모든 활동, 또는 그것을 통하여 이루어지는 사회적 관계
救濟(구제): 자연적인 재해나 사회적인 피해를 당하여 어려운 처지에 있는 사람을 도와줌

	훈	음	부수	총획
提	끌(들)	제	扌(手)	12

提扌扌扌扣扣押捍捍提提

提示(제시): 어떠한 의사를 말이나 글로 나타내어 보임
提議(제의): 의견이나 의논, 의안을 내놓음, 또는 그 의견이나 의논, 의안

堤	훈	음	부수	총획	一十十十坦坦坦坦堤堤堤
	둑	제	土	12	

堤防(제방): 물가에 흙이나 돌, 콘크리트 따위로 쌓은 둑
防波堤(방파제): 파도를 막기 위하여 항만에 쌓은 둑

照	훈	음	부수	총획	1 П Н В' В' В" 昭 昭 昭 照 照
	비칠(비출)	조	灬(火)	13	

照明(조명): 1. 광선으로 밝게 비춤, 또는 그 광선
         2. 무대의 예술적인 효과 또는 촬영 효과를 높이기 위하여 빛을 비춤, 또는 그 빛
落照(낙조): 1. 저녁에 지는 햇빛
         2. 지는 해 주위로 퍼지는 붉은빛

條	훈	음	부수	총획	ノイイ竹竹竹修條條條
	조목	조	木	11	

條項(조항): 법률이나 규정 따위의 조목이나 항목
信條(신조): 굳게 믿어 지키고 있는 생각

弔	훈	음	부수	총획	一 コ 弓 弔
	조상할	조	弓	4	

弔意(조의): 남의 죽음을 슬퍼하는 뜻. 조의금
謹弔(근조): 사람의 죽음에 대하여 삼가 슬픈 마음을 나타냄

租	훈	음	부수	총획	一 二 千 千 禾 禾 和 和 租 租
	조세(구실)	조	禾	10	

租貢(조공): 조세 따위를 바침, 또는 그 조세
租稅(조세): 국가 또는 지방 공공 단체가 필요한 경비로 사용하기 위하여 국민이나 주민으로부터 강제로 거두어들이는 금전

PART 01 선정한자 익히기

훈	음	부수	총획
조수(밀물)	조	氵(水)	15

潮: 氵氵氵氵汋汋沽沽浡浡浡潮潮潮

潮流(조류): 1. 밀물과 썰물 때문에 일어나는 바닷물의 흐름
           2. 시대 흐름의 경향이나 동향
滿潮(만조): 밀물이 가장 높은 해면까지 꽉 차게 들어오는 현상, 또는 그런 때

훈	음	부수	총획
짤	조	糸	11

組: 組 纟 纟 纟 糸 糸 糺 紅 組 組 組

組立(조립): 여러 부품을 하나의 구조물로 짜 맞춤, 또는 그런 것
組合(조합): 1. 여럿을 한데 모아 한 덩어리로 짬
           2. 민법에서, 두 사람 이상이 출자하여 공동 사업을 경영하기 위하여 결합한 단체
           3. 특별법에서, 여러 가지 공동 목적을 수행하기 위하여 일정한 자격이 있는 사람으로 조직한 단체

훈	음	부수	총획
자리	좌	广	10

座: 座 座 广 广 广 广 庐 应 座 座

座席(좌석): 1. 앉을 수 있게 마련된 자리
           2. 여러 사람이 모인 자리
座右銘(좌우명): 늘 자리 옆에 갖추어 두고 가르침으로 삼는 말이나 문구

훈	음	부수	총획
그루(주식)	주	木	10

株: 一 十 オ オ 木 木 朴 朴 株 株

株式(주식): 주식회사의 자본을 구성하는 단위
期待株(기대주): 장래의 발전을 기대할 만한 인물을 비유적으로 이르는 말

훈	음	부수	총획
기둥	주	木	9

柱: 一 十 オ オ 木 朴 朴 柱 柱

四柱(사주): 사람이 태어난 연월일시의 네 간지(干支), 또는 이에 근거하여 사람의 길흉화복을
           알아보는 점
支柱(지주): 1. 어떠한 물건이 쓰러지지 아니하도록 버티어 괴는 기둥
           2. 정신적·사상적으로 의지할 수 있는 근거나 힘을 비유적으로 이르는 말

한자를 쓰면서 훈·음, 부수, 총획 등을 익히고, 그 한자가 어떻게 쓰이는 지를 알도록 용례를 제시하였습니다. 　한자자격시험 3급

周

훈	음	부수	총획
두루	주	口	8

丿 刀 刀 円 円 周 周 周

圓周(원주): 일정한 점에서 같은 거리에 있는 점의 자취
一周(일주): 일정한 경로를 한 바퀴 돎

舟

훈	음	부수	총획
배	주	舟	6

丿 丿 力 月 月 舟

方舟(방주): 1. 네모진 모양의 배
　　　　　 2. 두 척의 배를 나란히 함, 또는 그렇게 만든 배
片舟(편주): 작은 배, 조각배

俊

훈	음	부수	총획
준걸	준	亻(人)	9

丿 亻 亻 仁 仫 佟 俊 俊 俊

俊秀(준수): 재주와 슬기, 풍채가 빼어남
俊才(준재): 아주 뛰어난 재주, 또는 재주가 뛰어난 사람

症

훈	음	부수	총획
증세	증	疒	10

丶 一 广 疒 疒 疒 疖 疖 疔 症

渴症(갈증): 목이 말라 물을 마시고 싶은 느낌
痛症(통증): 아픈 증세

誌

훈	음	부수	총획
기록할	지	言	14

丶 二 宀 亠 言 言 言 計 計 誌 誌 誌 誌

日誌(일지): 그날그날의 일을 적은 기록, 또는 그런 책
雜誌(잡지): 일정한 이름을 가지고 호를 거듭하며 정기적으로 간행하는 출판물

선정한자 익히기

池	훈	음	부수	총획
	못	지	氵(水)	6

池池池氵氿池

乾電池(건전지): 전해액과 화학 물질을 종이나 솜에 흡수시키거나 반죽된 형태로 만들어 유동성 액체를 사용하지 않고 제조한 건전지
貯水池(저수지): 물을 모아 두기 위하여 하천이나 골짜기를 막아 만든 큰 못

織	훈	음	부수	총획
	짤	직	糹	18

織織纟纟纟纟糸紵紵絽絽絽織織織

織女(직녀): 1. 피륙을 짜는 여자. 직부   2. 견우직녀 설화에 나오는 여자 주인공
組織(조직): 1. 짜서 이루거나 얽어서 만듦
           2. 특정한 목적을 달성하기 위하여 여러 개체나 요소를 모아서 체계 있는 집단을 이룸. 또는 그 집단

陳	훈	음	부수	총획
	늘어놓을 (베풀)	진	阝(阜)	11

陳陳陳阝阝阝阵阵陣陣陳陳

陳列(진열): 여러 사람에게 보이기 위하여 물건을 죽 벌여 놓음
開陳(개진): 주장이나 사실 따위를 밝히기 위하여 의견이나 내용을 드러내어 말하거나 글로 씀

珍	훈	음	부수	총획
	보배	진	王(玉)	9

一二千王玗玪玪珍珍

珍貴(진귀): 보배롭고 보기 드물게 귀함
山海珍味(산해진미): 산과 바다에서 나는 온갖 진귀한 물건으로 차린, 맛이 좋은 음식

鎭	훈	음	부수	총획
	진압할 (진정할)	진	金	18

鎭鎭鎭鎭鎭鎭鎭鎭鎭鎭鎭鎭鎭鎭鎭鎭鎭鎭

鎭痛(진통): 아픈 것을 가라앉혀 멎게 하는 일
鎭火(진화): 1. 불이 난 것을 끔
           2. 말썽, 소동, 소문 따위를 해결함

陣

훈	음	부수	총획
진칠	진	阝(阜)	10

丨 彐 阝 阝⁻ 阡 阡 阡 陣 陣

陣營(진영): 1. 정치적·사회적·경제적으로 구분된 서로 대립되는 세력의 어느 한쪽
2. 군대가 진을 치고 있는 곳

敵陣(적진): 적이 모여 있는 진지나 진영

姪

훈	음	부수	총획
조카	질	女	9

乚 乂 女 女⁻ 妌 姪 姪 姪 姪

姪女(질녀): 형제자매의 딸. 조카딸
姪婦(질부): 조카의 아내를 이르는 말. 조카며느리

秩

훈	음	부수	총획
차례	질	禾	10

丿 一 千 千 禾 禾 禾⁻ 秒 秩 秩

秩滿(질만): 관직에서 임무를 맡은 기간이 만료됨
秩序(질서): 혼란 없이 순조롭게 이루어지게 하는 사물의 순서나 차례

差

훈	음	부수	총획
어긋날	차	工	10

丶 丷 亠 并 羊 羊 差 差 差 差

差異(차이): 서로 같지 아니하고 다름, 또는 그런 정도나 상태
誤差(오차): 1. 실지로 셈하거나 측정한 값과 이론적으로 정확한 값과의 차이
2. 참값과 근삿값과의 차이

贊

훈	음	부수	총획
도울(찬성할)	찬	貝	19

丿 一 亠 夫 夫 夫⁻ 夫⁻ 扶 扶 替 替 替 贊 贊 贊 贊 贊 贊 贊

贊成(찬성): 1. 어떤 행동이나 견해, 제안 따위가 옳거나 좋다고 판단하여 수긍함
2. 어떤 일을 도와서 이루어지도록 함
協贊(협찬): 1. 힘을 합하여 도움
2. 어떤 일 따위에 재정적으로 도움을 줌

PART 01 선정한자 익히기

倉

훈	음	부수	총획
곳집(창고)	창	人	10

ノ 人 人 今 今 今 슌 슌 倉 倉

倉庫(창고): 물건이나 자재를 저장하거나 보관하는 건물
穀倉(곡창): 1. 곡식을 쌓아 두는 창고
2. 곡식이 많이 생산되는 지방을 비유적으로 이르는 말

債

훈	음	부수	총획
빚(빌릴)	채	亻(人)	13

ノ 亻 亻 亻 倩 倩 倩 倩 債 債 債 債

債務(채무): 재산권의 하나. 재산상의 처리에 관련하여 일정한 당사자의 요구에 응하여 급부(給付)를 해야 하는 의무
負債(부채): 1. 남에게 빚을 짐, 또는 그 빚
2. 제삼자에게 지고 있는 금전상의 의무

策

훈	음	부수	총획
꾀	책	⺮(竹)	12

策 策 策 策 策 策 笭 笭 笭 策 策 策

妙策(묘책): 매우 교묘한 꾀
術策(술책): 어떤 일을 꾸미는 꾀나 방법

##

훈	음	부수	총획
넓힐	척	扌(手)	8

一 十 扌 扌 扌 拓 拓 拓

干拓(간척): 육지에 면한 바다나 호수의 일부를 둑으로 막고, 그 안의 물을 빼내어 육지로 만드는 일
開拓(개척): 1. 거친 땅을 일구어 논이나 밭과 같이 쓸모 있는 땅으로 만듦
2. 새로운 영역, 운명, 진로 따위를 처음으로 열어 나감

##

훈	음	부수	총획
밟을	천	足	15

踐 踐 踐 踐 踐 踐 踐 踐 踐 踐 踐 踐 踐 踐 踐

踐言(천언): 말한 대로 실천함
實踐(실천): 생각한 바를 실제로 행함

賤

훈	음	부수	총획
천할	천	貝	15

丨 冂 冃 月 目 貝 貝 貝¹ 貝² 貝³ 貝⁴ 賤 賤

賤民(천민): 지체가 낮고 천한 백성
貴賤(귀천): 1. 부귀(富貴)와 빈천(貧賤)을 아울러 이르는 말
　　　　　　 2. 신분이나 일 따위의 귀함과 천함

哲

훈	음	부수	총획
밝을	철	口	10

一 十 扌 扌 折 折 折 折 哲 哲

哲學(철학): 1. 인간과 세계에 대한 근본 원리와 삶의 본질 따위를 연구하는 학문
　　　　　　 2. 자신의 경험에서 얻은 인생관, 세계관, 신조 따위를 이르는 말
明哲(명철): 총명하고 사리에 밝음

妾

훈	음	부수	총획
첩	첩	女	8

丶 亠 ㇒ 立 产 夋 妾 妾

妾室(첩실): '첩'을 점잖게 이르는 말
妻妾(처첩): 아내와 첩을 아울러 이르는 말

超

훈	음	부수	총획
넘을	초	走	12

一 十 土 チ 丰 非 走 走 起 起 超 超

超過(초과): 일정한 수나 한도 따위를 넘음
超音波(초음파): 사람의 귀에 소리로 들리는 한계 주파수 이상이어서 들을 수 없는 음파

礎

훈	음	부수	총획
주춧돌	초	石	18

一 丆 丆 石 石 石 矷 砂 砂 砂 碟 碟 碟 礎 礎 礎 礎

礎石(초석): 1. 기둥 밑에 기초로 받쳐 놓은 돌. 주춧돌
　　　　　　 2. 어떤 사물의 기초를 비유적으로 이르는 말
基礎(기초): 1. 사물이나 일 따위의 기본이 되는 토대
　　　　　　 2. 건물, 다리 따위와 같은 구조물의 무게를 받치기 위하여 만든 밑받침

PART 0 | 선정한자 익히기

聰
훈	음	부수	총획
귀밝을	총	耳	17

聰明(총명): 1. 보거나 들은 것을 오래 기억하는 힘이 있음, 또는 그 힘
2. 썩 영리하고 재주가 있음
聰敏(총민): 총명하고 민첩함

築
훈	음	부수	총획
쌓을	축	⺮(竹)	16

建築(건축): 집이나 성, 다리 따위의 구조물을 그 목적에 따라 설계하여 흙이나 나무, 돌, 벽돌, 쇠 따위를 써서 세우거나 쌓아 만드는 일
新築(신축): 건물 따위를 새로 만듦

側
훈	음	부수	총획
곁	측	亻(人)	11

側近(측근): 1. 곁의 가까운 곳
2. 곁에서 가까이 모시는 사람. 측근자
兩側(양측): 1. 두 편
2. 양쪽의 측면

測
훈	음	부수	총획
헤아릴(잴)	측	氵(水)	12

測量(측량): 기기를 써서 물건의 높이, 깊이, 넓이, 방향 따위를 잼
推測(추측): 미루어 생각하여 헤아림

値
훈	음	부수	총획
값(만날)	치	亻(人)	10

價値(가치): 1. 사물이 지니고 있는 쓸모
2. 대상이 인간과의 관계에 의하여 지니게 되는 중요성
數値(수치): 1. 계산하여 얻은 값
2. 수식의 숫자 대신에 넣는 수

置	훈	음	부수	총획
	둘	치	罒(网)	13

置 置 置 置 置 置 胃 胃 胃 胃 置

配置(배치): 사람이나 물자 따위를 일정한 자리에 알맞게 나누어 둠
位置(위치): 1. 일정한 곳에 자리를 차지함, 또는 그 자리
2. 사회적으로 담당하고 있는 지위나 역할

恥	훈	음	부수	총획
	부끄러울	치	心	10

一 T F F 丘 耳 耳 耶 耶 恥

恥事(치사): 행동이나 말 따위가 쩨쩨하고 남부끄러운
國恥日(국치일): 나라가 수치를 당한 날

浸	훈	음	부수	총획
	적실(젖을)	침	氵(水)	10

丶 丶 氵 氵 氵 沪 沪 浔 浸 浸

浸禮敎(침례교): 기독교 신교의 한 교파
浸水(침수): 물에 젖거나 잠김

侵	훈	음	부수	총획
	침노할	침	亻(人)	9

丿 亻 亻 仁 仁 伊 侵 侵 侵

侵略(침략): 정당한 이유 없이 남의 나라에 쳐들어감
侵犯(침범): 남의 영토나 권리, 재산, 신분 따위를 침노하여 범하거나 해를 끼침

稱	훈	음	부수	총획
	일컬을	칭	禾	14

一 二 千 才 禾 禾 禾 禾 稻 稻 稻 稱

稱號(칭호): 어떠한 뜻으로 일컫는 이름
尊稱(존칭): 남을 공경하는 뜻으로 높여 부름, 또는 그 칭호

PART 01 선정한자 익히기

妥

훈	음	부수	총획
평온할 (온당할)	타	女	7

妥結(타결): 의견이 대립된 양편에서 서로 양보하여 일을 마무름
妥協(타협): 어떤 일을 서로 양보하여 협의함

濯

훈	음	부수	총획
씻을	탁	氵(水)	17

濯足(탁족): 발을 씻음. 세족(洗足)
洗濯(세탁): 더러운 옷이나 피륙 따위를 물에 빠는 일. 빨래

歎

훈	음	부수	총획
탄식할	탄	欠	15

歎息(탄식): 한탄하여 한숨을 쉼, 또는 그 한숨
感歎(감탄): 마음속 깊이 느끼어 탄복함

彈

훈	음	부수	총획
탄알	탄	弓	15

防彈(방탄): 날아오는 탄알을 막음
爆彈(폭탄): 인명 살상이나 구조물 파괴를 위하여 금속 용기에 폭약을 채워서 던지거나 쏘거나 떨어뜨려서 터뜨리는 폭발물

塔

훈	음	부수	총획
탑	탑	土	13

佛塔(불탑): 절에 세운 탑
鐵塔(철탑): 철재로 조립하여 높이 세운 구조물

훈	음	부수	총획
모양	태	心	14

`丶 亠 厶 厶 介 育 育 能 能 能 能 態 態 態`

態度(태도): 1. 몸의 동작이나 몸을 거두는 모양새
2. 어떤 사물이나 상황 따위를 대하는 자세
重態(중태): 병이 심하여 위험한 상태

훈	음	부수	총획
가릴	택	扌(手)	16

`一 十 扌 扌 扌 扩 抒 抒 抒 押 押 擇 擇 擇 擇 擇`

擇一(택일): 여럿 가운데에서 하나를 고름
選擇(선택): 여럿 가운데서 필요한 것을 골라 뽑음

훈	음	부수	총획
못 (윤, 덕택)	택	氵(水)	16

`丶 冫 氵 氵 氵 汈 泗 泗 澤 澤 澤 澤 澤 澤 澤 澤`

德澤(덕택): 베풀어 준 은혜나 도움. 덕분
惠澤(혜택): 은혜와 덕택을 아울러 이르는 말

훈	음	부수	총획
토할	토	口	6

`丨 口 口 吐 吐 吐`

吐露(토로): 마음에 있는 것을 죄다 드러내어서 말함
實吐(실토): 거짓 없이 사실대로 다 말함

훈	음	부수	총획
싸움	투	鬥	20

`丨 丨 丨 丨 丨 丨 丨 丨 丨 鬥 鬥 鬥 鬥 鬥 鬥 鬥 鬥 鬪 鬪 鬪`

鬪爭(투쟁): 1. 어떤 대상을 이기거나 극복하기 위한 싸움
2. 사회 운동, 노동 운동 따위에서 무엇인가를 쟁취하고자 견해가 다른 사람이나 집단 간에 싸우는 일
戰鬪(전투): 두 편의 군대가 조직적으로 무장하여 싸움

PART 01 선정한자 익히기

훈	음	부수	총획
물갈래	파	氵(水)	9

派派派派派派派派派

派兵(파병): 군대를 파견함
黨派(당파): 주의, 주장, 이해를 같이하는 사람들이 뭉쳐 이룬 단체나 모임

훈	음	부수	총획
판목	판	片	8

版版版版版版版版

版權(판권): 저작권법에 의하여 인정된 재산권의 하나
絶版(절판): 1. 출판된 책이 떨어져서 없음
2. 출판하였던 책을 계속 간행할 수 없게 됨

훈	음	부수	총획
팔	판	貝	11

販販販販販販販販販販販

販路(판로): 상품이 팔리는 방면이나 길
販賣(판매): 상품 따위를 팖

훈	음	부수	총획
평론할	평	言	12

評評評評評評評評評評評評

評價(평가): 1. 물건값을 헤아려 매김, 또는 그 값
2. 사물의 가치나 수준 따위를 평함, 또는 그 가치나 수준
論評(논평): 어떤 글이나 말 또는 사건 따위의 내용에 대하여 논하여 비평함, 또는 그런 비평

훈	음	부수	총획
허파	폐	月(肉)	9

肺肺肺肺肺肺肺肺肺

肺炎(폐렴): 폐에 생기는 염증
肺病(폐병): 1. '폐결핵'을 일상적으로 이르는 말
2. 폐에 관한 질병을 통틀어 이르는 말

한자를 쓰면서 훈·음, 부수, 총획 등을 익히고, 그 한자가 어떻게 쓰이는 지를 알도록 용례를 제시하였습니다.   한자자격시험 3급

浦

훈	음	부수	총획
물가	포	氵(水)	10

氵氵氵氵氵氵氵浦浦浦

浦口(포구): 배가 드나드는 개의 어귀
木浦(목포): 전라남도 서남쪽 끝에 있는 항구 도시

捕

훈	음	부수	총획
잡을	포	扌(手)	10

一 扌 扌 扌 扌 捕 捕 捕 捕 捕

捕手(포수): 야구에서, 본루를 지키며 투수가 던지는 공을 받는 선수
生捕(생포): 산 채로 잡음

胞

훈	음	부수	총획
태보	포	月(肉)	9

丿 月 月 月 肝 胪 胞 胞 胞

同胞(동포): 1. 한 부모에게서 태어난 형제자매
          2. 같은 나라 또는 같은 민족의 사람을 다정하게 이르는 말
細胞(세포): 생물체를 이루는 기본 단위

爆

훈	음	부수	총획
터질	폭	火	19

丶 丷 丷 火 炉 炉 炉 炉 炉 煜 煜 煜 爆 爆 爆 爆

爆發(폭발): 1. 불이 일어나며 갑작스럽게 터짐
          2. 물질이 급격한 화학 변화나 물리 변화를 일으켜 부피가 몹시 커져 폭발음이나
             파괴 작용이 따름. 또는 그런 현상
起爆(기폭): 화약이 압력이나 열 따위를 받아서 폭발을 일으키는 현상

被

훈	음	부수	총획
입을	피	衤(衣)	10

丶 ㇇ 衤 衤 衤 衤 衤 被 被 被

被告(피고): 민사 소송에서, 소송을 당한 측의 당사자
被害(피해): 생명이나 신체, 재산, 명예 따위에 손해를 입음

PART 01 선정한자 익히기

避

훈	음	부수	총획
피할	피	辶(辵)	17

필순: 辟 辟 尸 尸 尸 居 居 居 辟 辟 辟 辟 辟 避 避 避 避

待避(대피): 위험이나 피해를 입지 않도록 일시적으로 피함
回避(회피): 1. 몸을 숨기고 만나지 아니함
2. 꾀를 부려 마땅히 져야 할 책임을 지지 아니함
3. 일하기를 꺼리어 선뜻 나서지 않음

咸

훈	음	부수	총획
다	함	口	9

필순: 厂 厂 厂 厂 厂 后 后 咸 咸 咸

咸池(함지): 해가 진다고 하는 서쪽의 큰 못
咸興差使(함흥차사): 심부름을 가서 오지 아니하거나 늦게 온 사람을 이르는 말

抗

훈	음	부수	총획
겨룰(막을)	항	扌(手)	7

필순: 一 十 扌 扌 扩 扩 抗

抗爭(항쟁): 맞서 싸움
對抗(대항): 1. 굽히거나 지지 않으려고 맞서서 버티거나 항거함
2. 그것끼리 서로 겨룸

項

훈	음	부수	총획
목	항	頁	12

필순: 一 丁 丁 丁 巧 項 項 項 項 項 項

項目(항목): 법률이나 규정 따위의 낱낱의 조나 항목. 조목
事項(사항): 일의 항목이나 내용

航

훈	음	부수	총획
배	항	舟	10

필순: 丿 丿 刀 月 月 舟 舟 舮 舮 航

航速(항속): 선박이나 비행기의 속도
缺航(결항): 정기적으로 다니는 배나 비행기가 운항을 거름

훈	음	부수	총획
항구	항	氵(水)	12

丶丶氵汁汁洪洪洪洪洪港港

港口(항구): 배가 안전하게 드나들도록 바닷가에 부두 따위를 설비한 곳
空港(공항): 항공 수송을 위하여 사용하는 공공용 비행장

훈	음	부수	총획
누릴	향	亠	8

丶一十十古古亨享

享樂(향락): 쾌락을 누림
享有(향유): 누리어 가짐

훈	음	부수	총획
소리(울릴)	향	音	22

丿幺幺纟纟纟纟纟纟纟纟纟鄕鄕鄕響響響響響

交響樂(교향악): 교향곡, 교향시, 교향 모음곡 따위의 관현악을 위하여 만든 음악을 통틀어 이르는 말
音響(음향): 물체에서 나는 소리와 그 울림

훈	음	부수	총획
법	헌	心	16

丶宀宀宀宁宇宇害害害害憲憲憲憲

憲法(헌법): 국가 통치 체제의 기초에 관한 각종 근본 법규의 총체
改憲(개헌): 헌법을 고침

훈	음	부수	총획
험할	험	阝(阜)	16

丶ㄱ阝阝阝阝阝險險險險險險險險險

險惡(험악): 1. 지세, 기후, 도로 따위가 험하고 나쁨 2. 사물의 형세가 매우 나쁨 3. 인심, 성질, 태도, 생김새 따위가 흉악함
保險(보험): 1. 손해를 물어 준다거나 일이 확실하게 이루어진다는 보증   2. 재해나 각종 사고 따위가 일어날 경우의 경제적 손해에 대비하여, 공통된 사고의 위험을 피하고자 하는 사람들이 미리 일정한 돈을 함께 적립하여 두었다가 사고를 당한 사람에게 일정 금액을 주어 손해를 보상하는 제도

PART 01 선정한자 익히기

絃	훈	음	부수	총획
	줄	현	糸	11

絃樂器(현악기): 현을 켜거나 타서 소리를 내는 악기
管絃樂(관현악): 관악기, 타악기, 현악기 따위로 함께 연주하는 음악

亨	훈	음	부수	총획
	형통할	형	亠	7

亨通(형통): 모든 일이 뜻과 같이 잘되어 감
萬事亨通(만사형통): 모든 것이 뜻대로 잘됨

昏	훈	음	부수	총획
	저물(어두울)	혼	日	8

昏絶(혼절): 정신이 아찔하여 까무러침
黃昏(황혼): 해가 지고 어스름해질 때, 또는 그때의 어스름한 빛

弘	훈	음	부수	총획
	클	홍	弓	5

弘報(홍보): 널리 알림, 또는 그 소식이나 보도
弘益人間(홍익인간): 널리 인간을 이롭게 함

確	훈	음	부수	총획
	굳을(확실할)	확	石	15

確固(확고): 태도나 상황 따위가 튼튼하고 굳음
確實(확실): 틀림없이 그러함

環

훈	음	부수	총획
고리	환	玉(玉)	17

一 二 干 王 王 玙 玙 玙 珇 珇 瑁 琚 瑗 環 環 環 環

環境(환경): 1. 생물에게 직접·간접으로 영향을 주는 자연적 조건이나 사회적 상황
2. 생활하는 주위의 상태
花環(화환): 생화나 조화를 모아 고리같이 둥글게 만든 물건

丸

훈	음	부수	총획
알(둥글)	환	、	3

丿 九 丸

丸藥(환약): 약재를 가루로 만들어 반죽하여 작고 둥글게 빚은 약
彈丸(탄환): 1. 총이나 포에 재어서 목표물을 향하여 쏘아 보내는 물건. 탄알
2. 총포에 재어서 쏘면 공이의 힘에 의하여 폭발함으로써, 그 힘으로 앞부분의 탄알이나 처란이 튀어 나가게 된 쇳덩이

悔

훈	음	부수	총획
뉘우칠	회	忄(心)	10

, , 忄 忄 忄 忏 悔 悔 悔 悔

悔改(회개): 잘못을 뉘우치고 고침
後悔(후회): 이전의 잘못을 깨치고 뉘우침

劃

훈	음	부수	총획
그을	획	刂(刀)	14

一 ㄱ ㅋ 彐 聿 聿 畫 畫 畫 畫 畫 畫 劃

計劃(계획): 앞으로 할 일의 절차, 방법, 규모 따위를 미리 헤아려 작정함. 또는 그 내용
劃期的(획기적): 어떤 과정이나 분야에서 전혀 새로운 시기를 열어 놓을 만큼 뚜렷이 구분되는. 또는 그런 것

揮

훈	음	부수	총획
휘두를	휘	扌(手)	12

一 † 扌 扌 扩 护 扫 担 捎 捍 揮 揮

發揮(발휘): 재능, 능력 따위를 떨치어 나타냄
指揮(지휘): 1. 목적을 효과적으로 이루기 위하여 단체의 행동을 통솔함
2. 합창·합주 따위에서, 많은 사람의 노래나 연주가 예술적으로 조화를 이루도록 앞에서 이끄는 일

교과서 한자어 익히기

단어와 훈·음, 풀이, 쓰임을 읽으며 익힙니다. 그리고 빈칸에 익힌 한자어를 바르게 써 봅니다.

家畜 (가축)
- **훈·음**: 집 **가**, 기를 **축**
- **풀이**: 집에서 기르는 짐승
- **쓰임**: 家畜은 사람에게 젖과 알과 고기를 주고, 옷을 만들 수 있는 털과 가죽을 주기도 합니다.

簡單 (간단)
- **훈·음**: 간략할 **간**, 홑 **단**
- **풀이**: 까다롭지 않고 단순함
- **쓰임**: 전화는 용건만 簡單히 하는 것이 좋습니다.

諫言 (간언)
- **훈·음**: 간할 **간**, 말씀 **언**
- **풀이**: 옳지 못한 일을 고치도록 하는 말
- **쓰임**: 諫言은 귀에 거슬리는 법입니다.

葛藤 (갈등)
- **훈·음**: 칡 **갈**, 등나무 **등**
- **풀이**: (견해, 주장, 이해 등이) 뒤엉킨 복잡한 상태. 서로 다른 두 가지의 욕구가 충돌하는 상태
- **쓰임**: 산업의 발달에 따라 지역 간의 격차 문제, 빈부의 격차와 세대 간 葛藤 문제 등이 나타나고 있습니다.

槪念 (개념)
- **훈·음**: 대개 **개**, 생각 **념**
- **풀이**: 어떤 사물에 대한 대강의 뜻이나 대강의 내용
- **쓰임**: 요즈음은 평생직장이란 槪念이 사라졌습니다.

凱旋 개선

- 훈·음: 개선할 **개**, 돌 **선**
- 풀이: 싸움에서 이기고 돌아옴
- 쓰임: 혁혁한 전과를 세운 병사들은 사람들의 열렬한 환영을 받으며 凱旋하였습니다.

慨歎 개탄

- 훈·음: 슬퍼할 **개**, 탄식할 **탄**
- 풀이: 분하거나 못마땅하게 여겨 한탄함
- 쓰임: 청소년 범죄가 급증하고 있는 것은 참으로 慨歎할 일입니다.

坑道 갱도

- 훈·음: 구덩이 **갱**, 길 **도**
- 풀이: 광산에서, 갱 안에 뚫어 놓은 길
- 쓰임: 坑道의 천장이 무너져 광부들이 갇히는 사고가 발생했습니다.

乾燥 건조

- 훈·음: 마를 **건**, 마를 **조**
- 풀이: 습기나 물기가 없는 마른 상태
- 쓰임: 고온 乾燥한 높새바람이 불면 농토와 농작물이 말라 큰 피해를 보게 됩니다.

檢閱 검열

- 훈·음: 검사할 **검**, 볼 **열**
- 풀이: 어떤 행위나 사업 따위를 살펴 조사하는 일
- 쓰임: 예전에는 영화 제작자들이 檢閱 때문에 영화 제작에 제약을 많이 받았습니다.

PART 2 교과서 한자어 익히기

揭揚 (게양)
- 훈·음: 높이들 **게**, 펼칠 **양**
- 풀이: 기 따위를 높이 걺
- 쓰임: 국경일에는 국기를 揭揚해야 합니다

激勵 (격려)
- 훈·음: 부딪힐 **격**, 힘쓸 **려**
- 풀이: 용기나 의욕이 솟아나도록 북돋워 줌
- 쓰임: 감독은 선수들의 사기가 침체하지 않도록 선수들을 激勵하였습니다.

隔差 (격차)
- 훈·음: 사이뜰 **격**, 어긋날 **차**
- 풀이: 수준이나 품질, 수량 따위의 차이
- 쓰임: 우리나라는 대기업과 중소기업 간의 임금 隔差가 큽니다.

結晶 (결정)
- 훈·음: 맺을 **결**, 맑을 **정**
- 풀이: 일정한 평면으로 둘러싸인 물체 내부의 원자 배열이 규칙적으로 이루어짐, 또는 그렇게 이루어진 고체
- 쓰임: 화성암을 관찰하면 그 종류에 따라 색과 광물 結晶의 크기가 다름을 알 수 있습니다.

缺乏 (결핍)
- 훈·음: 이지러질 **결**, 가난할 **핍**
- 풀이: 있어야 할 것이 없어지거나 모자람
- 쓰임: 여러 영양소 중에서 특히 비타민은 필요량은 아주 적지만 부족하면 여러 가지 缺乏 증상이 나타나게 됩니다.

缺陷 결함

훈·음: 빠질 **결**, 빠질 **함**

풀이: 부족하거나 완전하지 못하여 흠이 되는 부분

쓰임: 그 선박은 자체 缺陷으로 바다에 침몰하고 말았습니다.

謙遜 겸손

훈·음: 겸손할 **겸**, 겸손할 **손**

풀이: 남을 존중하고 자기를 내세우지 않는 태도가 있음

쓰임: 벼는 익을수록 고개를 숙이고 사람은 성숙할수록 謙遜하게 됩니다.

頃刻 경각

훈·음: 잠깐 **경**, 새길 **각**

풀이: 아주 짧은 시간

쓰임: 방자는 목숨이 頃刻에 달린 춘향의 사정을 전하러 한양으로 떠났습니다.

啓蒙 계몽

훈·음: 열 **계**, 어릴 **몽**

풀이: 지식수준이 낮거나 인습에 젖은 사람을 가르쳐서 깨우침

쓰임: 이광수는 주로 농촌 啓蒙을 주제로 한 소설을 많이 썼습니다.

苦悶 고민

훈·음: 괴로울 **고**, 민망할 **민**

풀이: 마음속으로 괴로워하고 애를 태움

쓰임: 선생님과 상담을 하고 나니 苦悶이 해결되었습니다.

PART 02 교과서 한자어 익히기

古墳 고분
- 훈·음: 옛 고, 무덤 분
- 풀이: 옛 무덤
- 쓰임: 고구려의 古墳 벽화는 고구려인의 사상과 생활 모습을 알 수 있는 귀중한 연구 자료입니다.

枯死 고사
- 훈·음: 마를 고, 죽을 사
- 풀이: 나무나 풀이 말라죽음
- 쓰임: 뜨거운 태양 때문에 꽃들이 枯死하고 말았습니다.

雇傭 고용
- 훈·음: 품살 고, 품팔이 용
- 풀이: 삯을 받고 남의 일을 해 줌
- 쓰임: 경기가 회복세에 있기는 하지만 雇傭 창출은 여전히 부진합니다.

鼓吹 고취
- 훈·음: 북 고, 불 취
- 풀이: 힘을 내도록 격려하여 용기를 북돋움
- 쓰임: 소방 안전 교육을 하여 안전 의식을 鼓吹시켰습니다.

攻擊 공격
- 훈·음: 칠 공, 칠 격
- 풀이: 나아가 적을 침
- 쓰임: 일본의 진주만 攻擊으로 제2차 세계 대전이 일어났습니다.

空欄 공란

훈·음: 빌 **공**, 난간 **란**

풀이: 책, 서류, 공책 따위의 지면에 글자 없이 비워 둔 칸이나 줄

쓰임: 비밀번호는 대, 소문자를 정확히 써야 하며 空欄이 포함되면 안 됩니다.

貢獻 공헌

훈·음: 공 **공**, 드릴 **헌**

풀이: 힘을 써 이바지함

쓰임: 김구 선생은 평생 나라를 독립시키려고 貢獻하신 분입니다.

恐慌 공황

훈·음: 두려울 **공**, 절박할 **황**

풀이: 자본주의 경제에서 과잉 생산으로 시장의 수요 공급이 급격하게 붕괴되어 나타나는 경제 침체 현상

쓰임: 경제 恐慌은 대개 천재지변 따위의 자연사로 말미암아 일어나거나, 생산이나 공급의 과잉 또는 부족 따위로 인하여 일어납니다.

瓜年 과년

훈·음: 오이 **과**, 해 **년**

풀이: 결혼하기에 적당한 여자의 나이

쓰임: 외동딸이 점점 瓜年이 차 가자 부모는 은근히 사위 볼 걱정을 하기 시작하였습니다.

誇張 과장

훈·음: 자랑할 **과**, 베풀 **장**

풀이: 사실보다 지나치게 떠벌려 나타냄

쓰임: 그는 대본에 쓰인 대로 誇張된 연기를 충분히 발휘하였습니다.

PART 02 교과서 한자어 익히기

寡占 과점
- **훈·음**: 적을 **과**, 차지할 **점**
- **풀이**: 어떤 상품 시장의 대부분을 소수의 기업이 차지하는 일
- **쓰임**: 독점은 한 기업이 시장을 지배하는 반면 寡占은 몇몇 기업이 시장을 장악하는 게 큰 차이입니다.

官僚 관료
- **훈·음**: 벼슬 **관**, 동료 **료**
- **풀이**: 직업적인 관리, 또는 그들의 집단
- **쓰임**: 그는 퇴임하기까지 정부 고위 官僚로 일했습니다.

寬容 관용
- **훈·음**: 너그러울 **관**, 얼굴 **용**
- **풀이**: 남이 잘못을 저질렀을 때 그것을 너그럽게 용서하거나 자신과 의견을 달리하는 사람들을 너그럽게 받아들이는 것
- **쓰임**: 민주 시민은 寬容의 태도를 지녀야 합니다.

官廳 관청
- **훈·음**: 벼슬 **관**, 청사 **청**
- **풀이**: 국가의 사무를 집행하는 국가 기관, 또는 그런 곳
- **쓰임**: 집이나 건물을 지을 때에는 官廳의 허가를 받아야 합니다.

鑛物 광물
- **훈·음**: 쇳돌 **광**, 만물 **물**
- **풀이**: 지각 속에 섞여 있는 천연의 무기물
- **쓰임**: 현무암의 색이 어두운 이유는 어두운색 鑛物이 많이 들어 있기 때문입니다.

狂人 광인
- 훈·음: 미칠 **광**, 사람 **인**
- 풀이: 미친 사람
- 쓰임: 그가 하는 행동은 마치 狂人처럼 보였습니다.

掛圖 괘도
- 훈·음: 걸 **괘**, 그림 **도**
- 풀이: 벽에 걸어 놓고 보는 학습용 그림이나 지도
- 쓰임: 판서하는 것보다는 掛圖를 활용하는 것이 시각적으로 효과가 있습니다.

傀儡 괴뢰
- 훈·음: 꼭두각시 **괴**, 꼭두각시 **뢰**
- 풀이: 꼭두각시. 남의 조종에 따라 움직이는 사람이나 조직
- 쓰임: 나치는 프랑스를 점령한 후 傀儡 정부를 세웠습니다.

巧妙 교묘
- 훈·음: 공교할 **교**, 묘할 **묘**
- 풀이: 솜씨나 재치가 있고 약삭빠름
- 쓰임: 최근 경찰 수사망을 피하기 위한 범죄 수법이 날로 巧妙해지고 있습니다.

絞首 교수
- 훈·음: 목맬 **교**, 머리 **수**
- 풀이: 목을 졸라 죽임
- 쓰임: 그는 연쇄 살인죄로 사형 선고를 받고 후에 絞首에 처했습니다.

PART 02 교과서 한자어 익히기

郊外 (교외)
- **훈·음**: 들 교, 바깥 외
- **풀이**: 도시의 주변 지역
- **쓰임**: 한적한 郊外로 나가 바람을 쐬고 오니 그동안 쌓인 스트레스가 말끔히 사라진 기분입니다.

矯正 (교정)
- **훈·음**: 바로잡을 교, 바를 정
- **풀이**: 틀어지거나 잘못된 것을 바로잡음
- **쓰임**: 치열이 고르지 못한 동생은 치아 矯正을 하였습니다.

膠着 (교착)
- **훈·음**: 아교 교, 붙을 착
- **풀이**: 어떤 상태가 굳어 조금도 변동이나 진전이 없이 머묾
- **쓰임**: 노사 간의 교섭이 膠着 상태에 빠졌습니다.

交替 (교체)
- **훈·음**: 사귈 교, 바꿀 체
- **풀이**: 사람이나 사물을 다른 사람이나 사물로 대신하여 바꿈
- **쓰임**: 선발 투수는 안타와 볼넷을 포함, 4실점 하여 구원 투수로 交替되었습니다.

教鞭 (교편)
- **훈·음**: 가르칠 교, 채찍 편
- **풀이**: 교사가 수업이나 강의를 할 때 필요한 사항을 가리키기 위하여 사용하는 가느다란 막대기
- **쓰임**: 그는 도시의 한 초등학교에서 수년간 教鞭을 잡은 후 시골에서 교감이 되었습니다.

交換 교환

- 훈·음: 사귈 **교**, 바꿀 **환**
- 풀이: 서로 바꿈
- 쓰임: 오늘날의 시장에서는 물물 交換은 거의 사라졌습니다.

狡猾 교활

- 훈·음: 교활할 **교**, 교활할 **활**
- 풀이: 간사하고 음흉함
- 쓰임: 사람들은 일반적으로 狡猾한 동물의 象徵으로 여우를 꼽습니다.

丘陵 구릉

- 훈·음: 언덕 **구**, 언덕 **릉**
- 풀이: 땅이 비탈지고 조금 높은 곳
- 쓰임: 새끼 양은 양 떼에 떠밀려 丘陵 아래로 굴러떨어졌습니다.

驅使 구사

- 훈·음: 몰 **구**, 부릴 **사**
- 풀이: 말이나 수사법, 기교, 수단 따위를 능숙하게 마음대로 부려 씀
- 쓰임: 셰익스피어는 삶에 본보기가 될 만한 귀중한 내용을 담고 있는 짧막한 어구들을 다양하게 驅使하였습니다.

拘束 구속

- 훈·음: 잡을 **구**, 묶을 **속**
- 풀이: 행동이나 의사의 자유를 제한하거나 속박함
- 쓰임: 그는 상품권을 불법으로 위조하여 시중에 유통한 혐의로 拘束되었습니다.

PART 02 교과서 한자어 익히기

屈伏 (굴복)
- **훈·음**: 굽힐 **굴**, 엎드릴 **복**
- **풀이**: 머리를 숙이고 꿇어 엎드림
- **쓰임**: 우리 민족은 일제의 탄압에 屈伏하지 않고 끝까지 독립운동을 전개하였습니다.

宮闕 (궁궐)
- **훈·음**: 집 **궁**, 대궐 **궐**
- **풀이**: 임금이 거처하는 집
- **쓰임**: 흉년이 들면 임금은 宮闕 한편에 초가집을 짓고 기거하며 백성과 아픔을 같이하기도 하였습니다.

宮殿 (궁전)
- **훈·음**: 집 **궁**, 대궐 **전**
- **풀이**: 임금이 거처하는 집. 궁궐
- **쓰임**: 중국 북경에 있는 자금성은 명나라, 청나라 때의 宮殿입니다.

倦怠 (권태)
- **훈·음**: 게으를 **권**, 게으를 **태**
- **풀이**: 어떤 일이나 상태에서 시들해져서 생기는 게으름이나 싫증
- **쓰임**: 날씨의 변화가 정신적으로나 육체적으로 倦怠를 일으키는 원인이 될 수 있습니다.

軌道 (궤도)
- **훈·음**: 굴대 **궤**, 길 **도**
- **풀이**: 물체가 일정한 법칙에 따라 운동할 때 그리는 경로. 무슨 일이 정상적으로 진행되어 가는 길
- **쓰임**: 혜성들은 길고 좁은 軌道로 태양계를 움직입니다.

鬼神 (귀신)

- 훈·음: 귀신 **귀**, 귀신 **신**
- 풀이: 사람이 죽은 뒤에 남는다는 넋
- 쓰임: '鬼神 씻나락 까먹는 소리' 라는 속담은 이치에 닿지 않는 엉뚱하고 쓸데없는 말을 할 때 사용합니다.

閨房 (규방)

- 훈·음: 안방 **규**, 방 **방**
- 풀이: 부녀자가 거처하는 방
- 쓰임: 옛 閨房 문화는 여성의 삶의 철학이 깃들어 있는 여성 중심의 생활문화입니다.

根幹 (근간)

- 훈·음: 뿌리 **근**, 줄기 **간**
- 풀이: 사물의 바탕이나 중심이 되는 중요한 것
- 쓰임: 도로 사업은 국가 根幹 사업의 하나입니다.

根據 (근거)

- 훈·음: 뿌리 **근**, 의거할 **거**
- 풀이: 어떤 의견이나 논의 따위의 이유 또는 바탕이 되는 것
- 쓰임: 주장에는 타당한 根據가 있어야 합니다.

近隣 (근린)

- 훈·음: 가까울 **근**, 이웃 **린**
- 풀이: 가까운 이웃
- 쓰임: 요즈음 신축하는 아파트는 近隣 시설에도 신경을 쓰고 있습니다.

PART 02 교과서 한자어 익히기

筋肉 근육
- 훈·음: 힘줄 **근**, 고기 **육**
- 풀이: 몸의 연한 부분을 이루고 있는 힘줄과 살
- 쓰임: 위는 筋肉이 발달하여 있어서 근육 운동을 통해 음식물을 위액과 잘 섞어 줍니다.

錦繡 금수
- 훈·음: 비단 **금**, 수놓을 **수**
- 풀이: 수를 놓은 비단
- 쓰임: 우리나라는 예로부터 산천이 수려하고 아름다워 삼천리 錦繡강산이라고 부릅니다.

禽獸 금수
- 훈·음: 새 **금**, 짐승 **수**
- 풀이: 날짐승과 길짐승
- 쓰임: 인륜을 저버리는 사람은 禽獸만도 못한 사람입니다.

琴瑟 금슬
- 훈·음: 거문고 **금**, 비파 **슬**
- 풀이: 거문고와 비파를 아울러 이르는 말. 금실
- 쓰임: 그 부부는 한 쌍의 원앙처럼 琴瑟이 좋습니다.

金融 금융
- 훈·음: 쇠 **금**, 화할 **융**
- 풀이: 돈의 융통. 경제에서 자금의 수요와 공급의 관계
- 쓰임: 사채는 개인이 사사로이 진 빚으로, 일반적으로 金融 기관보다 이자가 비쌉니다.

急騰 급등
- 훈·음: 급할 **급**, 오를 **등**
- 풀이: 물가나 시세 따위가 갑자기 오름
- 쓰임: 매출이 호조를 보이면서 그 회사의 주가가 急騰했습니다.

肯定 긍정
- 훈·음: 즐길 **긍**, 정할 **정**
- 풀이: 어떤 사실이나 생각 따위를 그러하다고 인정함
- 쓰임: 나의 질문에 대한 그녀의 대답은 매우 肯定적이었습니다.

矜持 긍지
- 훈·음: 자랑할 **긍**, 가질 **지**
- 풀이: 자신의 재능이나 능력 따위를 믿음으로써 가지는 자랑
- 쓰임: 청중들은 연설가의 당찬 목소리에서 자신감과 矜持를 느낄 수 있습니다.

祈禱 기도
- 훈·음: 기도할 **기**, 빌 **도**
- 풀이: 인간보다 능력이 뛰어나다고 생각하는 어떠한 절대적 존재에게 빎
- 쓰임: 어머니는 아들의 합격을 위해 간절히 祈禱하였습니다.

岐路 기로
- 훈·음: 갈림길 **기**, 길 **로**
- 풀이: 갈림길
- 쓰임: 그는 선택의 岐路에서 고민하였습니다.

2 교과서 한자어 익히기

欺瞞 기만
- 훈·음: 속일 **기**, 속일 **만**
- 풀이: 남을 속여 넘김
- 쓰임: 누구든지 남을 欺瞞하거나 모함하는 말이나 행동을 해서는 안 됩니다.

起訴 기소
- 훈·음: 일어날 **기**, 하소연할 **소**
- 풀이: 검사가 특정한 형사 사건에 대하여 법원에 심판을 요구하는 일
- 쓰임: 배심원들은 그가 起訴된 모든 항목에서 유죄라는 판결을 내렸습니다.

飢餓 기아
- 훈·음: 굶주릴 **기**, 주릴 **아**
- 풀이: 굶주림
- 쓰임: 인도주의적 차원에서 북한의 식량 지원은 만연된 飢餓 사태를 어느 정도 해결하는 데 이바지할 것으로 여겨집니다.

氣壓 기압
- 훈·음: 기운 **기**, 누를 **압**
- 풀이: 대기의 압력
- 쓰임: 공기는 氣壓이 높은 곳에서 낮은 곳으로 이동합니다.

忌憚 기탄
- 훈·음: 꺼릴 **기**, 꺼릴 **탄**
- 풀이: 어렵게 여겨 꺼림
- 쓰임: 그는 아무런 忌憚없이 대중들 앞에 서서 자신의 의견을 말했습니다.

嗜好 기호
- 훈·음: 즐길 **기**, 좋을 **호**
- 풀이: 즐기고 좋아함
- 쓰임: 각 나라의 라면은 독특한 맛에 대한 그 나라 고유의 嗜好를 반영하여 만듭니다.

緊張 긴장
- 훈·음: 굳게얽을 **긴**, 베풀 **장**
- 풀이: 마음을 조이고 정신을 바짝 차림
- 쓰임: 웃음은 緊張을 해결하는 가장 강력하고 건설적인 힘입니다.

懶怠 나태
- 훈·음: 게으를 **라**(나), 게으를 **태**
- 풀이: 게으르고 느림
- 쓰임: 懶怠한 사람들은 게으름을 피우는 경향이 있습니다.

拉致 납치
- 훈·음: 끌고갈 **랍**(납), 이를 **치**
- 풀이: 강제 수단을 써서 억지로 데리고 감
- 쓰임: 유괴범이 어린이를 拉致하여 몸값을 요구하였습니다.

朗誦 낭송
- 훈·음: 밝을 **랑**(낭), 욀 **송**
- 풀이: 크게 소리를 내어 글을 읽거나 욈
- 쓰임: 시를 朗誦할 때에는 감정을 넣어 읽는 것이 좋습니다.

PART 02 교과서 한자어 익히기

來賓 — 내빈
- **훈·음**: 올 래(내), 손님 빈
- **풀이**: 모임에 공식적으로 초대를 받고 온 사람
- **쓰임**: 진행에 앞서 사회자는 먼저 자리를 빛내 주신 內賓께 감사의 인사를 하였습니다.

冷却 — 냉각
- **훈·음**: 찰 랭(냉), 물리칠 각
- **풀이**: 식어서 차게 됨
- **쓰임**: 공기가 冷却되어 온도가 내려가면 공기의 부피는 줄어듭니다.

奴隷 — 노예
- **훈·음**: 종 노, 종 례(예)
- **풀이**: 남의 소유물로 되어 부림을 당하는 사람
- **쓰임**: 남북 전쟁 후 미국의 흑인들은 奴隷에서 해방되었습니다.

老翁 — 노옹
- **훈·음**: 늙을 로(노), 늙은이 옹
- **풀이**: 늙은 남자
- **쓰임**: 기력이 다한 老翁은 백방으로 자신의 후계자를 찾기 위해 노력하였습니다.

祿俸 — 녹봉
- **훈·음**: 녹 록(녹), 봉급 봉
- **풀이**: 벼슬아치에게 일 년 또는 계절 단위로 나누어 주던 금품을 통틀어 이르는 말
- **쓰임**: 祿俸 제도는 고려 문종 때에 이르러 크게 정비되었습니다.

濃度 농도

- 훈·음: 짙을 **농**, 법도 **도**
- 풀이: 용액의 묽고 진한 정도
- 쓰임: 용액에 녹아 있는 용질의 양이 많을수록 濃度가 짙습니다.

雷電 뇌전

- 훈·음: 우레 **뢰(뇌)**, 번개 **전**
- 풀이: 천둥소리와 번개
- 쓰임: 여름철 장마 기간에는 폭우와 雷電이 자주 발생합니다.

樓閣 누각

- 훈·음: 다락 **루(누)**, 문설주 **각**
- 풀이: 사방을 바라볼 수 있도록 문과 벽이 없이 다락처럼 높이 지은 집
- 쓰임: 높은 樓閣에 올라 옛 선현들의 풍류와 정취를 느꼈습니다.

陋名 누명

- 훈·음: 좁을 **루(누)**, 이름 **명**
- 풀이: 사실이 아닌 일로 이름을 더럽히는 억울한 평판
- 쓰임: 진범이 잡혀 그는 마침내 억울한 陋名을 벗을 수 있었습니다.

淚腺 누선

- 훈·음: 눈물 **루(누)**, 샘 **선**
- 풀이: 눈물샘. 눈물을 분비하는 상피 조직의 기관
- 쓰임: 淚腺은 눈알이 박혀 움푹 들어간 눈구멍의 바깥 위쪽 구석에 있습니다.

Part 2 교과서 한자어 익히기

漏電 누전
- **훈·음**: 샐 **루(누)**, 번개 **전**
- **풀이**: 절연이 불안전하여 전류의 일부가 전선 밖으로 새어 나가는 일
- **쓰임**: 오래된 건물은 漏電으로 말미암은 화재 발생의 위험이 큽니다.

多汗症 다한증
- **훈·음**: 많을 **다**, 땀 **한**, 증세 **증**
- **풀이**: 땀이 지나치게 많이 나는 증상
- **쓰임**: 多汗症은 온몸에 땀이 나는 전신성과 신체 일부분에 땀이 나는 국한성이 있습니다.

檀君 단군
- **훈·음**: 박달나무 **단**, 임금 **군**
- **풀이**: 우리 겨레의 시조로 받드는 태초의 임금
- **쓰임**: 檀君은 우리나라 최초의 국가인 고조선을 세운 사람입니다.

鍛鍊 단련
- **훈·음**: 단련할 **단**, 쇠불릴 **련**
- **풀이**: 쇠붙이를 불에 달군 후 두드려서 단단하게 함. 몸과 마음을 굳세게 함
- **쓰임**: 운동선수들은 다리와 등을 鍛鍊하기 위해 모래밭에서 훈련하기도 합니다.

膽囊 담낭
- **훈·음**: 쓸개 **담**, 주머니 **낭**
- **풀이**: 간에서 분비되는 쓸개즙을 일시적으로 저장·농축하는 주머니. 쓸개
- **쓰임**: 膽囊은 샘창자 안에 음식물이 들어오면 쓸개즙을 내어 소화를 돕습니다.

踏査 (답사)

- **훈·음**: 밟을 **답**, 조사할 **사**
- **풀이**: 실지로 현장에 가서 보고 조사함
- **쓰임**: 踏査를 할 때에는 지역 사회에서 오랫동안 살아온 어른이나 향토 사학자들의 도움을 받는 것이 좋습니다.

臺本 (대본)

- **훈·음**: 대 **대**, 근본 **본**
- **풀이**: 연극이나 영화 등의 대사, 동작, 무대 장치 등을 자세히 적어 제작의 기본이 되는 글
- **쓰임**: 그 배우는 臺本을 보자마자 바로 출연을 결정했습니다.

對酌 (대작)

- **훈·음**: 대할 **대**, 따를 **작**
- **풀이**: 마주 대하고 술을 마심
- **쓰임**: 그는 친구와 對酌하며 밤을 새웠습니다.

垈地 (대지)

- **훈·음**: 터 **대**, 땅 **지**
- **풀이**: 집터로서의 땅
- **쓰임**: 垈地, 사무실, 창고, 공장, 장비와 가구 등은 고정 자산에 속합니다.

圖鑑 (도감)

- **훈·음**: 그림 **도**, 거울 **감**
- **풀이**: 그림이나 사진을 모아 실물 대신 볼 수 있도록 엮은 책
- **쓰임**: 자연에 호기심이 많은 유아기에는 식물圖鑑 등을 통해 식물에 대한 이해와 정보를 얻는 것이 좋습니다.

PART 02 교과서 한자어 익히기

陶工 도공
- 훈·음: 질그릇 **도**, 장인 **공**
- 풀이: 옹기 만드는 일을 업으로 하는 사람
- 쓰임: 도자기에는 陶工들의 장인 정신이 깃들어 있습니다.

塗褙 도배
- 훈·음: 바를 **도**, 속적삼 **배**
- 풀이: 종이로 벽이나 반자, 장지 따위를 바르는 일
- 쓰임: 塗褙를 하고 나니 집이 몰라보게 깔끔해졌습니다.

跳躍 도약
- 훈·음: 뛸 **도**, 뛸 **약**
- 풀이: 몸을 위로 솟구쳐 뛰는 일. 더 높은 단계로 발전하는 것
- 쓰임: 실패가 오히려 한 단계 跳躍하는 기회가 될 수도 있습니다.

稻作 도작
- 훈·음: 벼 **도**, 지을 **작**
- 풀이: 벼를 심고 가꾸어 거두는 일. 벼농사
- 쓰임: 이 지역은 농가 대부분이 稻作하거나 밭을 일구며 살고 있습니다.

渡河 도하
- 훈·음: 건널 **도**, 물 **하**
- 풀이: 강이나 내를 건넘
- 쓰임: 한국 전쟁 때 장비와 병력 등이 부족해 적이 강을 渡河하는 것을 소총이나 포 등으로 막았습니다.

敦篤 — 돈독

- 훈·음: 도타울 **돈**, 도타울 **독**
- 풀이: 인정이 두터움
- 쓰임: 가족 여행은 가족 구성원들 간의 유대감을 敦篤하게 하는 매개체가 됩니다.

頓悟 — 돈오

- 훈·음: 조아릴 **돈**, 깨달을 **오**
- 풀이: 갑자기 깨달음
- 쓰임: 頓悟는 이 세상이 이미 완전하나, 하나도 더하고 덜 것이 없다는 것을 한 번에 깨닫는 것입니다.

洞窟 — 동굴

- 훈·음: 마을 **동**, 굴 **굴**
- 풀이: 안이 텅 비어 넓고 깊은 큰 굴
- 쓰임: 석회암 洞窟의 내부를 보면 천장과 바닥에서 돌기둥들이 솟아 있는 것을 볼 수 있습니다.

棟梁 — 동량

- 훈·음: 마룻대 **동**, 들보 **량**
- 풀이: 기둥과 들보를 아울러 이르는 말
- 쓰임: 장차 국가의 棟梁이 될 인재는 일상생활의 근본 태도가 모범적이며 건강해야 합니다.

凍死 — 동사

- 훈·음: 얼 **동**, 죽을 **사**
- 풀이: 얼어 죽음
- 쓰임: 작년 겨울에는 혹한으로 많은 야생 동물들이 凍死했습니다.

PART 02 교과서 한자어 익히기

鈍角 둔각
- **훈·음**: 무딜 **둔**, 뿔 **각**
- **풀이**: 90°보다 크고 180°보다 작은 각
- **쓰임**: 각도기를 사용하면 예각, 직각, 鈍角을 이해하기 쉽습니다.

屯田 둔전
- **훈·음**: 모일 **둔**, 밭 **전**
- **풀이**: 변경이나 군사 요지에 주둔한 군대의 군량을 마련하기 위하여 설치한 토지
- **쓰임**: 고려 시대에는 영토가 확장되어 가는 과정에서 군량 확보를 위하여 변경 지대에 처음 屯田이 설치되었습니다.

摩擦 마찰
- **훈·음**: 문지를 **마**, 비빌 **찰**
- **풀이**: 무엇에 대고 문지름
- **쓰임**: 정전기는 두 개의 물체가 서로 摩擦할 때 생깁니다.

幕 막
- **훈·음**: 막 **막**
- **풀이**: 나누어진 내용의 큰 단락
- **쓰임**: 幕이 오르고 연극이 시작되었습니다.

灣 만
- **훈·음**: 물굽이 **만**
- **풀이**: 바다가 육지 속으로 파고들어 와 있는 곳
- **쓰임**: 동해보다는 서해에 灣이 많습니다.

埋藏 매장

- 훈·음: 묻을 **매**, 감출 **장**
- 풀이: 광물 따위가 묻혀 있음
- 쓰임: 이라크를 비롯한 중동 국가들은 많은 석유 埋藏량을 보유하고 있습니다.

媒體 매체

- 훈·음: 중매 **매**, 몸 **체**
- 풀이: 어떤 일을 전달하는 데 매개가 되는 것
- 쓰임: 뜻글자인 한자는 정보 전달의 媒體로 생활 속에 깊이 스며들어 있습니다.

脈絡 맥락

- 훈·음: 맥 **맥**, 맥락 **락**
- 풀이: 사물 따위가 서로 이어져 있는 관계나 연관
- 쓰임: 맬서스의 인구론과 같은 脈絡에서 등장한 인구 폭발의 위력은 지난 30년에 걸쳐 감소하였습니다.

猛獸 맹수

- 훈·음: 사나울 **맹**, 짐승 **수**
- 풀이: 사나운 짐승
- 쓰임: 어미 사자는 새끼를 보호하기 위하여 다른 猛獸들의 접근을 경계하였습니다.

萌芽 맹아

- 훈·음: 싹 **맹**, 싹 **아**
- 풀이: 새로 튼 싹. 새로운 일의 시초
- 쓰임: 봄이 되어 萌芽가 푸릇푸릇 터 올랐습니다.

PART 02 교과서 한자어 익히기

免疫 면역
- 훈·음: 면할 **면**, 염병 **역**
- 풀이: 생물이 항원의 공격에 저항하는 능력
- 쓰임: 운동은 질병에 대한 免疫 기능을 강화시킵니다.

綿織 면직
- 훈·음: 솜 **면**, 짤 **직**
- 풀이: 목화솜을 주원료로 하여 짠 직물
- 쓰임: 綿織물은 피부가 호흡할 수 있게 해 줍니다.

滅亡 멸망
- 훈·음: 멸망할 **멸**, 망할 **망**
- 풀이: 망하여 없어짐
- 쓰임: 신라는 백제와 고구려를 滅亡시키고 삼국을 통일하였습니다.

蔑視 멸시
- 훈·음: 업신여길 **멸**, 보일 **시**
- 풀이: 업신여기거나 하찮게 여겨 깔봄
- 쓰임: 옛날에는 백정을 가장 천한 직업으로 여겨 蔑視했습니다.

冥府 명부
- 훈·음: 어두울 **명**, 관청 **부**
- 풀이: 사람이 죽은 뒤에 간다는 영혼의 세계
- 쓰임: 불교의 冥府는 기독교의 지옥과 거의 흡사합니다.

名詞 명사
- **훈·음**: 이름 **명**, 말 **사**
- **풀이**: 사물의 이름을 나타내는 품사
- **쓰임**: 대명사는 이미 언급된 名詞를 가리키기 위해 사용됩니다.

名譽 명예
- **훈·음**: 이름 **명**, 기릴 **예**
- **풀이**: 세상에서 훌륭하다고 인정되는 이름이나 자랑
- **쓰임**: 거짓말로 다른 사람의 존엄이나 품위를 떨어뜨리는 것은 名譽 훼손죄에 해당합니다.

模倣 모방
- **훈·음**: 법 **모**, 본뜰 **방**
- **풀이**: 흉내 냄
- **쓰임**: 요즈음의 10대들은 연예인들을 자기 모델로 삼고 模倣하는 경향이 있습니다.

矛盾 모순
- **훈·음**: 창 **모**, 방패 **순**
- **풀이**: 어떤 사실의 앞뒤, 또는 두 사실이 이치상 어긋나서 서로 맞지 않음을 이르는 말
- **쓰임**: 둘 중에서 하나가 성립되면 다른 하나는 절대로 성립될 수 없는 관계가 矛盾 관계입니다.

茅屋 모옥
- **훈·음**: 띠 **모**, 집 **옥**
- **풀이**: 띠나 이엉 따위로 지붕을 인 초라한 집
- **쓰임**: 요즈음은 茅屋을 거의 찾아보기 어렵습니다.

PART 02 교과서 한자어 익히기

謀議 모의
- **훈·음**: 꾀할 **모**, 의논할 **의**
- **풀이**: 어떤 일을 꾀하고 의논함
- **쓰임**: 현대에는 컴퓨터 謀議실험 등을 통해 인간의 활동이 자연에 미치는 영향을 더 잘 예상할 수 있습니다.

冒險 모험
- **훈·음**: 무릅쓸 **모**, 험할 **험**
- **풀이**: 위험을 무릅쓰고 어떠한 일을 함
- **쓰임**: 어떤 冒險이든 위험 요소는 들어 있게 마련입니다.

沐浴 목욕
- **훈·음**: 목욕할 **목**, 목욕할 **욕**
- **풀이**: 머리를 감으며 온몸을 씻는 일
- **쓰임**: 아이들은 냇가에서 沐浴을 하면서 물장난을 하고 있습니다.

沒入 몰입
- **훈·음**: 빠질 **몰**, 들 **입**
- **풀이**: 깊이 파고들거나 빠짐
- **쓰임**: 그는 오로지 연구에만 沒入하여 주변의 일에 관심이 없었습니다.

蒙昧 몽매
- **훈·음**: 어릴 **몽**, 어두울 **매**
- **풀이**: 어리석고 사리에 어두움
- **쓰임**: 그는 蒙昧한 그들을 깨우치기 위해서 우선 교육이 필요하다고 생각했습니다.

苗木 묘목

- 훈·음: 싹 **묘**, 나무 **목**
- 풀이: 옮겨 심는 어린 나무
- 쓰임: 苗木이 잘 자라기 위해서는 정기적으로 충분한 물과 양분을 공급해 주어야 합니다.

描寫 묘사

- 훈·음: 그릴 **묘**, 베낄 **사**
- 풀이: 눈으로 보거나 마음으로 느낀 것 등을 객관적으로 표현함
- 쓰임: 영화나 소설 속의 과학은 보통 사람이 이해할 수 없는 낯설고 어려운 것으로 描寫되기도 합니다.

無影 무영

- 훈·음: 없을 **무**, 그림자 **영**
- 풀이: 그림자가 없음
- 쓰임: 석가탑은 탑이 완성되었어도 그림자가 생기지 않아 無影탑이라고 불리었습니다.

舞踊 무용

- 훈·음: 춤출 **무**, 뛸 **용**
- 풀이: 음악에 맞추어 율동적인 동작으로 감정과 의지를 표현하는 예술
- 쓰임: 현대 舞踊에서는 남녀 무용수의 역할이 비교적 균형이 잡혀 있고 비중도 거의 같습니다.

美貌 미모

- 훈·음: 아름다울 **미**, 모양 **모**
- 풀이: 아름다운 얼굴 모습
- 쓰임: 그녀의 美貌는 양귀비 뺨칠 정도로 뛰어났습니다.

PART 02 교과서 한자어 익히기

微分 미분
- 훈·음: 작을 **미**, 나눌 **분**
- 풀이: 어떤 함수의 미분 계수를 구하는 셈법. '미분학'의 준말
- 쓰임: 수학에서 접선의 기울기는 微分으로 구할 수 있습니다.

迷信 미신
- 훈·음: 미혹할 **미**, 믿을 **신**
- 풀이: 비과학적이고 종교적으로 망령되다고 판단되는 신앙
- 쓰임: 우리가 일반적으로 믿는 迷信은 종종 문화나 전통과 관련이 있습니다.

未畢 미필
- 훈·음: 아닐 **미**, 마칠 **필**
- 풀이: 아직 끝내지 못함
- 쓰임: 그는 아직 병역을 未畢한 상태입니다.

民譚 민담
- 훈·음: 백성 **민**, 이야기 **담**
- 풀이: 예로부터 민간에 전하여 내려오는 이야기
- 쓰임: 民譚은 언제 누가 지었는지도 모르게 그저 옛날부터 사람들 사이에서 전해진 옛이야기입니다.

博物館 박물관
- 훈·음: 넓을 **박**, 만물 **물**, 집 **관**
- 풀이: 역사·민속·산업·과학·예술 등에 관한 자료를 수집, 보관하고 전시하여 사회 교육과 학술 연구에 도움이 되게 만든 시설
- 쓰임: 博物館에 가면 고대 유물들을 자세히 관람할 수 있습니다.

伴侶 반려

- 훈·음: 짝 **반**, 짝 **려**
- 풀이: 짝이 되는 동무
- 쓰임: 개, 고양이 등 伴侶 동물을 가족처럼 여기는 사람들이 많아지면서 이들을 대상으로 한 용품, 치료 등의 시장이 빠른 속도로 커지고 있습니다.

發掘 발굴

- 훈·음: 필 **발**, 팔 **굴**
- 풀이: 땅속이나 큰 덩치의 흙, 돌 더미 따위에 묻혀 있는 것을 찾아서 파냄
- 쓰임: 개발 사업은 산업의 터전을 만들고 도시를 건설하며, 새로운 자원을 發掘하는 등 좀 더 풍요한 삶을 목표로 합니다.

拔萃 발췌

- 훈·음: 뺄 **발**, 모을 **췌**
- 풀이: 책, 글 따위에서 필요하거나 중요한 부분을 가려 뽑아냄, 또는 그런 내용
- 쓰임: 그녀는 학기 말 리포트에 신문 사설에서 拔萃한 내용을 사용했습니다.

防禦 방어

- 훈·음: 막을 **방**, 막을 **어**
- 풀이: 상대편의 공격을 막음
- 쓰임: 코브라는 자신의 목 부분을 납작하게 하여 덩치를 커 보이게 함으로써 자신을 防禦합니다.

賠償 배상

- 훈·음: 배상할 **배**, 갚을 **상**
- 풀이: 남의 권리를 침해한 사람이 그 손해를 물어주는 일
- 쓰임: 법원은 정부에 賠償금을 지급하라고 평결했습니다.

Part 02 교과서 한자어 익히기

俳優 배우
- 훈·음: 광대 **배**, 넉넉할 **우**
- 풀이: 영화나 연극 등에서 극중의 인물로 분장하여 연기하는 사람
- 쓰임: 俳優들의 진지한 연기에 관객들은 뜨거운 갈채를 보냈습니다.

排斥 배척
- 훈·음: 물리칠 **배**, 물리칠 **척**
- 풀이: 따돌리거나 거부하여 밀어 내침
- 쓰임: 전통문화를 排斥한 무분별한 외래문화 수용은 바람직하지 않습니다.

白鹿潭 백록담
- 훈·음: 흰 **백**, 사슴 **록**, 못 **담**
- 풀이: 제주도 한라산 봉우리에 있는 화구호. 정지용이 지은 시, 또는 그의 시집
- 쓰임: 한라산 白鹿潭은 화산 활동으로 생겼습니다.

白眉 백미
- 훈·음: 흰 **백**, 눈썹 **미**
- 풀이: '흰 눈썹'이라는 뜻으로, 여럿 가운데에서 가장 뛰어난 사람이나 훌륭한 물건을 비유적으로 이르는 말
- 쓰임: 춘향전은 한국 고전 문학의 白眉로 일컬어집니다.

伯父 백부
- 훈·음: 맏 **백**, 아버지 **부**
- 풀이: 큰아버지
- 쓰임: 아버지와 伯父, 숙부께서는 우애가 두터우십니다.

煩惱 (번뇌)

훈·음: 번거로울 **번**, 괴로워할 **뇌**

풀이: 마음이 시달려서 괴로워함, 또는 그런 괴로움

쓰임: 누구도 인생의 煩惱에서 벗어날 수 없습니다.

飜譯 (번역)

훈·음: 뒤칠 **번**, 번역할 **역**

풀이: 어떤 언어로 된 글을 다른 언어의 글로 옮김

쓰임: 飜譯을 할 때에는 미묘한 뉘앙스 차이를 고려하여 단어를 선택해야 합니다.

氾濫 (범람)

훈·음: 넘칠 **범**, 넘칠 **람**

풀이: 넘쳐흐름

쓰임: 만약 지구 온난화가 계속되면 북극과 남극의 얼음을 녹일 것이고, 여러 해안 지역에 물이 氾濫하게 될 것입니다.

僻地 (벽지)

훈·음: 후미질 **벽**, 땅 **지**

풀이: 도시에서 멀리 떨어져 있어 교통이 불편하고 문화의 혜택이 적은 곳

쓰임: 문화 시설이 부족한 僻地에 도서관이 세워졌습니다.

辨別 (변별)

훈·음: 분별할 **변**, 다를 **별**

풀이: 사물의 옳고 그름이나 좋고 나쁨을 가림

쓰임: 일반인이 병아리의 암수를 辨別하기는 쉽지 않습니다.

PART 02 교과서 한자어 익히기

病棟 (병동)
- **훈·음**: 병들 **병**, 마룻대 **동**
- **풀이**: 병원 안의 건물 한 채 한 채를 이르는 말
- **쓰임**: 간호사들은 病棟을 분주히 오가며 환자들을 돌보고 있습니다.

竝列 (병렬)
- **훈·음**: 아우를 **병**, 벌일 **렬**
- **풀이**: 두 개 이상의 전지 따위를 같은 극끼리 연결하는 일
- **쓰임**: 주택 내의 전등이나 전기 등은 竝列로 연결된 기기가 대부분입니다.

輔國 (보국)
- **훈·음**: 도울 **보**, 나라 **국**
- **풀이**: 충성을 다하여 나랏일을 도움
- **쓰임**: 농민군은 輔國안민의 깃발을 들고 일어난 의군들이었습니다.

保護 (보호)
- **훈·음**: 보호할 **보**, 보호할 **호**
- **풀이**: 약한 것을 잘 돌보아 지킴
- **쓰임**: 혈소판은 몸에 상처가 났을 때 혈액을 굳게 하여 딱지가 생기게 함으로써 상처를 保護하고 출혈을 멈추게 합니다.

覆蓋 (복개)
- **훈·음**: 덮을 **복**, 덮을 **개**
- **풀이**: 덮개를 덮음
- **쓰임**: 覆蓋했던 청계천이 복원되어 시민의 휴식 공간으로 탈바꿈했습니다.

福祉 (복지)

- **훈·음**: 복 **복**, 복 **지**
- **풀이**: 만족할 만한 생활환경. 행복
- **쓰임**: 서민들을 위해 정부에서는 여러 가지 福祉 정책을 시행하고 있습니다.

封建 (봉건)

- **훈·음**: 봉할 **봉**, 세울 **건**
- **풀이**: 중세 유럽에서, 영주가 가신(家臣)에게 봉토를 주고, 그 대신에 군역의 의무를 부과하는 주종 관계를 기본으로 한 통치 제도
- **쓰임**: 십자군 전쟁의 결과 封建 영주의 몰락을 재촉하게 되었습니다.

蜂蜜 (봉밀)

- **훈·음**: 벌 **봉**, 꿀 **밀**
- **풀이**: 꿀. 꿀벌이 꽃에서 빨아들여 벌집 속에 모아 두는, 달콤하고 끈끈한 액체
- **쓰임**: 蜂蜜은 꿀벌이 꽃의 밀선에서 빨아내어 축적한 감미료이며 빛깔·향기·맛·성분은 벌이나 꽃의 종류에 따라 다릅니다.

訃告 (부고)

- **훈·음**: 부고 **부**, 알릴 **고**
- **풀이**: 사람의 죽음을 알림, 또는 그런 글
- **쓰임**: 갑작스러운 그의 訃告에 주위 사람들은 믿을 수 없다는 표정을 지었습니다.

附錄 (부록)

- **훈·음**: 더할 **부**, 기록할 **록**
- **풀이**: 신문, 잡지 따위의 본지에 덧붙인 지면이나 따로 내는 책자
- **쓰임**: 그 참고서에는 별책 附錄으로 단어장이 따로 들어 있습니다.

PART 2 교과서 한자어 익히기

附屬 부속
- 훈·음: 붙을 **부**, 붙일 **속**
- 풀이: 주된 사물이나 기관에 딸려서 붙음
- 쓰임: 기계 附屬의 마멸을 줄이기 위해 부품 사이에 기름을 쳤습니다.

赴任 부임
- 훈·음: 다다를 **부**, 맡길 **임**
- 풀이: 임명이나 발령을 받아 근무할 곳으로 감
- 쓰임: 赴任은 발령을 받아서 가는 것이고, 취임은 직무를 수행하기 위하여 맡은 자리에 나가는 것입니다.

分娩 분만
- 훈·음: 나눌 **분**, 해산할 **만**
- 풀이: 아이를 낳음
- 쓰임: 分娩 중 태아가 배내똥을 흡입하게 되면 호흡이 곤란할 수 있습니다.

奮發 분발
- 훈·음: 떨칠 **분**, 필 **발**
- 풀이: 마음과 힘을 다하여 떨쳐 일어남
- 쓰임: 토끼와 거북이의 우화는 실현성이 희박하고 도전하기 요원한 일도 奮發하여 박차를 가하면 이룰 수 있다는 교훈을 줍니다.

分析 분석
- 훈·음: 나눌 **분**, 가를 **석**
- 풀이: 복합된 사물을 그 요소나 성질에 따라서 가르는 일
- 쓰임: 담당자가 회사의 컴퓨터 네트워크를 分析한 결과 악성 바이러스가 침투한 것을 발견하였습니다.

分裂 (분열)

- **훈·음**: 나눌 **분**, 찢을 **렬**(열)
- **풀이**: 찢어져 나누어짐
- **쓰임**: 일부 박테리아는 세포 分裂을 통해 증식합니다.

崩壞 (붕괴)

- **훈·음**: 무너질 **붕**, 무너질 **괴**
- **풀이**: 무너지고 깨어짐
- **쓰임**: 세계 무역 센터 건물은 테러리스트들에 의해 납치당한 비행기에 의해 崩壞되었습니다.

鼻腔 (비강)

- **훈·음**: 코 **비**, 빈속 **강**
- **풀이**: 콧구멍에서 인두에 이르기까지의 빈 곳
- **쓰임**: 감기에 걸리면 鼻腔에 염증이 생기기 쉽습니다.

碑銘 (비명)

- **훈·음**: 비석 **비**, 새길 **명**
- **풀이**: 비석에 새긴 글
- **쓰임**: 그는 할아버지의 碑銘을 바라본 후, 무릎을 꿇고 비석을 끌어안고 울었습니다.

誹謗 (비방)

- **훈·음**: 비방할 **비**, 헐뜯을 **방**
- **풀이**: 남을 비웃고 헐뜯어서 말함
- **쓰임**: 선거철에는 종종 상대 후보를 誹謗하는 유언비어가 떠돕니다.

PART 02 교과서 한자어 익히기

卑俗語 — 비속어
- **훈·음**: 낮을 **비**, 풍속 **속**, 말씀 **어**
- **풀이**: 격이 낮고 속된 말
- **쓰임**: 표준어가 화려한 도심이라면 卑俗語는 소박한 시골에 비유할 수 있습니다.

比喩 — 비유
- **훈·음**: 견줄 **비**, 깨우칠 **유**
- **풀이**: 어떤 사물을 효과적으로 표현하기 위하여 그것과 비슷한 다른 사물에 빗대어 표현함
- **쓰임**: 용은 상상의 동물로 구름을 일으켜 비를 내리게 한다고 하여 뛰어난 인물을 比喩합니다.

比率 — 비율
- **훈·음**: 견줄 **비**, 비율 **률(율)**
- **풀이**: 둘 이상의 수를 비교해 나타낼 때, 그중 한 수를 기준으로 하여 나타낸 다른 수의 비교 값
- **쓰임**: 확률이란 모든 경우의 수에 대한 어떤 일이 일어날 가능성의 比率을 말합니다.

頻度 — 빈도
- **훈·음**: 잦을 **빈**, 정도 **도**
- **풀이**: 어떤 일이 되풀이되어 일어나는 정도
- **쓰임**: 오늘날, 가정의 수입이 늘어남에 따라 소비의 횟수와 頻度 또한 증가했습니다.

祠堂 — 사당
- **훈·음**: 사당 **사**, 집 **당**
- **풀이**: 조상의 신주를 모셔 놓은 집
- **쓰임**: 그 祠堂에는 김유신을 위시하여 수많은 무명 화랑들의 위패가 안치되어 있었습니다.

PART 02 교과서 한자어 익히기

沙漠 — 사막
- 훈·음: 모래 **사**, 사막 **막**
- 풀이: 강수량이 적어서 식생이 보이지 않거나 적고, 인간의 활동도 제약되는 지역
- 쓰임: 낙타는 沙漠의 중요한 교통수단입니다.

赦免 — 사면
- 훈·음: 용서할 **사**, 면할 **면**
- 풀이: 죄를 용서하여 형벌을 면제함
- 쓰임: 광복절을 맞아 많은 모범수가 赦免 복권되었습니다.

斜陽 — 사양
- 훈·음: 비낄 **사**, 볕 **양**
- 풀이: 저녁때의 햇빛, 또는 저녁때의 저무는 해. = 夕陽(석양). 새로운 것에 밀려 점점 몰락해 감
- 쓰임: 반도체와 IT 산업에 밀려 섬유 산업은 斜陽 산업으로 전락하고 말았습니다.

似而非 — 사이비
- 훈·음: 같을 **사**, 말이을 **이**, 아닐 **비**
- 풀이: 겉으로는 비슷하나 속은 완전히 다름
- 쓰임: 似而非 종교를 구별하기는 쉽지 않습니다.

辭典 — 사전
- 훈·음: 말씀 **사**, 법 **전**
- 풀이: 낱말을 모아 일정한 순서로 배열하여 해설한 책
- 쓰임: 모르는 단어가 나올 때 辭典을 이용하면 쉽게 뜻을 알 수 있습니다.

PART 02 교과서 한자어 익히기

蛇足 사족
- 훈·음: 뱀 **사**, 발 **족**
- 풀이: 쓸데없는 군짓을 하여 도리어 잘못되게 함을 이르는 말
- 쓰임: 상대방을 설득하기 위해서는 蛇足을 붙이지 않고 간략하게 자신의 주장을 피력하는 것이 필요합니다.

四肢 사지
- 훈·음: 넉 **사**, 사지 **지**
- 풀이: 사람의 팔다리
- 쓰임: 소아마비를 앓았던 사람들은 마비된 四肢의 위축을 방지하기 위해 물리 치료를 받아야 합니다.

寺刹 사찰
- 훈·음: 절 **사**, 절 **찰**
- 풀이: 중이 불상을 모시고 불도(佛道)를 닦으며 교법을 펴는 집. 절
- 쓰임: 경주에 가면 옛 신라 시대의 유물과 寺刹들을 쉽게 볼 수 있습니다.

奢侈 사치
- 훈·음: 사치할 **사**, 사치할 **치**
- 풀이: 필요 이상의 돈이나 물건을 쓰거나 분수에 지나친 생활을 함
- 쓰임: 요즈음 사람들은 자동차를 더는 奢侈스런 물건으로 간주하지 않습니다.

朔望月 삭망월
- 훈·음: 초하루 **삭**, 바랄 **망**, 달 **월**
- 풀이: 달의 모양이 변하여 다시 같은 모양이 될 때까지 걸리는 시간
- 쓰임: 옛날 사람들은 朔望月을 음력 한 달로 정하였습니다.

山岳 산악

훈·음: 메 **산**, 큰산 **악**

풀이: 높고 험준하게 솟은 산들

쓰임: 금강산, 설악산 등 백두 대간을 따라 발달한 山岳 지역은 주로 화강암으로 이루어져 있습니다.

撒布 살포

훈·음: 뿌릴 **살**, 펼 **포**

풀이: 액체, 가루 따위를 흩어 뿌림. 금품, 전단 따위를 여러 사람에게 나누어 줌

쓰임: 연합군은 적군의 독가스 撒布에 대비하여 방독면을 착용하였습니다.

三綱 삼강

훈·음: 석 **삼**, 벼리 **강**

풀이: 유도의 도덕에서 기본이 되는 세 가지 강령

쓰임: 三綱은 임금과 신하, 부모와 자식, 남편과 아내 사이에 마땅히 지켜야 할 도리로 군위신강, 부위자강, 부위부강을 이릅니다.

森林 삼림

훈·음: 빽빽할 **삼**, 수풀 **림**

풀이: 나무가 많이 우거진 곳

쓰임: 삼림욕은 森林이 방출하는 피톤치드의 살균 효과와 녹색으로 말미암은 정신적 해방 효과 등이 있습니다.

插畵 삽화

훈·음: 꽂을 **삽**, 그림 **화**

풀이: 서적, 신문, 잡지 따위에서, 내용을 보충하거나 기사의 이해를 돕기 위하여 넣는 그림

쓰임: 국정 교과서에는 학생들이 과목을 쉽게 이해할 수 있도록 많은 插畵를 담고 있습니다.

PART 02 교과서 한자어 익히기

上位圈 (상위권)
- **훈·음**: 위 **상**, 자리 **위**, 둘레 **권**
- **풀이**: 높은 위치나 지위에 속하는 범위
- **쓰임**: 꾸준히 노력한 결과 그는 성적이 꼴찌에서 上位圈에 드는 기염을 토했습니다.

象徵 (상징)
- **훈·음**: 코끼리 **상**, 부를 **징**
- **풀이**: 표현하려는 대상은 숨기고 다른 사물이 그 사물을 대신하도록 하는, 두 사물의 유사성에 근거하지 않는 표현 방법
- **쓰임**: 돼지는 복과 재물을 뜻하는 동물인 동시에 탐욕과 게으름 등을 象徵하기도 합니다.

相互 (상호)
- **훈·음**: 서로 **상**, 서로 **호**
- **풀이**: 상대가 되는 이쪽과 저쪽 모두
- **쓰임**: 스트레스 정도와 심장병은 相互 매우 밀접하게 연관되어 있습니다.

狀況 (상황)
- **훈·음**: 모양 **상**, 상황(하물며) **황**
- **풀이**: 일이 되어 가는 과정이나 형편
- **쓰임**: 겨울철 등산에는 눈사태와 같은 돌발적인 狀況에 대비해야 합니다.

生殖 (생식)
- **훈·음**: 날 **생**, 번식할 **식**
- **풀이**: 생물이 자기와 같은 종류의 생물을 새로이 만들어 내는 일
- **쓰임**: 다세포 생물은 生殖 세포가 존재하는데, 그 수정의 결과 새로운 개체가 발생합니다.

敍述 (서술)

- 훈·음: 차례 **서**, 지을 **술**
- 풀이: 어떤 사실을 차례를 좇아 말하거나 적음
- 쓰임: 원작에서는 매우 간단히 敍述되었던 장면들이 특히 영화의 전투 장면에서는 길게 상영됩니다.

誓約 (서약)

- 훈·음: 맹세할 **서**, 약속할 **약**
- 풀이: 맹세하고 약속함
- 쓰임: 대통령은 우리나라의 발전을 위해 최대의 노력을 다할 것을 국민 앞에 엄숙히 誓約하였습니다.

書札 (서찰)

- 훈·음: 글 **서**, 편지 **찰**
- 풀이: 안부, 소식, 용무 따위를 적어 보내는 글. 편지
- 쓰임: 선비는 겉봉을 뜯고 書札을 읽은 다음 황급히 대궐로 향했습니다.

書翰 (서한)

- 훈·음: 글 **서**, 글 **한**
- 풀이: 안부, 소식, 용무 따위를 적어 보내는 글. 편지
- 쓰임: 외교관은 대통령의 書翰을 국무총리에게 전달했습니다.

徐行 (서행)

- 훈·음: 천천히 **서**, 다닐 **행**
- 풀이: 사람이나 차가 천천히 감
- 쓰임: 눈이 오거나 비가 오는 날 운전할 때에는 徐行하는 것이 안전합니다.

PART 02 교과서 한자어 익히기

船舶 (선박)
- **훈·음**: 배 **선**, 큰배 **박**
- **풀이**: 배. 해상법에서, 상행위를 할 목적으로 물 위를 항해하는 구조물
- **쓰임**: 우리나라의 船舶 제조 기술은 세계 최고 수준입니다.

禪宗 (선종)
- **훈·음**: 고요할 **선**, 마루 **종**
- **풀이**: 참선으로 자신의 본성을 구명하여 깨달음의 묘경을 터득하고, 부처의 깨달음을 교설 외에 이심전심으로 중생의 마음에 전하는 것을 종지로 하는 종파
- **쓰임**: 禪宗은 중국 양나라 때 달마 대사가 중국에 전하였고, 우리나라에는 신라 중엽에 전해져 구산문이 성립되었습니다.

旋回 (선회)
- **훈·음**: 돌 **선**, 돌 **회**
- **풀이**: 둘레를 빙글빙글 돎
- **쓰임**: 생존자 구조를 위해 헬리콥터가 사고 현장 위를 旋回하고 있습니다.

纖維 (섬유)
- **훈·음**: 가늘 **섬**, 벼리 **유**
- **풀이**: 생물체의 몸을 이루는 가늘고 긴 실 모양의 물질
- **쓰임**: 요즈음에는 금속 전선으로 이루어지던 전화 통신망 대부분이 점차 광纖維로 대체되어 가고 있습니다.

攝取 (섭취)
- **훈·음**: 끌어잡을 **섭**, 가질 **취**
- **풀이**: 양분을 빨아들임
- **쓰임**: 청소년기에는 철분이 많이 필요하므로 음식을 통해 철분을 충분히 攝取하지 않으면 빈혈이 생기기 쉽습니다.

紹介 소개

- **훈·음**: 이을 **소**, 끼일 **개**
- **풀이**: 두 사람 사이에 서서 양편의 일이 어울리게 주선함
- **쓰임**: 다른 사람에게 자신을 紹介할 때에는 당당하고 솔직하게 해야 합니다.

疎外 소외

- **훈·음**: 성길 **소**, 바깥 **외**
- **풀이**: 어떤 무리에서 싫어하여 따돌리거나 멀리함
- **쓰임**: 우리 주변에는 아직도 기본적인 생활조차 해결하기 어려운 疎外 계층이 많이 있습니다.

疏遠 소원

- **훈·음**: 트일 **소**, 멀 **원**
- **풀이**: 친분이 가깝지 못하고 멂
- **쓰임**: 疏遠한 관계가 극복될 때 충돌은 해결될 수 있습니다.

所謂 소위

- **훈·음**: 바 **소**, 이를 **위**
- **풀이**: 세상에서 말하는 바. 이른바
- **쓰임**: 所謂 '초소형 운송 수단'으로 불리는 스쿠터가 최근 증가하여 이제 우리나라 여러 도시에서 흔히 볼 수 있습니다.

騷音 소음

- **훈·음**: 시끄러울 **소**, 소리 **음**
- **풀이**: 시끄러운 소리
- **쓰임**: 시끄러운 음악이나 騷音에 정기적으로 노출되면 청각 손상을 입을 수 있습니다.

PART 02 교과서 한자어 익히기

垂簾 수렴
- **훈·음**: 드리울 **수**, 발 **렴**
- **풀이**: 발을 드리움
- **쓰임**: 垂簾청정은 나라의 정사를 모후나 대비에게 맡겨 외척의 정치 참여를 가져왔을 뿐만 아니라 조정의 문란, 부정부패, 매관매직 등을 가져왔습니다.

收斂 수렴
- **훈·음**: 거둘 **수**, 거둘 **렴**
- **풀이**: 돈이나 물건 따위를 거두어들임. 의견이나 사상 따위가 여럿으로 나뉘어 있는 것을 하나로 모아 정리함
- **쓰임**: 정부는 국민의 여론을 收斂해서 정책을 결정합니다.

狩獵 수렵
- **훈·음**: 사냥 **수**, 사냥할 **렵**
- **풀이**: 총이나 활 또는 길들인 매나 올가미 따위로 산이나 들의 짐승을 잡는 일. 사냥
- **쓰임**: 고구려의 옛 무덤에는 狩獵, 무용, 씨름, 사신도 등을 그린 벽화가 있어, 고구려인의 생동하는 기상을 엿볼 수 있습니다.

受賂 수뢰
- **훈·음**: 받을 **수**, 뇌물줄 **뢰**
- **풀이**: 뇌물을 받음
- **쓰임**: 검찰의 본격적인 수사가 시작되자 그는 곧 受賂 혐의를 시인했습니다.

睡眠 수면
- **훈·음**: 졸 **수**, 잠잘 **면**
- **풀이**: 잠을 자는 일
- **쓰임**: 시끄러운 음악이나 소음이 대화나 睡眠을 방해할 수도 있습니다.

受侮 수모

- **훈·음**: 받을 **수**, 업신여길 **모**
- **풀이**: 모욕을 받음
- **쓰임**: 콩쥐는 새어머니와 팥쥐의 학대와 受侮를 꿋꿋이 이겨 냈습니다.

搜査 수사

- **훈·음**: 찾을 **수**, 조사할 **사**
- **풀이**: 찾아서 조사함
- **쓰임**: 현미경은 과학 분야뿐만 아니라 심지어 범죄 搜査에도 이용되고 있습니다.

需要 수요

- **훈·음**: 구할 **수**, 구할 **요**
- **풀이**: 필요한 상품을 얻고자 하는 일
- **쓰임**: 요즈음 영양사에 대한 需要가 증가함에 따라 그 역할이 세분되고 있습니다.

羞恥 수치

- **훈·음**: 부끄러울 **수**, 부끄러울 **치**
- **풀이**: 부끄러움
- **쓰임**: 옛날에는 이혼이 羞恥스러운 일이었으나 요즘은 별것 아닌 일이 되었습니다.

隨筆 수필

- **훈·음**: 따를 **수**, 붓 **필**
- **풀이**: 자신의 생각이나 느낌을 형식에 제한 없이 자유롭게 쓴 산문 문학의 한 가지
- **쓰임**: 隨筆에는 작가의 개성이나 인간성이 두드러지게 나타나며 유머, 위트, 기지가 들어 있습니다.

PART 02 교과서 한자어 익히기

瞬間 순간
- 훈·음: 눈깜짝할 **순**, 사이 **간**
- 풀이: 아주 짧은 동안
- 쓰임: 화재는 우리의 생활 터전을 한瞬間에 삼켜 버리는 무서운 재앙 중의 하나입니다.

純粹 순수
- 훈·음: 순할 **순**, 순수할 **수**
- 풀이: 전혀 다른 것이 섞이지 아니함
- 쓰임: 금과 달리, 純粹한 철 덩어리는 자연 상태에서 발견하기가 쉽지 않습니다.

脣音 순음
- 훈·음: 입술 **순**, 소리 **음**
- 풀이: 두 입술 사이에서 나는 소리
- 쓰임: 국어의 'ㅂ, ㅃ, ㅍ, ㅁ'은 脣音에 해당합니다.

殉葬 순장
- 훈·음: 따라죽을 **순**, 장사지낼 **장**
- 풀이: 한 집단의 지배층 계급에 속하는 사람이 죽었을 때 그 사람의 뒤를 따라 강제로 혹은 자진하여 산 사람을 함께 묻던 일. 사후 세계를 믿어, 지배 계급의 인물이 죽었을 때에 부인, 신하, 노비 등을 함께 묻는 장례법
- 쓰임: 신분 계층이 있는 사회나 뚜렷하게 가부장제적인 사회, 특히 초기 고대 문명과 그 영향권에 있는 사회에서 殉葬이 성행하였습니다.

濕度 습도
- 훈·음: 젖을 **습**, 정도 **도**
- 풀이: 공기 중에 수증기가 포함되어 있는 정도
- 쓰임: 보통 여름 동안은 기온과 濕度가 무척 높아집니다.

昇華 (승화)

- **훈·음**: 오를 **승**, 빛날 **화**
- **풀이**: 고체가 액체 상태를 거치지 않고 기체로 변하는 일
- **쓰임**: 무대에서 나오는 뿌연 연기는 昇華 현상에 의해 대부분 고체인 드라이아이스가 기체로 되면서 발생합니다.

信賴 (신뢰)

- **훈·음**: 믿을 **신**, 힘입을 **뢰**
- **풀이**: 굳게 믿고 의지함
- **쓰임**: 친구 사이에는 무엇보다도 信賴가 가장 중요합니다.

愼重 (신중)

- **훈·음**: 삼갈 **신**, 무거울 **중**
- **풀이**: 매우 조심스러움
- **쓰임**: 재판관은 모든 증거를 愼重하게 검토하고 나서 판결을 내렸습니다.

信託 (신탁)

- **훈·음**: 믿을 **신**, 부탁할 **탁**
- **풀이**: 일정한 목적에 따라 재산의 관리와 처분을 남에게 맡기는 일
- **쓰임**: 투자 信託은 증권 회사가 일반 투자가로부터 자금을 모아서 큰 규모로 증권 투자 따위를 하여 그 이익금을 투자가들에게 분배하는 제도입니다.

審議 (심의)

- **훈·음**: 살필 **심**, 의논할 **의**
- **풀이**: 심사하고 토의함
- **쓰임**: 중요한 재판을 審議할 때 배심원들 대부분이 판사의 지시를 정확히 따르는 데 신중을 기합니다.

PART 02 교과서 한자어 익히기

惡魔 악마
- 훈·음: 악할 **악**, 마귀 **마**
- 풀이: 사람의 마음을 흘려 제정신을 차리지 못하게 하고 불도 수행을 방해하여 악한 길로 유혹하는 나쁜 신
- 쓰임: 월드컵 때 시청 앞 광장은 '붉은 惡魔'들로 인산인해를 이루었습니다.

惡臭 악취
- 훈·음: 악할 **악**, 냄새 **취**
- 풀이: 불쾌한 냄새
- 쓰임: 휴가철 피서객들이 버린 쓰레기로 惡臭가 심합니다.

安寧 안녕
- 훈·음: 편안할 **안**, 편안할 **녕**
- 풀이: 아무 탈 없이 편안함
- 쓰임: 경찰은 사회의 安寧과 질서를 최우선으로 합니다.

哀悼 애도
- 훈·음: 슬플 **애**, 슬퍼할 **도**
- 풀이: 사람의 죽음을 슬퍼함
- 쓰임: 정부는 희생자 가족들에게 깊은 哀悼의 뜻을 전했습니다.

厄運 액운
- 훈·음: 재앙 **액**, 부릴 **운**
- 풀이: 액을 당할 운수
- 쓰임: 어머니는 부적이 厄運을 쓸어버리고 집에 행운을 가져다준다고 믿었습니다.

輿論 (여론)

- **훈·음**: 수레 **여**, 논할 **론**
- **풀이**: 사회 대중의 공통된 의견
- **쓰임**: 시민 단체는 輿論을 형성하기 위해 서명 운동을 하였습니다.

旅程 (여정)

- **훈·음**: 나그네 **려(여)**, 길 **정**
- **풀이**: 여행의 과정이나 일정
- **쓰임**: 그는 1박 2일의 짧은 旅程을 마치고 집으로 돌아왔습니다.

役割 (역할)

- **훈·음**: 부릴 **역**, 벨 **할**
- **풀이**: 자기가 마땅히 해야 할 맡은 바 책임이나 임무. 구실
- **쓰임**: 영양소는 우리 몸속에서 여러 가지 중요한 役割을 하기 때문에 영양소가 부족하면 건강을 해칠 수도 있습니다.

年齡 (연령)

- **훈·음**: 해 **년(연)**, 나이 **령**
- **풀이**: 사람이나 동·식물 따위가 세상에 나서 살아온 햇수. 나이
- **쓰임**: 의학 발달로 남자, 여자의 평균 年齡은 모두 점차 증가하고 있습니다.

憐憫 (연민)

- **훈·음**: 불쌍할 **련(연)**, 불쌍히여길 **민**
- **풀이**: 불쌍하고 가련하게 여김
- **쓰임**: 그녀는 장애인과 나이 드신 노인들을 보며 憐憫을 느꼈습니다.

PART 02 교과서 한자어 익히기

燃燒 (연소)
- **훈·음**: 불탈 **연**, 불사를 **소**
- **풀이**: 물질이 공기 속의 산소와 화합하여 빛과 열을 내는 현상
- **쓰임**: 에어로빅은 심장을 강화시키고 지구력을 높여주며 지방을 燃燒시키는 역할을 합니다.

鹽酸 (염산)
- **훈·음**: 소금 **염**, 실 **산**
- **풀이**: 염화수소의 수용액
- **쓰임**: 鹽酸은 위 속에서 단백질 소화 효소의 작용을 돕고, 음식물 속의 세균을 죽이는 역할을 합니다.

厭世 (염세)
- **훈·음**: 싫을 **염**, 세상 **세**
- **풀이**: 세상을 괴롭고 귀찮은 것으로 여겨 비관함
- **쓰임**: 厭世주의자는 세상을 비판적으로 바라봄으로써 쉽게 지나칠 수 있는 문제들을 고민하기도 합니다.

永訣 (영결)
- **훈·음**: 길 **영**, 이별할 **결**
- **풀이**: 죽은 사람과 산 사람이 서로 영원히 헤어짐
- **쓰임**: 많은 국민은 永訣식이 끝난 후에도 그의 서거를 애도하였습니다.

令孃 (영양)
- **훈·음**: 하여금 **령(영)**, 아가씨 **양**
- **풀이**: 윗사람의 딸을 높여 이르는 말. 영애(令愛)
- **쓰임**: 지인과 대화하다 우연히 令孃의 합격 소식을 접하게 되었습니다.

零下 영하

- **훈·음**: 떨어질 령(영), 아래 하
- **풀이**: 온도계가 가리키는 온도가 섭씨 0° 이하임을 나타내는 말
- **쓰임**: 일기 예보에 따르면 내일은 수은주가 零下로 내려갈 거라고 합니다.

靈魂 영혼

- **훈·음**: 신령 령(영), 넋 혼
- **풀이**: 죽은 사람의 넋
- **쓰임**: 원시 시대 사람들은 악한 靈魂들이 질병을 일으킨다고 믿었습니다.

預金 예금

- **훈·음**: 미리 예, 쇠 금
- **풀이**: 은행 등의 금융 기관에 돈을 맡김
- **쓰임**: 은행의 금리 인하로 정기 預金이 감소하고 있습니다.

誤謬 오류

- **훈·음**: 그릇될 오, 그릇될 류
- **풀이**: 그릇되어 이치에 맞지 않는 일
- **쓰임**: 일반적으로 세포 내 DNA에 誤謬나 돌연변이가 생겼을 때 암이 발병합니다.

傲慢 오만

- **훈·음**: 거만할 오, 거만할 만
- **풀이**: 태도나 행동이 건방지거나 거만함
- **쓰임**: 그는 傲慢함 때문에 다른 사람들의 반감을 샀습니다.

PART 02 교과서 한자어 익히기

汚染 (오염)
- 훈·음: 더러울 **오**, 물들일 **염**
- 풀이: 더러워짐
- 쓰임: 굴은 한곳에서만 살기 때문에 환경 학자들은 굴을 조사해서 바다가 얼마나 汚染되었는지를 연구합니다.

沃土 (옥토)
- 훈·음: 기름질 **옥**, 흙 **토**
- 풀이: 농작물이 잘 자랄 수 있는 영양분이 풍부한 좋은 땅
- 쓰임: 최근 우리나라의 沃土가 기름이나 중금속 등에 의해 오염되어 중병을 앓고 있습니다.

緩和 (완화)
- 훈·음: 느릴 **완**, 화할 **화**
- 풀이: 긴장된 상태나 급박한 것을 느슨하게 함
- 쓰임: 아스피린은 특히 두통과 관절염의 통증을 緩和시키는 데 쓰입니다.

歪曲 (왜곡)
- 훈·음: 삐뚤 **왜**, 굽을 **곡**
- 풀이: 사실과 다르게 해석하거나 그릇되게 함
- 쓰임: 일본의 역사 교과서 歪曲에 대해 학계가 거세게 반발하였습니다.

倭亂 (왜란)
- 훈·음: 왜나라 **왜**, 어지러울 **란**
- 풀이: 왜인이 일으킨 난리
- 쓰임: 倭亂과 호란은 우리 민족에게 자주국방의 힘을 길러야 한다는 역사적 교훈을 남겨 주었습니다.

畏敬 외경
- 훈·음: 두려울 **외**, 공경 **경**
- 풀이: 공경하면서 두려워함
- 쓰임: 평생을 교직에 몸담으신 교장 선생님을 뵈면 그는 존경을 넘어 畏敬하는 인물로 비쳤습니다.

尿道 요도
- 훈·음: 오줌 **뇨(요)**, 길 **도**
- 풀이: 방광에 괸 오줌을 몸 밖으로 내보내는 관
- 쓰임: 신장에서 만들어진 오줌은 수뇨관을 통해 방광에 저장되어 있다가 일정한 양이 되면 尿道를 통해 나오게 됩니다.

搖籃 요람
- 훈·음: 흔들 **요**, 바구니 **람**
- 풀이: 젖먹이를 태우고 흔들어 놀게 하거나 잠재우는 물건
- 쓰임: 엄마는 搖籃에 누워 있는 아기가 잠이 들도록 흔들어 주었습니다.

要塞 요새
- 훈·음: 중요할 **요**, 변방 **새**
- 풀이: 군사적으로 중요한 곳에 튼튼하게 만들어 놓은 방어 시설
- 쓰임: 그 성은 뒤로는 높은 산이 솟아 있고 앞에는 깊은 강이 흐르는 천혜의 要塞입니다.

夭折 요절
- 훈·음: 일찍죽을 **요**, 꺾을 **절**
- 풀이: 젊은 나이에 죽음
- 쓰임: 그는 夭折했지만 살아생전에 많은 업적을 쌓았습니다.

PART 02 교과서 한자어 익히기

腰痛 (요통)
- **훈·음**: 허리 요, 아플 통
- **풀이**: 허리가 아픈 증세를 통틀어 이르는 말
- **쓰임**: 직장인의 고통 호소 증세 가운데 일반적으로 두통과 腰痛이 대다수를 차지합니다.

溶解 (용해)
- **훈·음**: 질펀히흐를 용, 풀 해
- **풀이**: 기체 또는 고체가 액체 속에서 녹아 같은 액체로 되는 현상
- **쓰임**: 비타민 A, D, E, K는 지방을 통해 溶解되며 우리 몸에 쌓이는 특성이 있습니다.

優劣 (우열)
- **훈·음**: 넉넉할 우, 못할 렬(열)
- **풀이**: 나음과 못함
- **쓰임**: 두 선수의 실력이 비슷해서 優劣을 가리기가 어렵습니다.

右翼 (우익)
- **훈·음**: 오른 우, 날개 익
- **풀이**: 보수적이거나 국수적인 경향, 또는 그런 단체. 새나 비행기 따위의 오른쪽 날개
- **쓰임**: 右翼은 일반적으로 정치 및 사회 문제에 대해 변화보다는 안정, 분배와 복지보다는 성장과 경쟁, 평등보다는 자유를 강조하는 경향을 지닌 정치사상이나 정치 세력을 가리킵니다.

寓話 (우화)
- **훈·음**: 붙여살 우, 말씀 화
- **풀이**: 인격화한 동식물이나 기타 사물을 주인공으로 하여 그들의 행동 속에 풍자와 교훈의 뜻을 나타내는 이야기
- **쓰임**: 寓話에는 글을 읽음으로써 배울 수 있는 교훈이 담겨 있습니다.

運搬 (운반)

훈·음: 부릴 **운**, 운반할 **반**

풀이: 물건 따위를 옮겨 나름

쓰임: 암석이 부서져서 생긴 자갈이나 모래 등의 작은 조각들은 물, 바람 등에 의해 運搬되어 호수나 바다 밑에 쌓입니다.

鬱蒼 (울창)

훈·음: 답답할 **울**, 푸를 **창**

풀이: 나무들이 빽빽하게 들어서 매우 무성하고 푸름

쓰임: 산림이 鬱蒼해야 여름철 홍수 피해를 막을 수 있습니다.

月蝕 (월식)

훈·음: 달 **월**, 좀먹을 **식**

풀이: 지구가 태양과 달 사이에 들어가서 지구의 그림자로 말미암아 달의 밝은 부분이 일부 또는 전부가 가려져 어둡게 보이는 현상

쓰임: 일식이나 月蝕은 지구와 달이 태양과 일직선을 이룰 때 발생합니다.

緯度 (위도)

훈·음: 씨줄 **위**, 정도 **도**

풀이: 지구 위의 위치를 나타내는 좌표축 중에서 가로로 된 것

쓰임: 緯度는 적도를 중심으로 하여 남북으로 평행하게 그은 선입니다.

慰勞 (위로)

훈·음: 위로할 **위**, 힘쓸 **로**

풀이: 따뜻한 말이나 행동으로 괴로움을 덜어 주거나 슬픔을 달래 줌

쓰임: 슬픈 일이나 경사스런 일에 慰勞하고 축하하는 일은 우리 사회의 아름답고 좋은 풍속입니다.

PART 02 교과서 한자어 익히기

僞造 위조
- 훈·음: 거짓 **위**, 만들 **조**
- 풀이: 어떤 물건을 속일 목적으로 꾸며 진짜처럼 만듦
- 쓰임: 우리 사회의 학력 중시 풍조는 학력 부풀리기, 학력 僞造를 조장하는 결과를 가져왔습니다.

威脅 위협
- 훈·음: 위엄 **위**, 위협할 **협**
- 풀이: 힘으로 으르고 협박함
- 쓰임: 도시의 자연환경은 극심한 공해로 생존의 威脅을 받고 있습니다.

紐帶 유대
- 훈·음: 끈 **뉴(유)**, 띠 **대**
- 풀이: '끈과 띠'라는 뜻으로, 둘 이상을 서로 연결하거나 결합하게 하는 것, 또는 그런 관계
- 쓰임: 육아 과정에서 부모와 자식 사이의 자연스러운 신체 접촉은 정서적으로 강한 紐帶를 갖게 합니다.

遺蹟 유적
- 훈·음: 남길 **유**, 자취 **적**
- 풀이: 남아 있는 자취
- 쓰임: 유물이나 遺蹟은 각 지역의 역사와 문화를 이해하는 데 중요한 소재가 됩니다.

幼稚 유치
- 훈·음: 어릴 **유**, 어릴 **치**
- 풀이: 나이가 어림. 생각이나 하는 짓이 어림
- 쓰임: 소설 내용이 너무 幼稚해서 그는 조금 읽다가 그만두었습니다.

誘惑 (유혹)

- 훈·음: 꾈 **유**, 미혹할 **혹**
- 풀이: 꾀어서 정신을 혼미하게 하거나 좋지 아니한 길로 이끎
- 쓰임: 수컷 비둘기는 암컷 비둘기를 誘惑하기 위하여 목을 부풀려 웁니다.

輪郭 (윤곽)

- 훈·음: 바퀴 **륜(윤)**, 성곽 **곽**
- 풀이: 둘레의 선. 겉모양. 사물의 대강
- 쓰임: 그녀는 얼굴 輪郭이 뚜렷하고 피부가 백옥같이 흽니다.

隆盛 (융성)

- 훈·음: 높을 **륭(융)**, 번성할 **성**
- 풀이: 기운차게 일어나거나 대단히 번성함
- 쓰임: 다보탑과 석가탑을 답사하고 신라 문화의 隆盛함에 감탄하였습니다.

淫亂 (음란)

- 훈·음: 음란할 **음**, 어지러울 **란**
- 풀이: 음탕하고 난잡함
- 쓰임: 그는 불법 淫亂물을 배포한 혐의로 입건되었습니다.

音韻 (음운)

- 훈·음: 소리 **음**, 운 **운**
- 풀이: 말의 뜻을 구별해 주는 소리의 가장 작은 단위
- 쓰임: 국어에서는 'ㄹ'의 音韻이 한 가지로 인식되는 것이 영어에서는 'r'과 'l'의 두 가지로 인식됩니다.

PART 02 교과서 한자어 익히기

凝固 (응고)
- **훈·음**: 엉길 **응**, 굳을 **고**
- **풀이**: 액체나 기체가 고체로 변하는 현상. 엉기어 굳어짐
- **쓰임**: 촛농이 바닥에 떨어지자마자 곧 凝固되었습니다.

裏面 (이면)
- **훈·음**: 속 **리(이)**, 낯 **면**
- **풀이**: 겉으로 나타나거나 눈에 보이지 않는 부분
- **쓰임**: 점원은 물건 값을 수표로 낸 손님에게 裏面에 전화번호와 이름을 적어 달라고 요구하였습니다.

利潤 (이윤)
- **훈·음**: 이로울 **리(이)**, 윤택할 **윤**
- **풀이**: 장사 따위를 하여 남은 돈
- **쓰임**: 기업의 최대 관심은 利潤을 극대화하는 데 있습니다.

匿名性 (익명성)
- **훈·음**: 숨을 **닉(익)**, 이름 **명**, 성품 **성**
- **풀이**: 본인의 이름이 드러나지 않는 성질
- **쓰임**: 인터넷이 일반화되고 사회적으로 匿名性이 많이 보장되면서 여러 가지 좋은 점과 함께 익명이라는 배경 뒤에 공격성을 드러내는 일도 있습니다.

翌日 (익일)
- **훈·음**: 다음날 **익**, 날 **일**
- **풀이**: 어느 날의 뒤에 오는 날. 다음 날
- **쓰임**: 택배 기사는 翌日까지 물건을 배송하기로 약속하였습니다.

咽喉 인후

- **훈·음**: 목구멍 **인**, 목구멍 **후**
- **풀이**: 식도와 기도로 통하는 입안의 깊숙한 곳. 목구멍
- **쓰임**: 따뜻한 음료는 기침과 咽喉염을 진정시키는 데 도움을 줍니다.

賃金 임금

- **훈·음**: 품팔이 **임**, 쇠 **금**
- **풀이**: 근로자가 노동의 대가로 사용자에게 받는 보수
- **쓰임**: 경기가 점차 회복 국면으로 접어들면서 근로자의 賃金 인상 문제가 다시 거론되기 시작하였습니다.

姙娠 임신

- **훈·음**: 아이밸 **임**, 아이밸 **신**
- **풀이**: 아이나 새끼를 뱀
- **쓰임**: 姙娠 중에는 태아의 발달에 해로울 수 있는 어떤 것이든 피해야 합니다.

粒子 입자

- **훈·음**: 낟알 **립**(입), 아들 **자**
- **풀이**: 물질을 이루는 매우 작은 낟알의 알갱이
- **쓰임**: 물질을 이루는 가장 작은 粒子인 분자는 물질의 상태가 변해도 그 성질은 변하지 않습니다.

自愧 자괴

- **훈·음**: 스스로 **자**, 부끄러울 **괴**
- **풀이**: 스스로 부끄러워함
- **쓰임**: 그녀가 가수 활동을 중단한 결정적인 이유는 가수로서의 自愧감과 회의감 때문이었습니다.

PART 02 교과서 한자어 익히기

磁力 (자력)
- **훈·음**: 자석 **자**, 힘 **력**
- **풀이**: 자석의 힘
- **쓰임**: 철 조각은 磁力으로 말미암아 자석 방향으로 움직입니다.

諮問 (자문)
- **훈·음**: 물을 **자**, 물을 **문**
- **풀이**: 어떤 일을 좀 더 효과적이고 바르게 처리하려고 그 방면의 전문가나 전문가들로 이루어진 기구에 의견을 물음
- **쓰임**: 사람들은 법적인 諮問이 필요할 때 일반적으로 변호사를 만납니다.

潛水 (잠수)
- **훈·음**: 잠길 **잠**, 물 **수**
- **풀이**: 물속으로 잠겨 들어감
- **쓰임**: 그는 수영장 끄트머리 수심이 얕은 부분에서 潛水를 했습니다.

暫時 (잠시)
- **훈·음**: 잠깐 **잠**, 때 **시**
- **풀이**: 짧은 시간
- **쓰임**: 갑작스러운 소나기로 야구 경기가 暫時 중단되었습니다.

障碍 (장애)
- **훈·음**: 막을 **장**, 막을 **애**
- **풀이**: 어떤 사물의 진행을 가로막아 거치적거리게 하거나 충분한 기능을 하지 못하게 함
- **쓰임**: 자폐증은 신경 발달과 관련된 障碍로서 이에 관한 다양한 연구가 이루어졌음에도 그 인과 관계는 제대로 밝혀져 있지 않습니다.

莊園 (장원)

훈·음: 풀성할 **장**, 동산 **원**

풀이: 서양의 중세 봉건 사회에서, 귀족이나 승려, 교회 등에 의해 이루어졌던 토지 소유의 한 형태

쓰임: 莊園은 봉건 제도에서의 토지 소유의 한 형태로 중세는 장원을 중심으로 경제 활동이 이루어졌습니다.

匠人 (장인)

훈·음: 장인 **장**, 사람 **인**

풀이: 손으로 물건을 만드는 일을 업으로 하는 사람

쓰임: 다보탑과 같이 공들여 만든 탑은 천 년이 지난 지금도 匠人의 정성이 그대로 느껴집니다.

災殃 (재앙)

훈·음: 재앙 **재**, 재앙 **앙**

풀이: 뜻하지 아니하게 생긴 불행한 변고

쓰임: 예로부터 우리 민족은 가뭄과 홍수 등의 온갖 災殃을 막고 풍년을 기원하는 제천 의식을 행하여 왔습니다.

裁判 (재판)

훈·음: 마를 **재**, 판가름할 **판**

풀이: 구체적인 소송으로 인한 다툼을 해결하기 위하여 법원이나 법관이 내리는 공권적 판단

쓰임: 그 사람은 사기 혐의로 기소되었지만, 裁判으로 결백이 증명되었습니다.

顚倒 (전도)

훈·음: 넘어질 **전**, 넘어질 **도**

풀이: 거꾸로 됨

쓰임: 급하더라도 허둥대지 말고 순서에 따라 일을 진행하여 본말이 顚倒되게 해서는 안 됩니다.

PART 2 교과서 한자어 익히기

絶叫 (절규)
- **훈·음**: 끊을 **절**, 부르짖을 **규**
- **풀이**: 있는 힘을 다하여 절절하고 애타게 부르짖음
- **쓰임**: 사고 현장에서 유가족들의 처절한 絶叫가 터져 나왔습니다.

店鋪 (점포)
- **훈·음**: 가게 **점**, 점방 **포**
- **풀이**: 물건을 늘어놓고 파는 곳
- **쓰임**: 대형 할인점의 등장으로 소규모 店鋪들이 점점 줄어들고 있습니다.

情緖 (정서)
- **훈·음**: 뜻 **정**, 실마리 **서**
- **풀이**: 어떤 일을 경험하거나 생각할 때에 일어나는 갖가지 감정
- **쓰임**: 가족 간의 情緖적 교감은 아이들의 감성 발달에 도움이 됩니다.

提携 (제휴)
- **훈·음**: 이끌 **제**, 끌 **휴**
- **풀이**: 행동을 함께하기 위하여 서로 붙들어 도와줌
- **쓰임**: 기술 提携로 두 기업은 상당한 시너지 효과를 거두었습니다.

彫刻 (조각)
- **훈·음**: 새길 **조**, 새길 **각**
- **풀이**: 재료를 새기거나 깎아서 입체 형상을 만듦
- **쓰임**: 석회암이 변성된 대리암은 입자가 촘촘하고 부드러워 彫刻 재료로 많이 이용됩니다.

調劑 (조제)

- **훈·음**: 고를 **조**, 약지을 **제**
- **풀이**: 여러 가지 약제를 조합하여 약을 만듦
- **쓰임**: 약 처방은 의사가 하고, 약 調劑는 약사가 합니다.

族閥 (족벌)

- **훈·음**: 겨레 **족**, 문벌 **벌**
- **풀이**: 큰 세력을 가진 가문의 일족
- **쓰임**: 族閥 경영 체제는 능력에 관계없이 가문의 일족이 독단적으로 그룹을 경영하여 정부에서는 이를 타파하려 하지만 많은 저항을 받고 있습니다.

拙稿 (졸고)

- **훈·음**: 못날 **졸**, 원고 **고**
- **풀이**: 자기나 자기와 관련된 사람의 원고를 겸손하게 이르는 말
- **쓰임**: 신문사에서 나의 拙稿를 싣고 싶다는 제의가 들어왔습니다.

宗廟 (종묘)

- **훈·음**: 마루 **종**, 사당 **묘**
- **풀이**: 조선 시대에, 역대 임금과 왕비의 위패를 모시던 왕실의 사당
- **쓰임**: 우리나라는 오랜 역사를 자랑하는 만큼 宗廟, 석굴암, 불국사 등과 같은 많은 문화재가 있습니다.

縱橫 (종횡)

- **훈·음**: 세로 **종**, 가로 **횡**
- **풀이**: 세로와 가로를 아울러 이르는 말. 거침없이 마구 오가거나 이리저리 다님
- **쓰임**: 국도와 고속도로는 우리나라 전역에 걸쳐 縱橫으로 교차하여 있습니다.

PART 02 교과서 한자어 익히기

週末 주말
- 훈·음: 주일 **주**, 끝 **말**
- 풀이: 한 주일의 끝 무렵
- 쓰임: 관공서 대부분이 週末에는 업무를 하지 않습니다.

鑄造 주조
- 훈·음: 부어만들 **주**, 만들 **조**
- 풀이: 녹인 쇠붙이를 거푸집에 부어 필요한 물건을 만듦
- 쓰임: 금, 은, 구리는 동전 鑄造에 사용되어 온 금속입니다.

主軸 주축
- 훈·음: 중심 **주**, 굴대 **축**
- 풀이: 전체 가운데서 중심이 되어 영향을 미치는 존재나 세력
- 쓰임: 학교 축전은 학생회가 主軸이 되어 진행했습니다.

遵法 준법
- 훈·음: 좇을 **준**, 법 **법**
- 풀이: 법을 올바로 지킴
- 쓰임: 공공질서를 유지하기 위해서는 나부터 먼저 법을 지키려는 마음가짐과 법을 지키지 않으면 자신뿐만 아니라 남에게도 피해를 줄 수 있다는 遵法에 대한 인식 전환이 우선시되어야 합니다.

中庸 중용
- 훈·음: 가운데 **중**, 떳떳할 **용**
- 풀이: 지나치거나 모자라지도 아니하고 한쪽으로 치우치지도 아니한, 떳떳하며 변함이 없는 상태나 정도
- 쓰임: 축구나 야구와 같은 운동경기에서의 심판은 특히 中庸을 지키는 것이 필요합니다.

蒸散 증산

훈·음: 찔 증, 흩을 산

풀이: 증발하여 흩어짐

쓰임: 온도가 높거나 빛이 강할 때, 그리고 습도가 낮을수록 기공이 크게 열려 蒸散 작용이 활발히 일어납니다.

贈與 증여

훈·음: 줄 증, 줄 여

풀이: 물품 따위를 선물로 줌

쓰임: 재벌 총수가 자식에게 편법으로 재산을 贈與한 사실이 밝혀져 검찰이 수사에 착수했습니다.

憎惡 증오

훈·음: 미워할 증, 미워할 오

풀이: 아주 사무치게 미워함

쓰임: 인간의 감정에는 憎惡, 분노, 슬픔, 기쁨, 행복과 같은 것이 있습니다.

脂肪 지방

훈·음: 비계 지, 비계 방

풀이: 기름이 상온에서 고체를 이룬 것

쓰임: 우리 몸에서 사용하고 남은 탄수화물이나 脂肪은 몸속에 저장되었다가 필요할 때 다시 에너지원으로 사용됩니다.

地獄 지옥

훈·음: 땅 지, 지옥 옥

풀이: 큰 죄를 짓고 죽은 사람들이 구원을 받지 못하고 끝없이 벌을 받는다는 곳

쓰임: 기독교인들은 하느님이 죄인을 地獄으로 보낸다고 믿습니다.

PART 02 교과서 한자어 익히기

地震 지진
- 훈·음: 땅 **지**, 벼락 **진**
- 풀이: 땅속의 급격한 변화로 땅이 흔들리거나 갈라지는 현상
- 쓰임: 지구에는 하루에도 수십 차례의 地震이 발생하며, 이러한 지진을 관측하는 관측소가 세계 곳곳에 있습니다.

遲滯 지체
- 훈·음: 더딜 **지**, 막힐 **체**
- 풀이: 때를 늦추거나 질질 끎
- 쓰임: 어머니께서는 학교를 파하면 遲滯하지 말고 곧장 집으로 돌아오라고 말씀하셨습니다.

智慧 지혜
- 훈·음: 지혜 **지**, 지혜 **혜**
- 풀이: 사물의 이치를 빨리 깨닫고 사물을 정확하게 처리하는 정신적 능력
- 쓰임: 속담에는 선인들의 智慧와 교훈 그리고 재치와 해학이 담겨 있습니다.

振動 진동
- 훈·음: 떨칠 **진**, 움직일 **동**
- 풀이: 같은 모양으로 반복하여 흔들려 움직임
- 쓰임: 고체를 이루는 분자 사이에는 큰 인력이 작용하므로 고체를 이루는 분자는 제자리에서 振動하는 운동만을 합니다.

診療 진료
- 훈·음: 진찰할 **진**, 병고칠 **료**
- 풀이: 진찰하고 치료함
- 쓰임: 병원에는 몸의 아픈 부위에 따라 診療를 하기 때문에 여러 과가 있습니다.

塵土 진토

- 훈·음: 티끌 **진**, 흙 **토**
- 풀이: 먼지와 흙
- 쓰임: 공사장 인근은 차가 지날 때마다 일으키는 塵土 때문에 눈을 뜨기 어려웠습니다.

振幅 진폭

- 훈·음: 떨칠 **진**, 폭 **폭**
- 풀이: 진동하는 물체의 정지 위치로부터 진동의 좌우 극점에 이르기까지의 변위의 최대치
- 쓰임: 振幅은 진동 운동의 특징 중 그 크기 정도를 나타내어 주는 하나의 지표입니다.

疾病 질병

- 훈·음: 병 **질**, 병 **병**
- 풀이: 몸의 온갖 기능 장애로 말미암은 병
- 쓰임: 규칙적인 스트레칭은 疾病 예방과 회복에 도움을 줍니다.

窒息 질식

- 훈·음: 막을 **질**, 숨쉴 **식**
- 풀이: 숨이 막힘
- 쓰임: 동전이나 작은 장난감은 갓난아이들이 삼켜 窒息할 우려가 크므로 주의가 필요합니다.

懲罰 징벌

- 훈·음: 징계할 **징**, 벌할 **벌**
- 풀이: 옳지 아니한 일을 하거나 죄를 지은 데 대하여 벌을 줌, 또는 그 벌
- 쓰임: 합당한 懲罰로써 자녀를 훈육하는 것은 합법적입니다.

PART 02 교과서 한자어 익히기

錯雜 착잡
- 훈·음: 섞일 **착**, 섞일 **잡**
- 풀이: 뒤섞이어 어수선함
- 쓰임: 준우승에 머물고 만 감독과 선수들의 마음은 錯雜했습니다.

燦爛 찬란
- 훈·음: 빛날 **찬**, 빛날 **란**
- 풀이: 훌륭하고 빛남
- 쓰임: 한글은 우리 민족이 세운 燦爛한 문화의 금자탑입니다.

慘狀 참상
- 훈·음: 참혹할 **참**, 모양 **상**
- 풀이: 비참하고 끔찍한 상태나 상황
- 쓰임: 한국 전쟁의 慘狀을 그린 영화와 드라마가 개봉되고 방영되었습니다.

蒼空 창공
- 훈·음: 푸를 **창**, 빌 **공**
- 풀이: 푸른 하늘
- 쓰임: 대회 시작을 알리는 축포가 울리자 형형색색의 풍선들이 蒼空을 뒤덮었습니다.

滄海 창해
- 훈·음: 큰바다 **창**, 바다 **해**
- 풀이: 넓고 큰 바다
- 쓰임: 滄海 위에 떠 있는 흰 돛단배가 한 폭의 그림 같습니다.

遷都 (천도)

- **훈·음**: 옮길 **천**, 도읍 **도**
- **풀이**: 도읍을 옮김
- **쓰임**: 공주는 백제가 첫 번째로 遷都한 고장으로 예로부터 땅의 형세가 험한 요새였습니다.

天賦 (천부)

- **훈·음**: 하늘 **천**, 구실 **부**
- **풀이**: 하늘이 줌. 선천적으로 타고남
- **쓰임**: 그는 남을 웃기고 즐겁게 하는 데에 天賦적인 재능을 지녔습니다.

尖端 (첨단)

- **훈·음**: 뾰족할 **첨**, 끝(바를) **단**
- **풀이**: 맨 앞장
- **쓰임**: 尖端 과학 기술의 발전으로 우리의 삶은 더욱 풍요롭고 윤택해졌습니다.

添削 (첨삭)

- **훈·음**: 더할 **첨**, 깎을 **삭**
- **풀이**: 시문(詩文)이나 답안 따위의 내용 일부를 보태거나 삭제하여 고침
- **쓰임**: 편집장은 기사 내용을 문맥에 맞게 添削하였습니다.

捷徑 (첩경)

- **훈·음**: 빠를 **첩**, 지름길 **경**
- **풀이**: 지름길. 쉽고 빠른 방법
- **쓰임**: 검소한 생활 습관은 부자가 되는 捷徑입니다.

PART 02 교과서 한자어 익히기

清廉 (청렴)
- 훈·음: 맑을 **청**, 청렴할 **렴**
- 풀이: 마음이 고결하고 재물 욕심이 없음
- 쓰임: 교사가 갖추어야 할 기본적인 덕목으로 정직과 清廉을 들 수 있습니다.

締結 (체결)
- 훈·음: 맺을 **체**, 맺을 **결**
- 풀이: 계약이나 조약 따위를 공식적으로 맺음
- 쓰임: 을사조약 締結 이후 민족의 혼을 찾기 위해 계몽 운동이 일어났습니다.

遞增 (체증)
- 훈·음: 갈마들 **체**, 더할 **증**
- 풀이: 수량이 차례로 더해 감
- 쓰임: 한계 비용이 생산량 증가에 따라 遞增하였습니다.

抄錄 (초록)
- 훈·음: 베낄 **초**, 기록할 **록**
- 풀이: 필요한 부분만을 뽑아서 적음, 또는 그런 기록
- 쓰임: 논문의 내용은 抄錄만 읽어도 전체의 윤곽을 알 수 있습니다.

招聘 (초빙)
- 훈·음: 부를 **초**, 부를 **빙**
- 풀이: 예를 갖추어 불러 맞아들임
- 쓰임: 우리는 실무 경험이 풍부한 전문가를 강사로 招聘했습니다.

肖像 초상
- 훈·음: 닮을 **초**, 모양 **상**
- 풀이: 사진, 그림 따위에 나타낸 사람의 얼굴이나 모습
- 쓰임: 왕정 시대의 화가들은 왕의 肖像을 그리는 것을 영광으로 여겼습니다.

超越 초월
- 훈·음: 넘을 **초**, 넘을 **월**
- 풀이: 어떠한 한계나 표준을 뛰어넘음
- 쓰임: 고전 음악은 시대를 超越해서 많은 사람에게 사랑을 받고 있습니다.

叢書 총서
- 훈·음: 모일(떨기) **총**, 글 **서**
- 풀이: 일정한 형식과 체재로, 계속해서 출판되어 한 질을 이루는 책들
- 쓰임: 叢書는 공통의 제호 밑에 각 권은 제각기 독립된 제호를 다는 것이 일반적입니다.

醜聞 추문
- 훈·음: 추할 **추**, 들을 **문**
- 풀이: 추잡하고 좋지 못한 소문
- 쓰임: 항간에 떠돌던 지방 자치 단체장에 대한 醜聞이 사실로 밝혀졌습니다.

趨勢 추세
- 훈·음: 달릴 **추**, 권세 **세**
- 풀이: 어떤 현상이 일정한 방향으로 나아가는 경향
- 쓰임: 사회가 발전함에 따라 범죄도 상당히 지능화하는 趨勢입니다.

PART 02 교과서 한자어 익히기

推薦 추천
- 훈·음: 옮을 **추**, 천거할 **천**
- 풀이: 좋거나 알맞다고 생각하는 것을 남에게 권함
- 쓰임: 카탈로그에는 만족한 고객들이 보낸 推薦의 글들이 가득하였습니다.

抽出 추출
- 훈·음: 뽑을 **추**, 날 **출**
- 풀이: 빼내거나 뽑아냄
- 쓰임: 요즈음은 올리브에서 抽出된 기름을 요리에 많이 쓰고 있습니다.

蹴球 축구
- 훈·음: 찰 **축**, 공 **구**
- 풀이: 주로 발로 공을 차서 상대편의 골에 공을 많이 넣는 것으로 승부를 겨루는 경기
- 쓰임: 2002년 월드컵 蹴球 대회는 우리나라와 일본에서 공동으로 개최되었습니다.

縮尺 축척
- 훈·음: 줄어질 **축**, 자 **척**
- 풀이: 지도나 설계도 따위를 실물보다 작게 그릴 때, 그 축소한 정도
- 쓰임: 소縮尺 지도에서는 주로 색깔을 사용하여 지형의 높낮이를 대략 표현하고 있습니다.

衝突 충돌
- 훈·음: 부딪힐 **충**, 부딪힐 **돌**
- 풀이: 서로 맞부딪치거나 맞섬
- 쓰임: 물 위에 떠 있는 꽃가루가 불규칙적으로 움직이는 것은 모든 방향에서 이동해 오는 물 분자와 衝突하기 때문입니다.

醉氣 취기

훈·음: 술취할 **취**, 기운 **기**

풀이: 술에 취하여 얼큰하여진 기운

쓰임: 빈속에 술을 급히 마셔서 그런지 금방 醉氣가 올랐습니다.

趣味 취미

훈·음: 취미 **취**, 맛 **미**

풀이: 전문적으로 하는 것이 아니라 즐기기 위하여 하는 일

쓰임: 꽃꽂이는 나이와 직업에 관계없이 많은 여성 사이에서 점점 인기 있는 趣味로 자리 잡아가고 있습니다.

炊事 취사

훈·음: 불땔 **취**, 일 **사**

풀이: 음식을 장만하는 일

쓰임: 메탄가스는 炊事용으로 널리 쓰이고 있습니다.

勅書 칙서

훈·음: 칙서 **칙**, 글 **서**

풀이: 임금이 특정인에게 훈계하거나 알릴 내용을 적은 글이나 문서

쓰임: 국서는 외국과의 외교적 문서를 말하고, 勅書는 왕이 신하에게 다른 지방 관리에게 보내는 명령서를 말합니다.

親戚 친척

훈·음: 친할 **친**, 겨레 **척**

풀이: 친족과 외척을 아울러 이르는 말

쓰임: 명절 때에는 일가親戚들이 모두 한자리에 모입니다.

PART 02 교과서 한자어 익히기

鍼灸 침구
- 훈·음: 침 **침**, 뜸 **구**
- 풀이: 침과 뜸을 아울러 이르는 말
- 쓰임: 한의사는 鍼灸를 이용하여 환자를 치료합니다.

沈默 침묵
- 훈·음: 잠길 **침**, 잠잠할 **묵**
- 풀이: 아무 말도 없이 잠잠히 있음, 또는 그런 상태
- 쓰임: 결과가 발표되기 직전 선수와 관중은 모두 沈默을 지켰습니다.

稱讚 칭찬
- 훈·음: 부를 **칭**, 기릴 **찬**
- 풀이: 좋은 점이나 착하고 훌륭한 일을 높이 평가함
- 쓰임: 아이들에 대한 稱讚과 격려가 학습 의욕을 고취하는 역할을 합니다.

墮落 타락
- 훈·음: 떨어질 **타**, 떨어질 **락**
- 풀이: 올바른 길에서 벗어나 잘못된 길로 빠지는 일
- 쓰임: 범죄가 날로 늘어가는 것은 오늘날의 墮落한 세태를 반영하는 것입니다.

琢磨 탁마
- 훈·음: 쫄 **탁**, 갈 **마**
- 풀이: 옥이나 돌 따위를 쪼고 갊. 학문이나 덕행 따위를 닦음
- 쓰임: 옥은 비록 아름답고 좋은 재질이지만 훌륭한 장인을 만나 琢磨하지 못하면 자갈과 다를 바 없습니다.

誕生 (탄생)

- **훈·음**: 낳을 **탄**, 날 **생**
- **풀이**: 태어남을 높여 이르는 말. 조직, 제도 등이 새로 생김
- **쓰임**: 봉황은 성인의 誕生에 맞추어 세상에 나타나는 새로 알려졌습니다.

奪取 (탈취)

- **훈·음**: 빼앗을 **탈**, 가질 **취**
- **풀이**: 빼앗아 가짐
- **쓰임**: 범인은 은행 앞에 세워진 현금 수송 차량을 奪取해 도주했습니다.

耽溺 (탐닉)

- **훈·음**: 즐길 **탐**, 빠질 **닉**
- **풀이**: 어떤 일을 지나치게 즐겨 거기에 빠짐
- **쓰임**: 술과 노름에 대한 耽溺으로 그는 결국 패가망신하고 말았습니다.

貪慾 (탐욕)

- **훈·음**: 탐할 **탐**, 욕심 **욕**
- **풀이**: 지나치게 탐하는 욕심
- **쓰임**: 貪慾에 눈이 먼 놀부는 제비의 다리를 일부러 부러뜨렸습니다.

胎氣 (태기)

- **훈·음**: 아이밸 **태**, 기운 **기**
- **풀이**: 아이를 밴 기미
- **쓰임**: 음식 냄새를 맡고 헛구역질을 하는 며느리를 본 시어머니께서는 胎氣가 분명하다고 말씀하셨습니다.

PART 02 교과서 한자어 익히기

太陽曆 (태양력)
- **훈·음**: 클 **태**, 볕 **양**, 책력 **력**
- **풀이**: 지구가 태양을 한 번 도는 시간을 일 년으로 삼는 달력
- **쓰임**: 太陽曆은 계절이 바뀌는 주기를 근거로 하여 만든 것으로, 1년을 365일, 4년마다 윤년을 두어 366일로 합니다.

颱風 (태풍)
- **훈·음**: 태풍 **태**, 바람 **풍**
- **풀이**: 북태평양 남서부에서 발생하여 동북아시아 내륙으로 불어 닥치는 폭풍우
- **쓰임**: 우리나라의 여름철 기후는 덥고 비가 많이 내리며 장마와 颱風이 발생합니다.

兎鼈歌 (토별가)
- **훈·음**: 토끼 **토**, 자라 **별**, 노래 **가**
- **풀이**: 수궁가의 다른 이름
- **쓰임**: 兎鼈歌는 판소리이고 토끼전은 소설이기 때문에, 내용 면에서 유사성이 있기는 하나 형식 면에서 차이를 보입니다.

堆積 (퇴적)
- **훈·음**: 쌓을 **퇴**, 쌓을 **적**
- **풀이**: 많이 덮쳐 쌓임
- **쓰임**: 육지 쪽으로 오목하게 들어간 지역에는 백사장과 같은 堆積 지형이 발달합니다.

透明 (투명)
- **훈·음**: 통할 **투**, 밝을 **명**
- **풀이**: 빛이 잘 통하여 속까지 환히 보임
- **쓰임**: 무지개는 서로 나란하지 않은 透明한 물체를 통과할 때 나타납니다.

特殊 (특수)

- **훈·음**: 특별할 **특**, 다를 **수**
- **풀이**: 특별히 다름
- **쓰임**: 이번에 개봉한 영화는 特殊 효과를 많이 사용하여 작품의 완성도를 높였습니다.

罷市 (파시)

- **훈·음**: 파할 **파**, 시장 **시**
- **풀이**: 중국에서, 도시의 상인이 일제히 가게를 닫고 매매를 중지하는 일
- **쓰임**: 늦은 밤 그녀는 해변에 나갔지만, 罷市처럼 쓸쓸하고 한적하기만 하여 그냥 돌아왔습니다.

把握 (파악)

- **훈·음**: 잡을 **파**, 잡을 **악**
- **풀이**: 어떤 대상의 내용이나 본질을 확실하게 이해하여 앎
- **쓰임**: 지도의 기호가 나타내는 뜻을 알아 두면 지도 상에 표현된 지리적 현상들을 쉽게 把握할 수 있습니다.

播種 (파종)

- **훈·음**: 뿌릴 **파**, 씨 **종**
- **풀이**: 논밭에 곡식의 씨앗을 뿌림
- **쓰임**: 초가을은 밀이나 일부 품종의 무 播種에 알맞은 계절입니다.

覇權 (패권)

- **훈·음**: 으뜸 **패**, 권세 **권**
- **풀이**: 어떤 분야에서 우두머리나 으뜸의 자리를 차지하여 누리는 공인된 권리와 힘
- **쓰임**: 최근 중국이 동북아시아의 새로운 覇權 국가로 등장하고 있습니다.

偏西風 편서풍

- **훈·음**: 치우칠 **편**, 서녘 **서**, 바람 **풍**
- **풀이**: 중위도 지방의 상공을 서쪽에서 동쪽으로 약간 쏠려 부는 바람
- **쓰임**: 북반구와 남반구의 중위도 지역에는 대서양에서 偏西風이 불어 우리나라에 대륙성 기후가 나타납니다.

編輯 편집

- **훈·음**: 엮을 **편**, 모을 **집**
- **풀이**: 일정한 방침 아래 여러 가지 재료를 모아 신문, 잡지, 책 따위를 만드는 일
- **쓰임**: 영화의 일부 선정적인 장면들이 編輯 과정에서 삭제되었습니다.

平衡 평형

- **훈·음**: 평평할 **평**, 저울대 **형**
- **풀이**: 한 물체에 여러 힘이 작용하여도 힘이 작용하지 않는 것과 같은 상태
- **쓰임**: 고체와 액체가 平衡 상태를 이루는 점을 빙점이라 합니다.

廢鑛 폐광

- **훈·음**: 폐할 **폐**, 쇠돌 **광**
- **풀이**: 광산에서 광물을 캐내는 일을 중지함, 또는 그 광산
- **쓰임**: 廢鑛 지역을 문화와 예술 공간으로 개발하여 그 지역의 삶을 풍성하게 만들고 있습니다.

幣帛 폐백

- **훈·음**: 폐백 **폐**, 비단 **백**
- **풀이**: 신부가 처음으로 시부모를 뵐 때 큰절을 하고 올리는 물건
- **쓰임**: 幣帛 인사는 부모님께 효도하고 자식을 많이 낳아서 후손을 번성시키겠다는 약속과 다짐을 하는 자리입니다.

PART 02 교과서 한자어 익히기

弊社 (폐사)
- 훈·음: 해질 **폐**, 모일 **사**
- 풀이: 말하는 이가 자기 회사를 낮추어 이르는 말
- 쓰임: 弊社는 정부의 모든 안전 규정에 합격하였고, 운영해 오면서 산업 사고도 일어난 적이 없습니다.

抛棄 (포기)
- 훈·음: 던질 **포**, 버릴 **기**
- 풀이: 하려던 일을 도중에 그만두어 버림. 자기의 권리나 자격, 물건 따위를 내던져 버림
- 쓰임: 사람들은 행운을 잡기 위해 행복을 抛棄하는 어리석은 행동을 하는 경우가 종종 있습니다.

葡萄糖 (포도당)
- 훈·음: 포도 **포**, 포도 **도**, 엿 **당**
- 풀이: 단당류의 한 가지
- 쓰임: 葡萄糖은 몸에 당분이 결핍되었을 때 피로 회복에 도움이 됩니다.

捕虜 (포로)
- 훈·음: 사로잡을 **포**, 포로 **로**
- 풀이: 사로잡은 적
- 쓰임: 전쟁 捕虜들은 잔혹한 방법으로 고문당하며 비인간적이고 굴욕적인 취급을 받았습니다.

飽和 (포화)
- 훈·음: 배부를 **포**, 화할 **화**
- 풀이: 더할 수 없는 양에 이르러 가득 찬 상태
- 쓰임: 물고기 기름이 동물의 지방보다 飽和도가 낮습니다.

PART 02 교과서 한자어 익히기

標準語 (표준어)

훈·음: 표할 표, 법도 준, 말씀 어

풀이: 교육적·문화적인 편의를 위하여 한 나라의 표준이 되게 정한 말

쓰임: 標準語는 입말로서의 한국어에 대한 규정이고, 한국어를 글로 적는 경우의 한글 맞춤법 규정과는 별도의 규정입니다.

瑕疵 (하자)

훈·음: 티 하, 흠 자

풀이: '옥의 얼룩진 흔적'이라는 뜻으로, '흠'을 이르는 말. 법률 또는 당사자가 예기한 상태나 성질이 결여되어 있는 일

쓰임: 그 제품은 보기에 아무 瑕疵가 없어 보였지만 실제로는 쓸모가 없었습니다.

虐待 (학대)

훈·음: 사나울 학, 기다릴 대

풀이: 몹시 괴롭히거나 가혹하게 대우함

쓰임: 우리나라의 아동 虐待 사례는 2000년 보건 복지부가 전국적인 아동 학대 예방 캠페인을 시작한 이래로 해마다 계속해서 감소하고 있습니다.

旱魃 (한발)

훈·음: 가물 한, 가물 발

풀이: 가뭄. 오래도록 비가 내리지 않는 상태

쓰임: 오랜 旱魃로 올해 농사는 흉작이 되었습니다.

函數 (함수)

훈·음: 함 함, 셀 수

풀이: 두 변수 x와 y 사이에, x의 값이 정해짐에 따라 y의 값이 정해지는 관계에서 x에 대하여 y를 이르는 말

쓰임: 函數는 어떤 것이 다른 것에 비해 다양한 변화를 얻는지를 탐구하는 것입니다.

含蓄 함축
- 훈·음: 머금을 **함**, 쌓을 **축**
- 풀이: 풍부한 내용이나 깊은 뜻이 들어 있음
- 쓰임: 含蓄은 뜻을 내포하고, 상징은 내포된 뜻을 전달하는 매개가 됩니다.

巷說 항설
- 훈·음: 거리 **항**, 말씀 **설**
- 풀이: 항간에서 사람들 사이에 떠도는 이야기
- 쓰임: 이상 기후로 지구에 재앙이 닥칠 것이라는 등 갖가지 巷說이 분분합니다.

亢星 항성
- 훈·음: 별이름 **항**, 별 **성**
- 풀이: 이십팔수의 하나로, 동쪽의 둘째 별자리
- 쓰임: 亢星은 이십팔수의 둘째 별자리에 있는 별들을 뜻합니다.

解夢 해몽
- 훈·음: 풀 **해**, 꿈 **몽**
- 풀이: 꿈에 나타난 일을 풀어서 좋고 나쁨을 판단함
- 쓰임: 우리나라 속담에 "꿈보다 解夢이 좋다."라는 말이 있듯이 흉몽보다는 길몽으로 풀이하는 경향이 많습니다.

解剖 해부
- 훈·음: 풀 **해**, 쪼갤 **부**
- 풀이: 생물체를 절개하여 내부를 조사하는 일
- 쓰임: 생물 시간에 학생들은 마취된 개구리를 解剖했습니다.

PART 02 교과서 한자어 익히기

核
핵

- 훈·음: 핵 **핵**
- 풀이: 중심이 되는 것. 원자핵
- 쓰임: 核은 세포의 생명 활동을 조절하고 통제하는 역할을 합니다.

許諾
허락

- 훈·음: 허락할 **허**, 허락할 **낙(락)**
- 풀이: 청하는 일을 하도록 들어줌
- 쓰임: 축구는 경기장 내에서 오직 골키퍼만이 손을 사용하도록 許諾됩니다.

穴居
혈거

- 훈·음: 구멍 **혈**, 살 **거**
- 풀이: 동굴 속에서 삶
- 쓰임: 옛날 사람들은 어패류나 짐승을 잡아먹고, 짐승의 털가죽을 입었으며, 穴居 생활을 하였습니다.

螢雪
형설

- 훈·음: 반딧불 **형**, 눈 **설**
- 풀이: 고생하면서도 꾸준히 학문을 닦음
- 쓰임: 우리 역사에는 螢雪의 공을 세워 크게 이름을 남긴 인물들이 많습니다.

胡亂
호란

- 훈·음: 오랑캐 **호**, 어지러울 **란**
- 풀이: 호인(胡人)들이 일으킨 난리
- 쓰임: 조선 시대에 두 차례의 胡亂을 거치면서 백성의 생활이 어려워졌습니다.

酷寒 혹한

훈·음: 독할 **혹**, 찰 **한**

풀이: 몹시 심한 추위

쓰임: 원정대는 酷寒과 눈보라를 뚫고 마침내 남극점에 도달했습니다.

魂魄 혼백

훈·음: 넋 **혼**, 넋 **백**

풀이: 넋. 정신이나 마음

쓰임: 魂魄이란 구름처럼 자유스럽게 떠다니는 영혼은 하늘로 돌아가고, 뼈에 깃든 넋은 땅으로 돌아간다는 옛사람들의 사후 세계에 대한 관념이 녹아든 말입니다.

混濁 혼탁

훈·음: 섞일 **혼**, 흐릴 **탁**

풀이: 불순물이 섞이어 깨끗하지 못하고 흐림. 정치, 도덕 따위 사회적 현상이 어지럽고 깨끗하지 못함

쓰임: 선거 유세가 막판으로 치달으면서 선거 운동은 混濁 양상을 보이고 있습니다.

忽然 홀연

훈·음: 갑자기 **홀**, 그럴 **연**

풀이: 뜻하지 아니하게 갑자기

쓰임: 방패연은 진눈깨비 세찬 바람에 실려 忽然 공중 어디론가 사라져 버렸습니다.

洪水 홍수

훈·음: 넓을 **홍**, 물 **수**

풀이: 큰 물. 비가 많이 와서 하천이 넘치거나 땅이 물에 잠기게 된 상태

쓰임: 洪水는 토양을 운반하는 이로운 점이 있지만, 강가에 사는 사람들의 삶을 폐허로 만드는 해로운 점도 있습니다.

PART 02 교과서 한자어 익히기

華燭 화촉

- 훈·음: 빛날 **화**, 촛불 **촉**
- 풀이: 빛깔을 들인 밀초
- 쓰임: 붉은 초에 흰 불이 타들어가는 모습이 아름다워 華燭은 결혼을 뜻하는 말로 쓰이게 되었습니다.

擴大 확대

- 훈·음: 넓힐 **확**, 큰 **대**
- 풀이: 늘여서 크게 함
- 쓰임: 현미경을 이용하면 접안렌즈의 배율과 대물렌즈의 배율을 곱한 값만큼 擴大된 상을 관찰할 수 있습니다.

還穀 환곡

- 훈·음: 돌아올 **환**, 곡식 **곡**
- 풀이: 조선 시대 백성에게 봄에 꾸어 주고 가을에 이자를 붙여 받아들이던 관청의 곡식
- 쓰임: 還穀이란 빈민 구제를 목적으로 평상시에 양곡을 저장하였다가 흉년이나 춘궁기에 대여하고 추수 후에 회수하던 곡식입니다.

幻想 환상

- 훈·음: 허깨비 **환**, 생각 **상**
- 풀이: 현실적인 기초나 가능성이 없는 헛된 생각이나 공상
- 쓰임: 사람은 누구나 복권에 1등으로 당첨될 것이라는 幻想을 가지고 있습니다.

闊葉 활엽

- 훈·음: 넓을 **활**, 잎 **엽**
- 풀이: 넓고 큰 잎사귀
- 쓰임: 진달래 과에 속하는 상록 闊葉 관목인 만병초는 열매와 잎에 모든 병을 낫게 하는 약효가 있다 하여 붙여진 이름입니다.

回顧 회고
- 훈·음: 돌아올 **회**, 돌아볼 **고**
- 풀이: 지나간 일을 돌이켜 생각함
- 쓰임: 할머니께서는 전쟁 당시를 回顧하며 눈물을 흘리셨습니다.

膾炙 회자
- 훈·음: 회 **회**, 고기구울 **자**
- 풀이: 칭찬을 받으며 사람의 입에 자주 오르내림을 이르는 말
- 쓰임: 세종 대왕의 업적은 아직도 많은 사람의 입에 膾炙되고 있습니다.

獲得 획득
- 훈·음: 사로잡을 **획**, 얻을 **득**
- 풀이: 얻어내거나 얻어 가짐
- 쓰임: 재능은 개인이 타고난 능력과 훈련에 의하여 獲得된 능력을 아울러 이르는 말입니다.

嚆矢 효시
- 훈·음: 울릴 **효**, 화살 **시**
- 풀이: 어떤 사물이나 현상이 시작되어 나온 맨 처음을 비유적으로 이르는 말
- 쓰임: 상춘곡(賞春曲)은 문헌 기록으로 남은 가사 문학 작품의 嚆矢입니다.

勳章 훈장
- 훈·음: 공 **훈**, 글 **장**
- 풀이: 나라에 크게 공헌한 사람에게 그 공로를 기리기 위하여 나라에서 주는 휘장
- 쓰임: 조직폭력배들을 일망타진한 경찰들은 1계급 특진과 함께 勳章을 받았습니다.

PART 02 교과서 한자어 익히기

毀損 훼손
- **훈·음**: 헐 훼, 덜 손
- **풀이**: 체면이나 명예를 손상함
- **쓰임**: 선수들은 毀損된 팀의 이미지를 바꾸기 위해 경기에 총력을 기울였습니다.

休憩 휴게
- **훈·음**: 쉴 휴, 쉴 게
- **풀이**: 어떤 일을 하다가 잠깐 동안 쉼
- **쓰임**: 근로 기준법에 의하면 사용자는 30분 이상의 休憩 시간을 근로 시간 도중에 주어야 하며, 휴식 시간은 근로자가 자유로이 이용할 수 있다고 규정하고 있습니다.

戱曲 희곡
- **훈·음**: 희롱할 희, 굽을 곡
- **풀이**: 상연을 목적으로 쓰인 연극의 대본
- **쓰임**: 戱曲은 무대 상연을 전제로 하는 문학 장르입니다.

戱弄 희롱
- **훈·음**: 희롱할 희, 희롱 롱
- **풀이**: 말이나 행동으로 실없이 놀림
- **쓰임**: 동네 불량배들이 길을 가는 여자에게 戱弄을 걸고 있습니다.

犧牲 희생
- **훈·음**: 희생 희, 희생 생
- **풀이**: 다른 사람이나 어떤 목적을 위하여 자신의 목숨, 재산, 명예, 이익 따위를 바치거나 버림
- **쓰임**: 브레이크 파열에 의한 교통사고로 많은 사람이 犧牲되었습니다.

稀少
희소

- 훈·음: 드물 **희**, 적을 **소**
- 풀이: 드물고 적음
- 쓰임: 한때 稀少 상품이었던 석유가 이제는 비교적 싼 가격에 쉽게 살 수 있습니다.

PART 03 한자성어 익히기

한자성어를 이루고 있는 각 한자들의 훈·음을 알아봅니다. 뜻과 독음을 읽고, 바르게 익힙니다.

각 골 난 망
刻骨難忘
새길 **각** / 뼈 **골** / 어려울 **난** / 잊을 **망**

'뼈에 새기도록 은혜를 잊지 않는다.'라는 뜻으로, 입은 은혜에 대한 고마움이 뼈에 사무쳐 결코 잊혀지지 아니함을 이르는 말

격 물 치 지
格物致知
격식 **격** / 물건 **물** / 이를 **치** / 알 **지**

'사물의 이치를 연구하여 앎에 이른다.'라는 뜻으로, 사물의 이치를 연구하여 지식과 지혜를 얻고 올바른 판단력을 기르는 것을 이르는 말

결 자 해 지
結者解之
맺을 **결** / 놈 **자** / 풀 **해** / 갈 **지**

'맺은 사람이 그것을 풀어야 한다.'라는 뜻으로, 일을 벌인 사람이 책임지고 그 일을 마무리해야 함을 이르는 말

경 국 지 색
傾國之色
기울 **경** / 나라 **국** / 갈 **지** / 빛 **색**

'임금을 혹하게 하여 나라가 기울어져도 모를 정도의 미인'이라는 뜻으로, 뛰어나게 아름다운 미인을 이르는 말

경 이 원 지
敬而遠之
공경할 **경** / 말이을 **이** / 멀 **원** / 갈 **지**

'공경하면서도 그를 멀리한다.'라는 뜻으로, 겉으로는 공경하는 체하면서 실제로는 꺼려 멀리함을 이르는 말

鷄卵有骨
닭 계 / 알 란 / 있을 유 / 뼈 골

계란유골
'달걀에도 뼈가 있다.' 라는 뜻으로, 운수가 나쁜 사람은 모처럼 좋은 기회를 만나도 역시 일이 잘 안 됨을 이르는 말

孤立無援
외로울 고 / 설 립 / 없을 무 / 도울 원

고립무원
'외로이 서 있어서 도와줄 사람이 없다.' 라는 뜻으로, 고립되어 구원을 받을 데가 없음을 이르는 말

姑息之計
시어미 고 / 숨쉴 식 / 갈 지 / 셀 계

고식지계
'잠시 쉬는 계책' 이라는 뜻으로, 당장의 편한 것만을 취하는 계책 또는 임시방편으로 내는 즉흥적인 계책을 이르는 말

苦肉之策
괴로울 고 / 고기 육 / 갈 지 / 꾀 책

고육지책
'자신의 몸을 괴롭게 하여 내는 꾀' 라는 뜻으로, 적을 속이기 위해 자신의 괴로움을 무릅쓰고 꾸미는 계책을 이르는 말. = 고육지계(苦肉之計)

苦盡甘來
괴로울 고 / 다할 진 / 달 감 / 올 래

고진감래
'쓴 것이 다하면 단 것이 온다.' 라는 뜻으로, 고생 끝에 즐거움이 옴을 이르는 말

PART 03 한자성어 익히기

過猶不及
지날 과 / 같을 유 / 아니 불 / 미칠 급

과유불급
'지나친 것은 미치지 못한 것과 같다.'라는 뜻으로, 중용이 중요함을 이르는 말

群盲評象
무리 군 / 눈멀 맹 / 평론할 평 / 코끼리 상

군맹평상
'여러 맹인들이 코끼리를 평한다.'라는 뜻으로, 좁은 소견과 주관으로 사물을 잘못 판단함을 이르는 말. 장님 코끼리 더듬기. = 군맹무상(群盲撫象)

克己復禮
이길 극 / 몸 기 / 돌아올 복 / 예도 례

극기복례
'자신을 이기고 예로 돌아간다.'라는 뜻으로, 자신의 지나친 욕심을 누르고 예의범절을 좇음을 이르는 말

近墨者黑
가까울 근 / 먹 묵 / 놈 자 / 검을 흑

근묵자흑
'먹을 가까이 하는 사람은 검어진다.'라는 뜻으로, 나쁜 사람과 가까이 지내면 나쁜 버릇에 물들기 쉬움을 비유하여 이르는 말

金石盟約
쇠 금 / 돌 석 / 맹세 맹 / 맺을 약

금석맹약
'쇠나 돌처럼 단단하고 굳은 맹세와 약속'이라는 뜻으로, 쇠나 돌처럼 굳고 변함없는 약속을 이르는 말

金字塔
쇠 금 / 글자 자 / 탑 탑

금 자 탑
'金 자 모양의 탑'이라는 뜻으로, 피라미드 또는 길이 후세에 남을 뛰어난 업적을 비유적으로 이르는 말

金枝玉葉
쇠 금 / 가지 지 / 구슬 옥 / 잎 엽

금 지 옥 엽
'금으로 된 가지와 옥으로 된 잎'이라는 뜻으로, 임금의 가족 또는 귀한 자손을 이르는 말

氣高萬丈
기운 기 / 높을 고 / 일만 만 / 어른 장

기 고 만 장
'기운의 높이가 매우 높다.'라는 뜻으로, 일이 뜻대로 잘 되어 기세가 대단함 또는 펄펄 뛸 만큼 몹시 성이 남을 이르는 말

奇想天外
기이할 기 / 생각 상 / 하늘 천 / 바깥 외

기 상 천 외
'기이한 생각이 하늘의 바깥에까지 미친다.'라는 뜻으로, 생각이 기발하고 엉뚱함을 이르는 말

難攻不落
어려울 난 / 칠 공 / 아니 불 / 떨어질 락

난 공 불 락
'공격하기 어려워 함락되지 않는다.'라는 뜻으로, 장애물이 견고해서 일을 이루기 어려움을 이르는 말

PART 03 한자성어 익히기

內憂外患
안 내 / 근심 우 / 바깥 외 / 근심 환

내 우 외 환
'내부에서 일어나는 근심과 외부로부터 받는 근심'이라는 뜻으로, 나라 안팎의 근심거리를 이르는 말

老馬之智
늙을 로(노) / 말 마 / 갈 지 / 지혜 지

노 마 지 지
'늙은 말의 지혜'라는 뜻으로, 아무리 하찮은 것일지라도 저마다 장기나 장점을 지니고 있음 또는 경험을 쌓은 사람이 갖춘 지혜를 이르는 말

斷金之交
끊을 단 / 쇠 금 / 갈 지 / 사귈 교

단 금 지 교
'쇠를 자를 만큼 굳고 두터운 사귐'이라는 뜻으로, 친구 간의 우정이 매우 두터움을 이르는 말. = 금란지계(金蘭之契)

大驚失色
큰 대 / 놀랄 경 / 잃을 실 / 빛 색

대 경 실 색
'몹시 놀라 원래의 얼굴빛을 잃어버리고 하얗게 변한다.'라는 뜻으로, 몹시 놀람을 이르는 말

大器晩成
큰 대 / 그릇 기 / 늦을 만 / 이룰 성

대 기 만 성
'큰 그릇은 늦게 이루어진다.'라는 뜻으로, 크게 될 인물은 늦게 이루어짐 또는 나이가 들어서 성공함을 이르는 말

東奔西走
동녘 **동** / 달릴 **분** / 서녘 **서** / 달릴 **주**

동분서주
'동쪽으로 달리고 서쪽으로 달린다.'라는 뜻으로, 여기저기 몹시 바쁘게 돌아다님을 이르는 말

得意揚揚
얻을 **득** / 뜻 **의** / 날릴 **양** / 날릴 **양**

득의양양
'뜻을 얻어서 기분이 썩 좋다.'라는 뜻으로, 뜻한 바를 이루어 우쭐거리며 뽐내는 모양을 이르는 말

登龍門
오를 **등** / 용 **룡(용)** / 문 **문**

등용문
'용문(龍門)에 오른다.'라는 뜻으로, 입신출세를 하기 위한 어려운 관문을 이르는 말

莫上莫下
없을 **막** / 위 **상** / 없을 **막** / 아래 **하**

막상막하
'위도 없고 아래도 없다.'라는 뜻으로, 실력의 차이가 거의 없음을 이르는 말

萬事亨通
일만 **만** / 일 **사** / 형통할 **형** / 통할 **통**

만사형통
'모든 일이 뜻하는 대로 두루두루 잘된다.'라는 뜻으로, 모든 것이 뜻하는 대로 잘 이루어짐을 이르는 말

PART 03 한자성어 익히기

孟母斷機
맏 맹 / 어머니 모 / 끊을 단 / 베틀 기

맹모단기
'맹자의 어머니가 베틀의 실을 끊었다.'라는 뜻으로, 학업을 중도에서 그만두면 아무 쓸모가 없음을 이르는 말

面從腹背
낯 면 / 좇을 종 / 배 복 / 등 배

면종복배
'겉으로는 복종하나 속으로는 배반한다.'라는 뜻으로, 겉과 속이 다름을 이르는 말

目不識丁
눈 목 / 아니 불 / 알 식 / 장정 정

목불식정
'눈으로 丁 자를 알지 못한다.'라는 뜻으로, 아주 어리석고 무식함을 이르는 말. 낫 놓고 ㄱ 자도 모른다.

無病長壽
없을 무 / 병 병 / 긴 장 / 목숨 수

무병장수
'병 없이 오래 산다.'라는 뜻으로, 보통 나이 드신 어른에게 기원의 말로 쓰임

尾生之信
꼬리 미 / 날 생 / 갈 지 / 믿을 신

미생지신
'미생(尾生)이라는 사람의 믿음'이라는 뜻으로, 미련하도록 약속을 굳게 지킴 또는 고지식하여 융통성이 없음을 이르는 말

博覽强記
넓을 박 / 볼 람 / 강할 강 / 기록할 기

박 람 강 기
'넓게 보고 잘 기억한다.' 라는 뜻으로, 여러 가지의 책을 널리 많이 읽고 기억을 잘함을 이르는 말

博學多識
넓을 박 / 배울 학 / 많을 다 / 알 식

박 학 다 식
'학식이 넓고 아는 것이 많다.' 라는 뜻으로, 모르는 것이 없음을 이르는 말

背恩忘德
등 배 / 은혜 은 / 잊을 망 / 덕 덕

배 은 망 덕
'은혜를 등지고 덕을 잊어버린다.' 라는 뜻으로, 남에게 입은 은덕을 저버리고 배신함을 이르는 말

富貴榮華
부자 부 / 귀할 귀 / 영화 영 / 빛날 화

부 귀 영 화
'부자이면서도 귀하고 영화롭다.' 라는 뜻으로, 부귀와 영화를 마음껏 누림을 이르는 말

不可思議
아니 불 / 옳을 가 / 생각 사 / 의논할 의

불 가 사 의
'생각하거나 의논해 볼 수 없다.' 라는 뜻으로, 사람의 생각으로는 미루어 알 수 없는 이상야릇함을 이르는 말

PART 03 한자성어 익히기

不恥下問
아니 **불** / 부끄러울 **치** / 아래 **하** / 물을 **문**

불 치 하 문
'아랫사람에게 묻기를 부끄러워하지 않는다.' 라는 뜻으로, 손아랫사람이나 지위나 학식이 자기만 못한 사람에게 묻는 것을 부끄러워하지 아니함 또는 배울 때의 겸허한 자세를 이르는 말

氷姿玉質
얼음 **빙** / 맵시 **자** / 구슬 **옥** / 바탕 **질**

빙 자 옥 질
'얼음같이 맑고 고운 모습과 구슬같이 아름다운 자질' 이라는 뜻으로, 매화를 상징하여 이르는 말

氷炭之間
얼음 **빙** / 숯 **탄** / 갈 **지** / 사이 **간**

빙 탄 지 간
'얼음과 숯의 사이' 라는 뜻으로, 둘이 서로 어긋나 맞지 않는 사이나 서로 화합할 수 없는 사이를 이르는 말

捨生取義
버릴 **사** / 날 **생** / 가질 **취** / 옳을 **의**

사 생 취 의
'목숨을 버리고 의를 좇는다.' 라는 뜻으로, 목숨을 버릴지언정 옳은 일을 함을 이르는 말

事必歸正
일 **사** / 반드시 **필** / 돌아갈 **귀** / 바를 **정**

사 필 귀 정
'모든 일은 반드시 바른 길로 돌아간다.' 라는 뜻으로, 원인에 따라서 결과가 생김을 이르는 말

山海珍味
메 산 / 바다 해 / 보배 진 / 맛 미

산해진미
'산과 바다에서 나는 진귀한 음식'이라는 뜻으로, 맛이 좋고 푸짐하게 차린 음식을 이르는 말

殺身成仁
죽일 살 / 몸 신 / 이룰 성 / 어질 인

살신성인
'자기 몸을 희생하여 인(仁)을 이룬다.'라는 뜻으로, 옳은 일을 위해 목숨을 바침을 이르는 말

三人成虎
석 삼 / 사람 인 / 이룰 성 / 범 호

삼인성호
'세 사람이면 호랑이도 만든다.'라는 뜻으로, 거짓말이라도 여러 사람이 말하면 참말로 들음을 이르는 말

雪上加霜
눈 설 / 위 상 / 더할 가 / 서리 상

설상가상
'눈 위에 서리를 더한다.'라는 뜻으로, 난처한 일이나 불행한 일이 잇달아 일어남을 이르는 말

束手無策
묶을 속 / 손 수 / 없을 무 / 꾀 책

속수무책
'손이 묶여 아무런 대책이 없다.'라는 뜻으로, 어찌할 도리가 없어 꼼짝 못함을 이르는 말

PART 03 한자성어 익히기

送舊迎新
보낼 송 / 옛 구 / 맞이할 영 / 새로울 신

송구영신
'옛것을 보내고 새것을 맞이한다.'라는 뜻으로, 묵은해를 보내고 새해를 맞이함을 이르는 말

水魚之交
물 수 / 물고기 어 / 갈 지 / 사귈 교

수어지교
'물과 물고기의 사귐'이라는 뜻으로, 매우 친밀하여 떨어질 수 없는 사이를 비유하여 이르는 말

識字憂患
알 식 / 글자 자 / 근심 우 / 근심 환

식자우환
'아는 글자가 근심이 된다.'라는 뜻으로, 학식이 있는 것이 오히려 근심을 사게 됨을 이르는 말. 아는 것이 병이다.

信賞必罰
믿을 신 / 상줄 상 / 반드시 필 / 벌할 벌

신상필벌
'공이 있는 자에게는 상을 주고, 죄가 있는 사람에게는 반드시 벌을 준다.'라는 뜻으로, 상과 벌을 공정하고 엄중하게 함을 이르는 말

心機一轉
마음 심 / 베틀 기 / 한 일 / 구를 전

심기일전
'마음과 동기를 완전히 바꾼다.'라는 뜻으로, 지금까지 품었던 생각과 자세를 완전히 바꿈을 이르는 말

深思熟考
깊을 심 / 생각 사 / 익을 숙 / 상고할 고

심사숙고
'깊이 생각하고 오래 생각한다.'라는 뜻으로, 곰곰이 따져 사려 깊게 처신함을 이르는 말

我田引水
나 아 / 밭 전 / 끌 인 / 물 수

아전인수
'제 논에 물 대기'라는 뜻으로, 자기에게만 이롭게 되도록 생각하거나 행동함을 이르는 말

惡戰苦鬪
악할 악 / 싸움 전 / 괴로울 고 / 싸울 투

악전고투
'모질게 싸우고 힘들게 싸운다.'라는 뜻으로, 어려운 상황에서 매우 노력함을 비유하여 이르는 말

養虎遺患
기를 양 / 범 호 / 남길 유 / 근심 환

양호유환
'범을 길러서 근심을 남긴다.'라는 뜻으로, 화근이 될 것을 길러서 후환을 당하게 됨을 이르는 말

如履薄氷
같을 여 / 밟을 리 / 엷을 박 / 얼음 빙

여리박빙
'살얼음을 밟는 것과 같다.'라는 뜻으로, 매우 위험하고 위태로운 상황 또는 몹시 위험하여 조심해야 함을 이르는 말

PART 03 한자성어 익히기

易地思之
바꿀 역 / 땅 지 / 생각 사 / 갈 지

역 지 사 지
'처지를 바꾸어 그것을 생각한다.' 라는 뜻으로, 어떤 일을 상대방의 입장에서 생각해 봄을 이르는 말

緣木求魚
인연 연 / 나무 목 / 구할 구 / 물고기 어

연 목 구 어
'나무에 올라 물고기를 구한다.' 라는 뜻으로, 도저히 불가능한 일을 억지로 하려 함을 비유하여 이르는 말

炎凉世態
불꽃 염 / 서늘할 량 / 세상 세 / 모양 태

염 량 세 태
'따뜻하면 붙고 서늘하면 버리는 세상의 태도' 라는 뜻으로, 세력이 있을 때에는 좇고 세력이 없어지면 버리는 세상의 인심을 비유하여 이르는 말

烏飛梨落
까마귀 오 / 날 비 / 배 리(이) / 떨어질 락

오 비 이 락
'까마귀 날자 배 떨어진다.' 라는 뜻으로, 일이 공교롭게도 동시에 일어나 남에게 의심을 받게 됨을 이르는 말

烏合之卒
까마귀 오 / 합할 합 / 갈 지 / 군사 졸

오 합 지 졸
'까마귀가 모인 것처럼 질서가 없이 모인 군사' 라는 뜻으로, 임시로 모여들어서 규율이 없고 무질서한 병졸 또는 군중을 이르는 말

愚公移山
어리석을 **우** / 공변될 **공** / 옮길 **이** / 메 **산**

우공이산
'우공이 산을 옮긴다.'라는 뜻으로, 어떤 일이든 끊임없이 노력하면 반드시 이루어짐을 이르는 말

流芳百世
흐를 **류(유)** / 꽃다울 **방** / 일백 **백** / 세상 **세**

유방백세
'꽃다운 향기가 백세에 널리 알려진다.'라는 뜻으로, 명예로운 이름을 후세에 길이 남김을 이르는 말

優柔不斷
넉넉할 **우** / 부드러울 **유** / 아니 **불(부)** / 끊을 **단**

우유부단
'너무 부드러워 결단을 내리지 못한다.'라는 뜻으로, 어물어물 망설이기만 하고 결단성이 없음을 이르는 말

類類相從
무리 **류(유)** / 무리 **류(유)** / 서로 **상** / 좇을 **종**

유유상종
'같은 무리끼리 서로 따른다.'라는 뜻으로, 성격이나 처지가 비슷한 사람끼리 서로 어울림을 이르는 말

以卵投石
써 **이** / 알 **란** / 던질 **투** / 돌 **석**

이란투석
'달걀로 돌을 친다.'라는 뜻으로, 아주 약한 것으로 강한 것에 대항하려는 어리석음을 비유하여 이르는 말. 계란으로 바위 치기.

PART 03 한자성어 익히기

利用厚生
이로울 리(이) / 쓸 용 / 두터울 후 / 날 생

이용후생
'쓰임새를 이롭게 하며 삶을 윤택하게 한다.'라는 뜻으로, 국민의 생활을 나아지게 함을 이르는 말

仁者無敵
어질 인 / 놈 자 / 없을 무 / 원수 적

인자무적
'어진 사람은 적이 없다.'라는 뜻으로, 어진 사람은 모든 사람이 사랑하므로 세상에 적이 없음을 이르는 말

人之常情
사람 인 / 갈 지 / 항상 상 / 뜻 정

인지상정
'사람이면 누구나 가지는 보통의 마음'이라는 뜻으로, 사람이라면 공통적으로 가지고 있는 보통의 마음이나 생각을 이르는 말

一刻千金
한 일 / 새길 각 / 일천 천 / 쇠 금

일각천금
'일각이 천금'이라는 뜻으로, 매우 짧은 시간도 천금처럼 아깝고 귀중함을 이르는 말

日就月將
날 일 / 나아갈 취 / 달 월 / 장수 장

일취월장
'날로 나아가고 달로 나아간다.'라는 뜻으로, 학문이나 기량이 나날이 다달이 자라거나 발전함을 이르는 말

臨機應變
임할 림(임) / 베틀 기 / 응할 응 / 변할 변

임기응변

'어떤 경우에 임하여서도 변화에 응한다.' 라는 뜻으로, 그때그때의 사정을 보아 알맞고 적당하게 일을 처리하는 것을 이르는 말

臨戰無退
임할 림(임) / 싸움 전 / 없을 무 / 물러날 퇴

임전무퇴

'싸움에 임해서는 물러나지 말아야 한다.' 라는 뜻으로, 전쟁에 나아가서 물러나지 않음을 이르는 말. '세속 오계'의 하나

張三李四
베풀 장 / 석 삼 / 오얏 리(이) / 넉 사

장삼이사

'장 씨의 셋째 아들과 이 씨의 넷째 아들' 이라는 뜻으로, 이름이나 신분이 특별하지 아니한 평범한 사람들을 이르는 말. = 필부필부(匹夫匹婦), 갑남을녀(甲男乙女)

赤手空拳
붉을 적 / 손 수 / 빌 공 / 주먹 권

적수공권

'맨손과 맨주먹' 이라는 뜻으로, 아무것도 가진 것이 없음을 이르는 말

絕世佳人
끊을 절 / 세상 세 / 아름다울 가 / 사람 인

절세가인

'세상에 비할 데 없이 아름다운 여자' 라는 뜻으로, 세상에 견줄 만한 사람이 없을 정도로 뛰어나게 아름다운 여인을 이르는 말

PART 03 한자성어 익히기

頂門一針
정수리 정 / 문 문 / 한 일 / 바늘 침

정문일침
'정수리에 놓은 하나의 바늘'이라는 뜻으로, 따끔한 충고나 교훈을 이르는 말

朝令暮改
아침 조 / 하여금 령 / 저물 모 / 고칠 개

조령모개
'아침에 명령을 내렸다가 저녁에 다시 고친다.'라는 뜻으로, 법령을 자꾸 고쳐서 갈피를 잡기가 어려움을 이르는 말

種豆得豆
씨 종 / 콩 두 / 얻을 득 / 콩 두

종두득두
'콩을 심으면 콩을 얻는다.'라는 뜻으로, 어떤 원인이 있으면 그에 따른 결과가 옴을 이르는 말

衆口難防
무리 중 / 입 구 / 어려울 난 / 막을 방

중구난방
'여러 사람의 입은 막기가 어렵다.'라는 뜻으로, 많은 사람이 마구 떠들어대는 소리는 감당하기 어려움을 이르는 말

指鹿爲馬
손가락 지 / 사슴 록 / 할 위 / 말 마

지록위마
'사슴을 가리켜 말이라고 한다.'라는 뜻으로, 꾀를 부려 다른 사람을 농락하거나 권세를 부림을 이르는 말

指呼之間
손가락 **지** / 부를 **호** / 갈 **지** / 사이 **간**

지 호 지 간
'가리키고 부를 만한 사이'라는 뜻으로, 손짓하여 부를 만한 가까운 거리를 이르는 말

進退兩難
나아갈 **진** / 물러날 **퇴** / 두 **량(양)** / 어려울 **난**

진 퇴 양 난
'나아감과 물러남 두 가지가 모두 어렵다.'라는 뜻으로, 이러지도 저러지도 못하는 매우 난처한 처지를 이르는 말

天高馬肥
하늘 **천** / 높을 **고** / 말 **마** / 살찔 **비**

천 고 마 비
'하늘이 높고 말이 살찐다.'라는 뜻으로, 하늘이 맑고 모든 것이 풍성함을 이르는 말

天生緣分
하늘 **천** / 날 **생** / 인연 **연** / 나눌 **분**

천생연분
'하늘이 이어 준 연분'이라는 뜻으로, 어울리는 한 쌍의 부부를 이르는 말

天壤之差
하늘 **천** / 흙 **양** / 갈 **지** / 어긋날 **차**

천 양 지 차
'하늘과 땅 사이와 같이 엄청난 차이'라는 뜻으로, 사물이 서로 엄청나게 다름을 이르는 말

PART 03 한자성어 익히기

千篇一律
일천 천 / 책 편 / 한 일 / 법률

천편일률
'천 권의 책이 하나의 법과 같다.'라는 뜻으로, 모든 것이 획일적이어서 변화나 다양함이 없음을 이르는 말

鐵面皮
쇠 철 / 낯 면 / 가죽 피

철면피
'쇠로 만든 낯가죽'이라는 뜻으로, 뻔뻔스럽고 염치없는 사람을 이르는 말

初志一貫
처음 초 / 뜻 지 / 한 일 / 꿸 관

초지일관
'처음에 가진 뜻을 한결같이 꿰뚫는다.'라는 뜻으로, 처음에 세운 뜻을 끝까지 밀고 나감을 이르는 말

寸鐵殺人
마디 촌 / 쇠 철 / 죽일 살 / 사람 인

촌철살인
'한 치의 짧은 칼로 사람을 죽인다.'라는 뜻으로, 짧은 말로 다른 사람을 감동시킴 또는 남의 약점을 찌를 수 있음을 이르는 말

他山之石
다를 타 / 메 산 / 갈 지 / 돌 석

타산지석
'다른 산의 돌'이라는 뜻으로, 다른 사람의 하찮은 말과 행동도 자신의 지식과 덕을 닦는 데 도움이 될 수 있음을 이르는 말

卓上空論
높을 **탁** / 위 **상** / 빌 **공** / 논할 **론**

탁상공론
'탁자 위의 헛된 논의'라는 뜻으로, 실제적인 이용 가치도 없는 것을 둘러 앉아 의논함을 이르는 말

泰山北斗
클 **태** / 메 **산** / 북녘 **북** / 말 **두**

태산북두
'태산과 북두칠성'이라는 뜻으로, 세상 사람들로부터 존경을 받는 사람 또는 어떤 전문 분야에서의 권위자를 비유하여 이르는 말

泰然自若
클 **태** / 그럴 **연** / 스스로 **자** / 같을 **약**

태연자약
'태연하고 침착하여 조금도 마음이 동요되지 않는다.'라는 뜻으로, 마음에 어떠한 충동을 받아도 움직임이 없이 천연스러움을 이르는 말

快刀亂麻
쾌할 **쾌** / 칼 **도** / 어지러울 **란(난)** / 삼 **마**

쾌도난마
'잘 드는 칼로 마구 헝클어진 삼 가닥을 자른다.'라는 뜻으로, 어지럽게 뒤얽힌 사물을 강력한 힘으로 명쾌하게 처리함을 이르는 말

破竹之勢
깨뜨릴 **파** / 대 **죽** / 갈 **지** / 권세 **세**

파죽지세
'대나무를 쪼개는 기세'라는 뜻으로, 적을 거침없이 물리치고 쳐들어가는 기세를 이르는 말

PART 03 한자성어 익히기

抱腹絕倒
안을 포 / 배 복 / 끊을 절 / 넘어질 도

포복절도
'배를 안고 기절하듯이 넘어진다.' 라는 뜻으로, 배를 그러안고 넘어질 정도로 몹시 웃음을 이르는 말

匹夫之勇
짝 필 / 지아비 부 / 갈 지 / 날쌜 용

필부지용
'평범한 남자의 용기' 라는 뜻으로, 혈기만 믿고 함부로 덤비는 소인(小人)의 용기를 이르는 말

匹夫匹婦
짝 필 / 지아비 부 / 짝 필 / 지어미 부

필부필부
'한 명의 남자와 여자' 라는 뜻으로, 평범한 보통 사람을 이르는 말. = 갑남을녀(甲男乙女)

咸興差使
다 함 / 일어날 흥 / 어긋날 차 / 하여금 사

함흥차사
'함흥(咸興)으로 보낸 차사(差使)' 라는 뜻으로, 심부름을 가서 오지 않거나 늦게 온 사람을 이르는 말

虛張聲勢
빌 허 / 베풀 장 / 소리 성 / 권세 세

허장성세
'헛되이 목소리의 기세만 높인다.' 라는 뜻으로, 실속은 없으면서 큰소리치거나 허세를 부림을 이르는 말

弘益人間
클 홍 / 더할 익 / 사람 인 / 사이 간

홍익인간
'널리 인간 세계를 이롭게 한다.'라는 뜻으로, 단군왕검의 건국 이념을 이르는 말

花容月態
꽃 화 / 얼굴 용 / 달 월 / 모양 태

화용월태
'꽃같이 예쁜 얼굴과 달같이 고운 맵시'라는 뜻으로, 아름다운 여인의 용모와 자태를 이르는 말

會者定離
모일 회 / 놈 자 / 정할 정 / 떠날 리

회자정리
'만난 사람은 헤어짐이 정해져 있다.'라는 뜻으로, 만남이 있으면 헤어짐이 있기 마련임을 이르는 말

厚顔無恥
두터울 후 / 얼굴 안 / 없을 무 / 부끄러울 치

후안무치
'얼굴이 두꺼워 부끄러움이 없다.'라는 뜻으로, 뻔뻔스러워 부끄러움을 모름을 이르는 말

興盡悲來
일어날 흥 / 다할 진 / 슬플 비 / 올 래

흥진비래
'즐거운 일이 다하면 슬픈 일이 온다.'라는 뜻으로, 좋은 일과 궂은일은 돌고 돎을 이르는 말

음이 같은 한자 고르기

다음 [ ] 안의 한자와 음이 같은 한자는?

1. [恕] ① 署 ② 暇 ③ 雅 ④ 奴   　　1. ①
2. [契] ① 恥 ② 亞 ③ 械 ④ 置   　　2. ③
3. [被] ① 避 ② 髮 ③ 腦 ④ 架   　　3. ①
4. [蓮] ① 覺 ② 芳 ③ 茶 ④ 聯   　　4. ④
5. [姑] ① 餓 ② 稿 ③ 占 ④ 浸   　　5. ②
6. [照] ① 整 ② 條 ③ 侵 ④ 刻   　　6. ②
7. [寄] ① 畿 ② 岸 ③ 邦 ④ 淡   　　7. ①
8. [維] ① 姦 ② 擔 ③ 裕 ④ 妨   　　8. ③
9. [帶] ① 涯 ② 訂 ③ 稱 ④ 貸   　　9. ④
10. [郵] ① 愚 ② 刊 ③ 畓 ④ 額   　　10. ①
11. [演] ① 妥 ② 延 ③ 黨 ④ 繁   　　11. ②
12. [範] ① 壤 ② 樣 ③ 征 ④ 犯   　　12. ④
13. [頌] ① 訟 ② 倒 ③ 壁 ④ 彈   　　13. ①
14. [肥] ① 邊 ② 批 ③ 塔 ④ 傑   　　14. ②
15. [斯] ① 態 ② 辯 ③ 詐 ④ 劍   　　15. ③

뜻이 상대되는 한자 고르기

유형 2 객·관·식

❋ 다음 [ ] 안의 한자와 뜻이 상대(반대)되는 한자는?

1. [辱]	① 耐	② 返	③ 述	④ 榮	1. ④
2. [姑]	① 婦	② 揮	③ 値	④ 績	2. ①
3. [販]	① 買	② 測	③ 底	④ 旬	3. ①
4. [攻]	① 娘	② 欺	③ 守	④ 博	4. ③
5. [歡]	① 丈	② 哀	③ 抵	④ 巡	5. ②
6. [亂]	① 囚	② 治	③ 某	④ 企	6. ②
7. [賤]	① 弘	② 丸	③ 貴	④ 妾	7. ③
8. [離]	① 姿	② 宣	③ 着	④ 孟	8. ③
9. [薄]	① 姪	② 項	③ 吏	④ 厚	9. ④
10. [愚]	① 宜	② 斤	③ 賢	④ 索	10. ③
11. [複]	① 池	② 單	③ 浦	④ 孔	11. ②
12. [捨]	① 取	② 了	③ 卜	④ 征	12. ①
13. [臥]	① 占	② 茶	③ 系	④ 起	13. ④
14. [弔]	① 委	② 介	③ 畓	④ 慶	14. ④
15. [淺]	① 深	② 舟	③ 司	④ 邦	15. ①

뜻이 비슷한 한자 고르기

유형 3 객·관·식

❈ 다음 [ ] 안의 한자와 뜻이 비슷한 한자는?

1. [逸]　　①般　②安　③雅　④置
2. [覺]　　①籍　②髮　③悟　④腦
3. [昏]　　①暮　②恥　③芳　④餓
4. [黨]　　①浸　②隊　③刻　④淡
5. [態]　　①邦　②整　③稱　④姿
6. [戀]　　①慕　②亭　③訂　④妥
7. [欺]　　①涯　②詐　③擔　④繁
8. [範]　　①規　②妨　③姦　④講
9. [悠]　　①壞　②額　③遠　④廷
10. [批]　　①評　②濯　③距　④壁
11. [哲]　　①役　②齊　③彈　④明
12. [樣]　　①拒　②補　③態　④沿
13. [池]　　①條　②澤　③鬪　④缺
14. [較]　　①豚　②演　③座　④比
15. [賊]　　①株　②胞　③恭　④盜

1. ②
2. ③
3. ①
4. ②
5. ④
6. ①
7. ②
8. ①
9. ③
10. ①
11. ④
12. ③
13. ②
14. ④
15. ④

내용과 관련이 깊은 한자 고르기

최근 기출문제 유형을 분석하여 급수별 유형을 100% 반영

한자자격시험 대비
객·관·식 유형 4

❄ 다음 〈보기〉의 내용과 가장 관련이 깊은 한자는?

1. 〈보기〉 둑   방파제   제방
   ① 堤   ② 卜   ③ 辱   ④ 俊

2. 〈보기〉 불꽃   화산   화약
   ① 咸   ② 珍   ③ 爆   ④ 維

3. 〈보기〉 영지   송이   표고
   ① 奇   ② 孟   ③ 庶   ④ 菌

4. 〈보기〉 부의   상가   조문
   ① 斤   ② 弔   ③ 吏   ④ 負

5. 〈보기〉 자전거   바퀴   자동차
   ① 照   ② 妥   ③ 輪   ④ 映

6. 〈보기〉 목포   부산   인천
   ① 廷   ② 港   ③ 奴   ④ 刊

7. 〈보기〉 혈통   본관   조상
   ① 譜   ② 盜   ③ 妨   ④ 役

8. 〈보기〉 나루터   노   사공
   ① 周   ② 吐   ③ 池   ④ 舟

9. 〈보기〉 고사리   시금치   콩나물
   ① 委   ② 司   ③ 蔬   ④ 克

10. 〈보기〉 돌   회갑   칠순
    ① 宴   ② 妄   ③ 旬   ④ 丈

정답
1. ①
2. ③
3. ④
4. ②
5. ③
6. ②
7. ①
8. ④
9. ③
10. ①

한자어의 독음 고르기

유형 5 객·관·식

❋ 다음 [ ] 안 한자어의 독음이 바른 것은?

1. [推薦] ① 추진 ② 추대 ③ 추출 ④ 추천   1. ④
2. [激勵] ① 격분 ② 격려 ③ 격돌 ④ 우려   2. ②
3. [混濁] ① 혼탁 ② 혼란 ③ 곤촉 ④ 혹독   3. ①
4. [拉致] ① 납치 ② 설치 ③ 납도 ④ 입지   4. ①
5. [險惡] ① 포악 ② 혐오 ③ 발악 ④ 험악   5. ④
6. [蔑視] ① 경시 ② 멸시 ③ 천시 ④ 무시   6. ②
7. [赦免] ① 사면 ② 사역 ③ 직면 ④ 근면   7. ①
8. [耽溺] ① 은닉 ② 탐약 ③ 쇠약 ④ 탐닉   8. ④
9. [撒布] ① 배포 ② 산보 ③ 살보 ④ 살포   9. ④
10. [賃金] ① 차금 ② 임금 ③ 입금 ④ 대금   10. ②
11. [淚腺] ① 누설 ② 누선 ③ 누전 ④ 누락   11. ②
12. [衝突] ① 침투 ② 충돌 ③ 형평 ④ 충격   12. ②
13. [拙稿] ① 원고 ② 출고 ③ 초고 ④ 졸고   13. ④
14. [錯雜] ① 혼잡 ② 착취 ③ 착잡 ④ 번잡   14. ③
15. [根幹] ① 은한 ② 간근 ③ 근간 ④ 한간   15. ③

설명과 같은 한자어 고르기

※ 다음 설명과 같은 뜻을 지닌 한자어는?

1. 임금이 특정인에게 훈계나 알릴 내용을 적은 글이나 문서
   ① 勅書   ② 還穀   ③ 鑄造   ④ 尿道

   1. ①

2. 사람이나 사물을 다른 사람이나 사물로 대신하여 바꿈
   ① 船舶   ② 伯父   ③ 垈地   ④ 交替

   2. ④

3. 물품 따위를 선물로 줌
   ① 膠着   ② 戱弄   ③ 贈與   ④ 畏敬

   3. ③

4. 어떤 일을 하다가 잠깐 쉼
   ① 徐行   ② 白眉   ③ 休憩   ④ 對酌

   4. ③

5. 사방을 바라볼 수 있도록 벽이 없이 다락처럼 높이 지은 집
   ① 闊葉   ② 情緖   ③ 靈魂   ④ 樓閣

   5. ④

6. 어떤 사물이나 현상이 시작되어 나온 맨 처음을 비유적으로 이르는 말
   ① 陋名   ② 嚆矢   ③ 寬容   ④ 恐慌

   6. ②

7. 기둥과 들보를 아울러 이르는 말로, 기둥이 될 만한 인재
   ① 老翁   ② 美貌   ③ 山岳   ④ 棟梁

   7. ④

8. 어떤 일을 지나치게 즐겨 거기에 빠짐
   ① 耽溺   ② 災殃   ③ 縮尺   ④ 胡亂

   8. ①

9. 마음과 힘을 다하여 떨쳐 일어남
   ① 醜聞   ② 潛水   ③ 旅程   ④ 奮發

   9. ④

10. 옥이나 돌 따위를 쪼고 갊
    ① 蛇足   ② 拉致   ③ 懶怠   ④ 琢磨

    10. ④

문장의 ( ) 안에 들어갈 한자어 고르기

다음 문장의 ( ) 안에 들어갈 한자어로 알맞은 것은?

1. 입원하여 병원에만 누워 있는 그를 보니 내 마음이 ( )하였습니다.
   ① 尖端   ② 利潤   ③ 信賴   ④ 錯雜

   1. ④

2. ( )된 역사를 바로 잡기 위한 학계의 활동이 활발하게 진행되고 있습니다.
   ① 金融   ② 誹謗   ③ 歪曲   ④ 昇華

   2. ③

3. 폭염에 초목들이 견디지 못하고 ( )하고 말았습니다.
   ① 根幹   ② 免疫   ③ 枯死   ④ 崩壞

   3. ③

4. 운동과 건강 사이에는 ( ) 연관성이 있습니다.
   ① 燦爛   ② 需要   ③ 乾燥   ④ 相互

   4. ④

5. 태풍으로 도로와 다리, 통신 시설 등이 유실되거나 ( )되었습니다.
   ① 隔差   ② 毁損   ③ 祈禱   ④ 檢閱

   5. ②

6. 난형난제란 ( )을 가릴 수 없을 정도로 서로 실력이 비슷함을 말합니다.
   ① 優劣   ② 淫亂   ③ 殉葬   ④ 裏面

   6. ①

7. 대형 공공사업은 ( ) 창출에 큰 도움이 됩니다.
   ① 雇傭   ② 脣音   ③ 音韻   ④ 滄海

   7. ①

8. 딱딱한 두 물체가 ( )하면 불꽃이 일기도 합니다.
   ① 附錄   ② 疾病   ③ 摩擦   ④ 威脅

   8. ③

9. 설날, 추석과 같은 명절에는 ( )들이 할아버지 댁에 모입니다.
   ① 親戚   ② 急騰   ③ 激勵   ④ 添削

   9. ①

10. 우리는 신라의 문화와 유적을 알기 위해 경주 일대를 ( )하였습니다.
    ① 函數   ② 諫言   ③ 綿織   ④ 踏査

    10. ④

한자의 훈·음 쓰기

최근 기출문제 유형을 분석하여 급수별 유형을 100% 반영

주·관·식

❋ 다음 한자의 훈·음을 쓰시오.

1. 銳   (   )
2. 架   (   )
3. 裕   (   )
4. 絃   (   )
5. 苟   (   )
6. 蔬   (   )
7. 享   (   )
8. 腦   (   )
9. 賊   (   )
10. 肺   (   )
11. 了   (   )
12. 署   (   )
13. 鎭   (   )
14. 栗   (   )
15. 柱   (   )

정답

1. 날카로울 예
2. 시렁 가
3. 넉넉할 유
4. 줄 현
5. 진실로 구
6. 나물 소
7. 누릴 향
8. 뇌 뇌
9. 도둑 적
10. 허파 폐
11. 마칠 료
12. 관청 서
13. 진압할 진
14. 밤 률
15. 기둥 주

훈·음에 맞는 한자 찾아 쓰기

주·관·식 유형 2

다음 훈·음에 맞는 한자를 〈보기〉에서 찾아 쓰시오.

〈보기〉	映 姪 揮 贊 泳 硬 秩 昌 丸 傾

1. 창성할 창 (   )   2. 휘두를 휘 (   )
3. 굳을   경 (   )   4. 조카   질 (   )
5. 헤엄칠 영 (   )

〈보기〉	宴 奇 娘 劃 悔 延 像 祥 企 耐

6. 기이할 기 (   )   7. 뉘우칠 회 (   )
8. 상서로울 상 (   ) 9. 견딜   내 (   )
10. 끌   연 (   )

〈보기〉	繁 範 毒 戀 聯 樣 督 浦 壤 捕

11. 사모할 련 (   ) 12. 번성할 번 (   )
13. 잡을   포 (   ) 14. 감독할 독 (   )
15. 모양   양 (   )

〈보기〉	梨 廷 吏 盟 征 擇 恕 署 孟 澤

16. 배   리 (   ) 17. 못   택 (   )
18. 용서할 서 (   ) 19. 맹세   맹 (   )
20. 조정   정 (   )

정답

1. 昌
2. 揮
3. 硬
4. 姪
5. 泳

6. 奇
7. 悔
8. 祥
9. 耐
10. 延

11. 戀
12. 繁
13. 捕
14. 督
15. 樣

16. 梨
17. 澤
18. 恕
19. 盟
20. 廷

공통 한자 찾아 쓰기

주·관·식 유형 3

❖ 다음 ○ 안에 공통으로 들어갈 한자를 〈보기〉에서 찾아 쓰시오.

〈보기〉	傑	症	驛	妥	堤

1. ○勢   渴○   痛○   (   )
2. ○當   ○協   ○結   (   )
3. ○作   俊○   ○出   (   )

〈보기〉	組	恭	聯	盲	劃

4. ○織   ○合   ○立   (   )
5. 計○   ○數   企○   (   )
6. 關○   ○合   ○邦   (   )

〈보기〉	險	詐	宜	測	慾

7. 觀○   ○量   推○   (   )
8. ○難   保○   危○   (   )
9. ○望   虛○   食○   (   )

〈보기〉	介	配	項	訂	毒

10. ○慮   ○匹   ○達   (   )
11. 修○   ○正   改○   (   )
12. ○目   各○   事○   (   )

〈보기〉	銳	秩	頌	負	擇

13. ○擔   ○傷   勝○   (   )
14. ○一   選○   採○   (   )
15. ○利   ○敏   ○角   (   )

정답

1. 症
2. 妥
3. 傑
4. 組
5. 劃
6. 聯
7. 測
8. 險
9. 慾
10. 配
11. 訂
12. 項
13. 負
14. 擇
15. 銳

설명에 맞는 공통 한자 쓰기

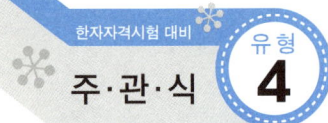

다음 〈보기〉의 설명에 맞게 □ 안에 공통으로 들어갈 한자를 쓰시오.

1. ① □引　② 探□　　　　　(　　　)

   〈보기〉
   ① 책속의 항목이나 낱말을 빨리 찾도록 만든 목록
   ② 감추어진 사실을 알아내기 위해 여러 가지로 살피어 조사함

2. ① □勉　② 退□　　　　　(　　　)

   〈보기〉
   ① 아주 부지런함
   ② 직장에서 근무 시간을 마치고 나옴

3. ① □居　② 獨□　　　　　(　　　)

   〈보기〉
   ① 어느 곳을 차지하여 삶
   ② 특정 자본이 생산과 시장을 지배하고 이익을 독차지

4. ① □景　② □反　　　　　(　　　)

   〈보기〉
   ① 뒤쪽의 경치. 무대의 안쪽 벽에 그린 그림
   ② 신의를 저버리고 돌아섬. 등지고 나섬

5. ① □散　② 距□　　　　　(　　　)

   〈보기〉
   ① 헤어져 흩어짐
   ② 서로 떨어져 있는 두 곳 사이의 길이

6. ① 憂□　② 鄕□　　　　　(　　　)

   〈보기〉
   ① 근심과 걱정을 아울러 이르는 말
   ② 고향을 그리워하는 마음이나 시름

정답
1. 索
2. 勤
3. 占
4. 背
5. 離
6. 愁

한자어의 독음 쓰기

최근 기출문제 유형을 분석하여 급수별 유형을 100% 반영

주·관·식 유형 5

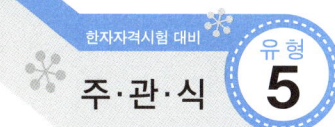

❖ 다음 한자어의 독음을 쓰시오.

1. 假髮　　(　　　　　)
2. 耐久　　(　　　　　)
3. 額面　　(　　　　　)
4. 干涉　　(　　　　　)
5. 批評　　(　　　　　)
6. 雄辯　　(　　　　　)
7. 講壇　　(　　　　　)
8. 索引　　(　　　　　)
9. 堤防　　(　　　　　)
10. 拳鬪　　(　　　　　)
11. 洗濯　　(　　　　　)
12. 條項　　(　　　　　)
13. 企劃　　(　　　　　)
14. 細胞　　(　　　　　)
15. 胸像　　(　　　　　)

정답

1. 가발
2. 내구
3. 액면
4. 간섭
5. 비평
6. 웅변
7. 강단
8. 색인
9. 제방
10. 권투
11. 세탁
12. 조항
13. 기획
14. 세포
15. 흉상

밑줄 친 낱말이 뜻하는 한자 찾아 쓰기

유형 6 주·관·식

※ 다음 글을 읽고, 밑줄 친 낱말이 뜻하는 한자를 〈보기〉에서 찾아 쓰시오.

강원도의 한 (1)**버섯** 마을 (2)**건너**편에 있는 (3)**못**에는 각종 연꽃들이 (4)**봉우리**가 만개해 아름다운 자태를 뽐내고 있고, 그 못을 (5)**물 따라 내려가면** 맑고 (6)**평온해** 보이는 호수가 있었습니다.

〈보기〉	妥 淡 菌 芳 涉 峰 池 沿

1. (   )   2. (   )   3. (   )
4. (   )   5. (   )   6. (   )

"뭐? 흥부가 둥지에서 (7)**떨어진** 제비의 다리를 고쳐 줘서 그렇게 되었다고?"

(8)**도둑** 심보를 가진 놀부는 (9)**갑자기** 배가 아파 오기 시작했고, 그 모습은 마치 (10)**살찐** 돼지 같았습니다. 돈에 (11)**눈먼** 놀부는 (12)**꾀**를 내기 시작했습니다.

〈보기〉	肥 策 賊 詐 突 豚 距 盲

7. (   )   8. (   )   9. (   )
10. (   )   11. (   )   12. (   )

'이 정도면 (13)**아무도** 모를 거야! 공주도 감쪽같이 (14)**속일** 수 있을 거고 ……. 히히히.'

간사하고 (15)**욕심** 많은 마녀는 (16)**독**이 든 사과를 들고 (17)**언덕**을 (18)**넘어** 백설 공주가 있는 곳으로 갔습니다.

〈보기〉	毒 超 姿 某 慾 姦 詐 岸

13. (   )   14. (   )   15. (   )
16. (   )   17. (   )   18. (   )

정답

1. 菌
2. 涉
3. 池
4. 峰
5. 沿
6. 妥
7. 距
8. 賊
9. 突
10. 肥
11. 盲
12. 策
13. 某
14. 詐
15. 慾
16. 毒
17. 岸
18. 超

문장에 표기된 단어의 독음 쓰기

최근 기출문제 유형을 분석하여 급수별 유형을 100% 반영

한자자격시험 대비

주·관·식

유형 7

❋ 다음 문장 중 한자로 표기된 단어의 독음을 쓰시오.

1. 명절일수록 **疎外**된 사회 계층에 대한 관심과 배려가 ( )   1. 소외
   절실합니다.

2. **狡猾**한 사람은 결코 사랑을 받지 못합니다. ( )   2. 교활

3. 이순신 장군은 한국사에 가장 뛰어난 장군으로 오늘 ( )   3. 회자
   날까지 **膾炙**되고 있습니다.

4. 무용수는 무대를 돌며 **跳躍**을 계속했습니다. ( )   4. 도약

5. 외국어 **驅使** 능력은 세계화 시대의 필수 조건입니 ( )   5. 구사
   다.

6. 우리는 학예 발표회에 선보일 **舞踊**을 준비하느라 ( )   6. 무용
   연습에 바쁩니다.

7. **漏電**에 의한 화재로 많은 사람들이 목숨을 잃었습 ( )   7. 누전
   니다.

8. 성경은 100개 이상의 언어로 **飜譯**되었습니다. ( )   8. 번역

9. 이번 **酷寒**으로 많은 야생 동물들이 동사하였습니 ( )   9. 혹한
   다.

10. 그는 책을 읽고 중요한 부분을 **拔萃**하여 정리하였 ( )   10. 발췌
    습니다.

11. 건강한 가정은 가족 간의 **紐帶**가 긴밀한 가정입니 ( )   11. 유대
    다.

12. 도시는 자동차의 매연 등으로 인해 **窒息**당하고 있 ( )   12. 질식
    습니다.

13. 내가 쓴 글을 선생님께서 **添削**해 주셨습니다. ( )   13. 첨삭

14. 건강을 위해서는 각종 영양소를 골고루 **攝取**해야 ( )   14. 섭취
    합니다.

15. 그는 교내 신문을 **編輯**하느라 며칠 밤을 꼬박 새웠 ( )   15. 편집
    습니다.

( ) 안의 단어 한자로 쓰기

유형 8 주·관·식

※ 다음 문장 중 ( ) 안의 단어를 한자로 쓰시오.

1. 그는 우스갯소리를 던져 (**경직**)되기 쉬운 대화 분위 ( )
   기를 풀었습니다.

2. 모든 직업은 (**귀천**)이 없이 동등한 대우를 받아야 합 ( )
   니다.

3. 독후감을 쓰면 책에서 얻은 정보를 오랫동안 (**기억**) ( )
   할 수 있습니다.

4. 이 식당의 반찬 맛은 (**담백**)합니다. ( )

5. (**목련**)이 꽃망울을 터뜨리기 시작했습니다. ( )

6. 청개구리의 피부는 기후 변화에 (**민감**)합니다. ( )

7. 월말에는 은행이 매우 (**분주**)합니다. ( )

8. (**비만**)이 되면 고혈압 등과 같은 질병에도 걸리기 쉽 ( )
   고, 다리의 관절에도 이상이 생기기 쉽습니다.

9. 갈림길에서 두 사람은 각각 다른 길을 (**선택**)했습니 ( )
   다.

10. 어릴 때부터 올바른 (**습관**)을 들이는 것이 중요합니 ( )
    다.

11. (**애석**)하게도 우리 팀은 근소한 차이로 져 준우승에 ( )
    그치고 말았습니다.

12. 상대편 선수의 계속되는 반칙에 분통이 터졌지만 ( )
    (**인내**)하고 우리 편 선수를 응원하였습니다.

13. 여배우는 중년의 나이에도 불구하고 여전히 우아한 ( )
    (**자태**)를 지니고 있었습니다.

14. 공동생활에는 반드시 규칙과 (**질서**)가 있어야 합니 ( )
    다.

15. 구성원들이 서로 사랑하고 이해할 때에 (**화목**)한 가 ( )
    정과 사회를 이룰 수 있습니다.

정답

1. 硬直
2. 貴賤
3. 記憶
4. 淡白
5. 木蓮
6. 敏感
7. 奔走
8. 肥滿
9. 選擇
10. 習慣
11. 哀惜
12. 忍耐
13. 姿態
14. 秩序
15. 和睦

문장 관련 단어 고쳐 쓰기

다음 문장 중 한자로 표기한 단어의 잘못된 부분을 바르게 고쳐 쓰시오.
(단, 음이 같은 한자로 고칠 것)

1. 그는 오늘 독감 때문에 **缺謹**하였습니다.
   (　　→　　)

   1. 謹→勤

2. **技述**이 발전하여 사람들의 생활이 편리해졌습니다.
   (　　→　　)

   2. 述→術

3. 수영을 하기 전에는 반드시 준비 운동을 해야 한다는 사실을 **命心**해야 합니다.
   (　　→　　)

   3. 命→銘

4. 신용 카드 사용의 확산은 더 많은 사람들의 소득 대비 **付債**가 증가했음을 의미합니다.
   (　　→　　)

   4. 付→負

5. 이야기를 들을 때에는 앞뒤 내용을 짐작하며 듣는 **習冠**을 길러야 합니다.
   (　　→　　)

   5. 冠→慣

6. 6년간의 **蓮愛** 끝에 그는 지금의 아내와 결혼했습니다.
   (　　→　　)

   6. 蓮→戀

7. 이번에 뽑은 경력 사원들은 **吏歷**이 화려합니다.
   (　　→　　)

   7. 吏→履

8. **庭子**는 우리 민족의 정서와 자연환경에 들어맞는 한국적인 건축물입니다.
   (　　→　　)

   8. 庭→亭

9. 산림이 울창해야 여름철 홍수 **彼害**를 막을 수 있습니다.
   (　　→　　)

   9. 彼→被

10. 두 사람의 논쟁으로 싸움판이라도 벌일 **驗惡**한 분위기가 되었습니다.
    (　　→　　)

    10. 驗→險

한자 써서 한자성어 완성하기

주·관·식 유형 10

다음 □ 안에 적당한 한자를 넣어 〈보기〉의 설명에 해당하는 성어를 완성하시오.

1. 事必□□　　　　　　　　　　　(　　,　　)
   〈보기〉 '모든 일은 반드시 바른 길로 돌아간다.' 라는 뜻으로, 모든 잘잘못은 반드시 그 원인에 따라서 바른 결과를 얻게 됨을 이르는 말

2. 日□月□　　　　　　　　　　　(　　,　　)
   〈보기〉 '날로 나아가고 달로 나아간다.' 라는 뜻으로, 학문이나 기량이 나날이 다달이 자라거나 발전함을 이르는 말

3. 格物□□　　　　　　　　　　　(　　,　　)
   〈보기〉 '사물의 이치를 연구하여 앎에 이른다.' 라는 뜻으로, 사물의 이치를 연구하여 지식과 지혜를 얻고 올바른 판단력을 기르는 것을 이르는 말

4. 大□□成　　　　　　　　　　　(　　,　　)
   〈보기〉 '큰 그릇은 늦게 이루어진다.' 라는 뜻으로, 크게 될 인물은 늦게 이루어짐 또는 나이가 들어서 성공함을 이르는 말

5. □木□魚　　　　　　　　　　　(　　,　　)
   〈보기〉 '나무에 올라 물고기를 구한다.' 라는 뜻으로, 도저히 불가능한 일을 억지로 하려 함을 비유하여 이르는 말

6. 不□□問　　　　　　　　　　　(　　,　　)
   〈보기〉 '아랫사람에게 묻기를 부끄러워하지 않는다.' 라는 뜻으로, 손아랫사람이나 지위나 학식이 자기만 못한 사람에게 묻는 것을 부끄러워하지 아니함 또는 배울 때의 겸허한 자세를 이르는 말

7. □□之計　　　　　　　　　　　(　　,　　)
   〈보기〉 '잠시 쉬는 계책' 이라는 뜻으로, 당장의 편한 것만을 취하는 계책 또는 임시방편으로 내는 즉흥적인 계책을 이르는 말

8. □手無□　　　　　　　　　　　(　　,　　)
   〈보기〉 '손이 묶여 아무런 대책이 없다.' 라는 뜻으로, 어찌할 도리가 없어 꼼짝 못함을 이르는 말

정답

1. 歸, 正
2. 就, 將
3. 致, 知
4. 器, 晩
5. 緣, 求
6. 恥, 下
7. 姑, 息
8. 束, 策

풀자 3단계

실력평가

• 한자자격시험 예상문제 (10회분)

국가공인 한자자격시험 [3급] 예상문제

[제한시간: 60분] 제 1 회

객관식 (1 ~ 30번)

※ 다음 [ ] 안의 한자와 음이 같은 한자는?

1. [講] ①擇 ②鋼 ③激 ④沿
2. [般] ①缺 ②譜 ③班 ④緣
3. [訟] ①頌 ②吐 ③兼 ④豚
4. [績] ①複 ②鬪 ③適 ④硬
5. [鎭] ①突 ②珍 ③傾 ④派

※ 다음 [ ] 안의 한자와 뜻이 상대(반대)되는 한자는?

6. [吸] ①租 ②呼 ③側 ④敏
7. [過] ①祈 ②昏 ③倉 ④功

※ 다음 [ ] 안의 한자와 뜻이 비슷한 한자는?

8. [潔] ①倒 ②驛 ③濟 ④淨
9. [歡] ①提 ②喜 ③傑 ④逃
10. [規] ①範 ②辯 ③擇 ④吐

※ 다음 〈보기〉의 내용과 가장 관련이 깊은 한자는?

11. 〈보기〉 디스코 발레 탱고
    ①妾 ②舞 ③弘 ④享
12. 〈보기〉 눈썹 이마 코
    ①差 ②宜 ③囚 ④顔
13. 〈보기〉 밀 보리 팥
    ①了 ②孔 ③穀 ④毒

※ 다음 [ ] 안 한자어의 독음이 바른 것은?

14. [象徵] ①상상 ②상징 ③상장 ④상벌
15. [槪念] ①체념 ②개금 ③개념 ④묵념
16. [吸收] ①흡입 ②흡수 ③흡사 ④흡연
17. [官僚] ①관료 ②관원 ③궁중 ④궁궐
18. [洪水] ①홍수 ②공수 ③낙수 ④누수

※ 다음 설명과 같은 뜻을 지닌 한자어는?

19. 액체 따위가 엉겨서 뭉쳐 딱딱하게 굳어짐
    ①凝固 ②輪郭 ③家畜 ④訃告
20. 중국에서, 도시의 상인이 일제히 가게를 닫고 매매를 중지하는 일
    ①睡眠 ②僞造 ③罷市 ④平衡
21. 싸움에서 이기고 돌아옴
    ①廢鑛 ②摩擦 ③閨房 ④凱旋
22. 있어야 할 것이 없어지거나 모자람
    ①缺乏 ②坑道 ③琴瑟 ④分裂
23. 진동하는 물체의 정지 위치로부터 진동의 좌우 극점에 이르기까지의 변위의 최대치
    ①純粹 ②振幅 ③隆盛 ④蒼空
24. 지식수준이 낮거나 인습에 젖은 사람을 가르쳐서 깨우침
    ①改革 ②啓蒙 ③捕虜 ④慘狀

※ 다음 문장 중 ( ) 안에 들어갈 한자어로 알맞은 것은?

25. 경기 종료를 알리는 휘슬이 울리는 ( ), 공이 골문 안으로 빨려 들어갔습니다.
    ①生殖 ②防禦 ③交換 ④瞬間
26. 잇따른 아동 성범죄로 온 국민이 ( )을 금치 못했습니다.
    ①根據 ②受侮 ③慨歎 ④冥府
27. 아군은 치열한 공방전 끝에 적의 ( )를 점령하였습니다.
    ①姙娠 ②解剖 ③遞增 ④要塞
28. 한국전쟁으로 수많은 젊은이들이 전쟁터에서 ( )되었습니다.
    ①犧牲 ②斜陽 ③旅程 ④潛水
29. 최근 고위 공직자들의 잇따른 ( ) 사실이 뉴스에 보도되었습니다.
    ①受賂 ②封建 ③所謂 ④覆蓋
30. 체내에 산소가 ( )되면 생명이 위험해집니다.
    ①審議 ②咽喉 ③模倣 ④缺乏

주관식 (주1~ 주70번)

※ 다음 한자의 훈·음을 쓰시오.

주1. 延 (　　　) 　주2. 暇 (　　　)
주3. 丈 (　　　) 　주4. 覺 (　　　)
주5. 壞 (　　　) 　주6. 刊 (　　　)
주7. 詐 (　　　) 　주8. 講 (　　　)
주9. 鉛 (　　　) 　주10. 劃 (　　　)

※ 다음 훈·음에 맞는 한자를 〈보기〉에서 찾아 쓰시오.

〈보기〉	鹿 販 版 奴 貫 慣 柱 株 腦 龍

주11. 버릇 관 (　　　) 　주12. 팔 판 (　　　)
주13. 종 노 (　　　) 　주14. 그루 주 (　　　)
주15. 사슴 록 (　　　)

※ 다음 □ 안에 공통으로 들어갈 한자를 〈보기〉에서 찾아 쓰시오.

〈보기〉	激　揮　避　映　克

주16. □暑　□身　回□　(　　　)
주17. □情　□突　感□　(　　　)
주18. 發□　指□　□發油　(　　　)

※ 다음 〈보기〉의 설명에 맞게 □ 안에 공통으로 들어갈 한자를 쓰시오.

주19. ① □當　② 負□　(　　　)

〈보기〉
① 어떤 일을 맡음
② 어떤 일을 맡아 의무나 책임을 짐

주20. ① □改　② 後□　(　　　)

〈보기〉
① 잘못을 뉘우쳐 고침
② 이전의 잘못을 깨닫고 뉘우침

주21. ① □正　② 校□　(　　　)

〈보기〉
① 잘못을 고쳐 바로잡음
② 책의 잘못된 글자나 글귀 따위를 고치는 일

※ 다음 한자어의 독음을 쓰시오.

주22. 渴症 (　　　) 　주23. 硬直 (　　　)
주24. 救濟 (　　　) 　주25. 機智 (　　　)
주26. 逃走 (　　　) 　주27. 反映 (　　　)
주28. 富裕 (　　　) 　주29. 消毒 (　　　)
주30. 深刻 (　　　) 　주31. 銳利 (　　　)
주32. 應募 (　　　) 　주33. 占居 (　　　)
주34. 俊傑 (　　　) 　주35. 推測 (　　　)
주36. 抱負 (　　　)

※ 다음 글을 읽고, 밑줄 친 낱말이 뜻하는 한자를 〈보기〉에서 찾아 쓰시오.

유관순은 (37)나라 이름을 크게 외쳤습니다.
"대한 독립 만세! 나라를 (38)도둑질 한 일본은 물러가라! 아무리 억압한다고 우리가 (39)달아날 줄 아느냐?"
순사는 (40)날카로운 채찍을 (41)휘둘러 등을 때렸습니다.
그렇게 유관순은 (42)꽃다운 나이에 감옥에서 (43)견딜 수 없는 고문을 당했습니다.

〈보기〉	芳 逃 胃 銳 邦 揮 耐 髮 盜

주37. _____　주38. _____　주39. _____
주40. _____　주41. _____　주42. _____
주43. _____

제1회 한자자격시험 예상문제

※ 다음 문장 중 한자로 표기된 단어의 독음을 쓰시오.

주44. 주장에는 **妥當**한 근거가 있어야 합니다. (　　　)

주45. 그는 마지막 문제를 맞혀 **名譽**의 전당에 이름을 올렸습니다. (　　　)

주46. **家畜**들이 목장에서 한가로이 풀을 뜯고 있습니다. (　　　)

주47. 강한 태풍으로 도로 일부가 **崩壞**되었지만 인명 피해는 없었습니다. (　　　)

주48. 그는 시골의 한 초등학교에서 수년간 **敎鞭**을 잡고 있습니다. (　　　)

주49. 잠이 들면 근육의 **緊張**이 풀립니다. (　　　)

주50. 전학 온 친구는 자기 **紹介**를 하고 자리에 가서 앉았습니다. (　　　)

주51. 나트륨은 **燃燒**될 때 빨간 불꽃이 일어납니다. (　　　)

주52. 묘목들이 자라 **鬱蒼**한 산림을 이룹니다. (　　　)

주53. 부모가 자식에게 재산을 **贈與**할 때에도 세금을 부과해야 합니다. (　　　)

주54. 해안의 모래사장은 파도에 의해 침식된 모래 알갱이들이 **堆積**되어 생긴 지형입니다. (　　　)

주55. 창작은 **模倣**에서 비롯됩니다. (　　　)

주56. **坑道** 안에 갇힌 광부들의 생사 여부가 아직 확인되지 않고 있습니다. (　　　)

※ 다음 문장 중 (　) 안의 단어를 한자로 쓰시오.

주57. 속담은 (**평범**)한 말이지만 그 속에는 조상의 지혜가 담겨 있습니다. (　　　)

주58. 그는 자신의 100미터 (**배영**) 기록을 5초나 단축했습니다. (　　　)

주59. 그는 최선을 다한다는 (**각오**)로 그 일에 임하였습니다. (　　　)

주60. 그녀는 그의 (**준수**)한 외모에 현혹되었습니다. (　　　)

주61. 초등학교에서는 (**담임**)이 모든 과목을 가르칩니다. (　　　)

주62. 오랫동안 돌보지 않아 정원에 (**잡초**)가 무성합니다. (　　　)

주63. 차가 (**고장**)이 났는지 트럭이 길 한가운데 서 있습니다. (　　　)

※ 다음 문장 중 한자로 표기한 단어의 잘못된 부분을 바르게 고쳐 쓰시오. (단, 음이 같은 한자로 고칠 것)

주64. 모델은 화려한 의상과 함께 **脚宣美**를 뽐내며 무대로 걸어 나왔습니다. (　　　→　　　)

주65. 우리나라는 아시아 대륙의 동북방에 **位致**해 있습니다. (　　　→　　　)

※ 다음 □ 안에 적당한 한자를 넣어 〈보기〉의 설명에 해당하는 성어를 완성하시오.

주66. □□**無退**　　　(　　,　　)

〈보기〉 '싸움에 임해서는 물러나지 말아야 한다.'라는 뜻으로, 전쟁에 나아가서 물러나지 않음을 이르는 말. '세속 오계'의 하나

주67. **刻骨**□□　　　(　　,　　)

〈보기〉 '뼈에 새기도록 은혜를 잊지 않는다.'라는 뜻으로, 입은 은혜에 대한 고마움이 뼈에 사무쳐 결코 잊혀지지 아니함을 이르는 말

주68. **天高**□□　　　(　　,　　)

〈보기〉 '하늘이 높고 말이 살찐다.'라는 뜻으로, 하늘이 맑고 모든 것이 풍성함을 이르는 말

주69. **得意**□□　　　(　　,　　)

〈보기〉 '뜻을 얻어서 기분이 썩 좋다.'라는 뜻으로, 뜻한 바를 이루어 우쭐거리며 뽐내는 모양을 이르는 말

주70. **識字**□□　　　(　　,　　)

〈보기〉 '아는 글자가 근심이 된다.'라는 뜻으로, 학식이 있는 것이 오히려 근심을 사게 됨을 이르는 말. 아는 것이 병이다.

국가공인 한자자격시험 [3급] 예상문제

[제한시간: 60분]

제 2 회

객관식 (1 ~ 30번)

※ 다음 [ ] 안의 한자와 음이 같은 한자는?

1. [距] ① 銅 ② 澤 ③ 腹 ④ 拒
2. [輩] ① 卜 ② 映 ③ 倍 ④ 版
3. [輸] ① 囚 ② 亂 ③ 峰 ④ 泳
4. [籍] ① 販 ② 糧 ③ 賊 ④ 銳
5. [差] ① 座 ② 借 ③ 評 ④ 慮

※ 다음 [ ] 안의 한자와 뜻이 상대(반대)되는 한자는?

6. [悅] ① 哀 ② 涉 ③ 銘 ④ 克
7. [貴] ① 苟 ② 麻 ③ 賤 ④ 斯

※ 다음 [ ] 안의 한자와 뜻이 비슷한 한자는?

8. [祈] ① 堤 ② 照 ③ 願 ④ 普
9. [倉] ① 督 ② 劍 ③ 兼 ④ 庫
10. [絕] ① 譜 ② 宴 ③ 斷 ④ 映

※ 다음 〈보기〉의 내용과 가장 관련이 깊은 한자는?

11. 〈보기〉 맑음   비   눈
    ① 候 ② 龍 ③ 企 ④ 倉

12. 〈보기〉 권총 권투 태권도
    ① 浦 ② 占 ③ 拳 ④ 亞

13. 〈보기〉 사군자 매실 설중매
    ① 械 ② 梨 ③ 機 ④ 梅

※ 다음 [ ] 안 한자어의 독음이 바른 것은?

14. [螢雪] ① 충설 ② 영설 ③ 형설 ④ 폭설
15. [錦繡] ① 금수 ② 금숙 ③ 면직 ④ 정숙
16. [誤謬] ① 오탈 ② 오류 ③ 오해 ④ 오산
17. [頓悟] ① 돈오 ② 각오 ③ 돈독 ④ 둔각
18. [旱魃] ① 간발 ② 마귀 ③ 한발 ④ 요귀

※ 다음 설명과 같은 뜻을 지닌 한자어는?

19. 다른 사람이나 어떤 목적을 위하여 자신의 목숨, 재산, 명예, 이익 따위를 바치거나 버림
    ① 輪郭 ② 瞬間 ③ 分析 ④ 犧牲

20. 삯을 받고 남의 일을 해 줌
    ① 猛獸 ② 慨歎 ③ 雇傭 ④ 鼓吹

21. 지나치게 탐하는 욕심
    ① 貪慾 ② 朗誦 ③ 苗木 ④ 四肢

22. 벽에 걸어 놓고 보는 학습용 그림이나 지도
    ① 掛圖 ② 役割 ③ 軌道 ④ 暫時

23. 얻어내거나 얻어 가짐
    ① 趨勢 ② 酷寒 ③ 獲得 ④ 瓜年

24. 간사하고 꾀가 많음
    ① 狡猾 ② 祿俸 ③ 微分 ④ 撒布

※ 다음 문장 중 ( ) 안에 들어갈 한자어로 알맞은 것은?

25. 이 문제집은 출제 ( )가 높은 문제들을 엄선해서 수록하였습니다.
    ① 地獄 ② 頻度 ③ 病棟 ④ 渡河

26. ( )는 본래 전쟁터에서 전투 시작을 알리는 신호였습니다.
    ① 嚆矢 ② 懶怠 ③ 拉致 ④ 蒙昧

27. 감독은 경기 종료 10분을 남기고 선수를 ( )하였습니다.
    ① 亢星 ② 交替 ③ 賃金 ④ 惡魔

28. 공사장 ( )으로 인근 주민들이 불편을 겪고 있습니다.
    ① 右翼 ② 騷音 ③ 鈍角 ④ 診療

29. 이 시는 시어가 매우 ( )적입니다.
    ① 含蓄 ② 輿論 ③ 辭典 ④ 沒入

30. 그 투수는 낙차가 큰 변화구를 자유자재로 ( )합니다.
    ① 矛盾 ② 安寧 ③ 驅使 ④ 謀議

제2회 한자자격시험 예상문제

주관식 (주1~주70번)

※ 다음 한자의 훈·음을 쓰시오.

주1. 拒 (　　　)　　주2. 樣 (　　　)

주3. 環 (　　　)　　주4. 傾 (　　　)

주5. 謠 (　　　)　　주6. 弘 (　　　)

주7. 械 (　　　)　　주8. 涯 (　　　)

주9. 昏 (　　　)　　주10. 峰 (　　　)

※ 다음 훈·음에 맞는 한자를 〈보기〉에서 찾아 쓰시오.

〈보기〉 整 絃 博 策 債 臨 妄 薄 訂 險

주11. 험할 험 (　　　)　　주12. 망령될 망 (　　　)

주13. 빚 채 (　　　)　　주14. 넓을 박 (　　　)

주15. 가지런할 정 (　　　)

※ 다음 □ 안에 공통으로 들어갈 한자를 〈보기〉에서 찾아 쓰시오.

〈보기〉 餓 援 爆 兼 困

주16. □職　　□事　　□用　(　　　)

주17. □發　　□笑　　□破　(　　　)

주18. □難　　疲□　　貧□　(　　　)

※ 다음 〈보기〉의 설명에 맞게 □ 안에 공통으로 들어갈 한자를 쓰시오.

주19. ① □本　② 橋□　(　　　)

〈보기〉
① 연극이나 영화를 만들기 위하여 쓴 글
② 다리를 받치는 기둥

주20. ① □心　② 感□　(　　　)

〈보기〉
① 마음에 새기어 둠
② 감격하여 마음에 깊이 새김

주21. ① □絶　② □否　(　　　)

〈보기〉
① 상대편의 요구, 제안, 선물, 부탁 따위를 받아들이지 않고 물리침
② 요구나 제의 따위를 받아들이지 않고 물리침

※ 다음 한자어의 독음을 쓰시오.

주22. 感歎 (　　　)　　주23. 契機 (　　　)

주24. 構造 (　　　)　　주25. 漏電 (　　　)

주26. 逃避 (　　　)　　주27. 配慮 (　　　)

주28. 奔走 (　　　)　　주29. 訟事 (　　　)

주30. 雅淡 (　　　)　　주31. 龍床 (　　　)

주32. 忍耐 (　　　)　　주33. 征伐 (　　　)

주34. 俊秀 (　　　)　　주35. 恥事 (　　　)

주36. 爆發 (　　　)

※ 다음 글을 읽고, 밑줄 친 낱말이 뜻하는 한자를 〈보기〉에서 찾아 쓰시오.

(37)<u>물가</u>에서 놀던 한 소년이 댐의 한쪽 (38)<u>벽</u>에 (39)<u>구멍</u>이 난 것을 보았습니다.

소년은 (40)<u>재빨리</u> 손가락으로 그 구멍을 (41)<u>막았습니다.</u>

그 모습을 보고 마을 (42)<u>어른</u>들이 소년을 (43)<u>돕기</u> 위해 달려갔습니다.

〈보기〉 援 敏 裕 拒 孔 丈 涯 姿 壁

주37. _____　주38. _____　주39. _____

주40. _____　주41. _____　주42. _____

주43. _____

※ 틀린 문제가 있다면 본문을 다시 살펴서 완전히 익히고 다음 단계로 넘어가세요.※

※ 다음 문장 중 한자로 표기된 단어의 독음을 쓰시오.

주44. 선거가 막바지에 치닫자 후보자는 상대 후보를 誹謗하는 유언비어를 퍼뜨렸습니다.
(   )

주45. 그는 그 일에 대해 苟且한 변명을 하지 않았습니다. (   )

주46. 수련회를 통해 懶怠한 생활 습관을 버리고 규칙적인 생활 습관을 가지게 되었습니다.
(   )

주47. 학생들의 의견을 收斂하여 수학여행 장소를 결정하였습니다. (   )

주48. 제방은 沿岸에서 해류의 속도를 늦추고 해변을 만들기 위해 고안되었습니다. (   )

주49. 국립 현충원은 나라를 위해서 싸우신 분들의 넋을 慰勞하기 위해 세워졌습니다. (   )

주50. 지구 내부에서 地震이 일어나면 지진파가 발생하여 사방으로 퍼져 나갑니다. (   )

주51. 바닥의 자갈과 물고기들이 보일 정도로 강물이 매우 透明합니다. (   )

주52. 녹화가 시작되자 그 연기자는 감정에 沒入하였습니다. (   )

주53. 부모는 자식을 위해 무조건적인 犧牲을 하는 경우가 많습니다. (   )

주54. 양은 일반적으로 착하고 순한 사람에 比喩됩니다. (   )

주55. 독립투사들은 어떠한 무력과 협박에도 屈伏하지 않았습니다. (   )

주56. 拉致범은 인질을 풀어 주는 조건으로 몸값을 요구했습니다. (   )

※ 다음 문장 중 ( ) 안의 단어를 한자로 쓰시오.

주57. (온천)은 피부병 치료에 효과가 있습니다.
(   )

주58. 분향소에는 각계각층의 (추모) 행렬이 이어졌습니다. (   )

주59. 콘크리트는 시멘트, 모래, 자갈, 그리고 물의 (혼합)물입니다. (   )

주60. 경찰은 범인을 검거하기 위해 (포위)망을 좁혔습니다. (   )

주61. 대통령은 취임식에서 헌법을 준수하고 국가를 (보위)할 것을 국민 앞에 맹세했습니다.
(   )

주62. 강사는 간단한 인사말과 함께 (강연)을 시작했습니다. (   )

주63. 쇼크는 (즉각)적인 치료를 요하는 중대한 응급 상황입니다. (   )

※ 다음 문장 중 한자로 표기한 단어의 잘못된 부분을 바르게 고쳐 쓰시오. (단, 음이 같은 한자로 고칠 것)

주64. 경찰은 범인의 손에 수갑을 채운 채로 警察暑로 연행하였습니다. (→   )

주65. 스님은 세속과의 人緣을 끊는다는 의미로 머리를 깎습니다. (→   )

※ 다음 □ 안에 적당한 한자를 넣어 〈보기〉의 설명에 해당하는 성어를 완성하시오.

주66. □三□四   (,   )
〈보기〉 '장 씨의 셋째 아들과 이 씨의 넷째 아들' 이라는 뜻으로, 이름이나 신분이 특별하지 아니한 평범한 사람들을 이르는 말

주67. □□之色   (,   )
〈보기〉 '임금을 혹하게 하여 나라가 기울어져도 모를 정도의 미인'이라는 뜻으로, 뛰어나게 아름다운 미인을 이르는 말

주68. 厚□無□   (,   )
〈보기〉 '얼굴이 두꺼워 부끄러움이 없다.' 라는 뜻으로, 뻔뻔스러워 부끄러움을 모름을 이르는 말

주69. 莫□莫□   (,   )
〈보기〉 '위도 없고 아래도 없다.' 라는 뜻으로, 실력의 차이가 거의 없음을 이르는 말

주70. 深思□□   (,   )
〈보기〉 '깊이 생각하고 오래 생각한다.' 라는 뜻으로, 곰곰이 따져 사려 깊게 처신함을 이르는 말

국가공인 한자자격시험 [3급] 예상문제

[제한시간: 60분]

제 **3** 회

객관식 (1~30번)

※ 다음 [ ] 안의 한자와 음이 같은 한자는?

1. [係] ①契 ②付 ③辱 ④株
2. [補] ①肺 ②系 ③普 ④戀
3. [驛] ①慾 ②役 ③柱 ④浦
4. [亭] ①粉 ②廷 ③羽 ④周
5. [債] ①捕 ②胞 ③舟 ④菜

※ 다음 [ ] 안의 한자와 뜻이 상대(반대)되는 한자는?

6. [危] ①安 ②柱 ③亂 ④咸
7. [凉] ①冠 ②暖 ③栗 ④奴

※ 다음 [ ] 안의 한자와 뜻이 비슷한 한자는?

8. [弘] ①激 ②緣 ③泰 ④派
9. [暇] ①閑 ②潮 ③突 ④銅
10. [貸] ①傾 ②借 ③械 ④峰

※ 다음 〈보기〉의 내용과 가장 관련이 깊은 한자는?

11. 〈보기〉 옥 고리 반지
    ①姿 ②環 ③介 ④沿

12. 〈보기〉 송이 영지 느타리
    ①菌 ②拓 ③宣 ④値

13. 〈보기〉 성곽 탑 건물
    ①栗 ②圍 ③築 ④症

※ 다음 [ ] 안 한자어의 독음이 바른 것은?

14. [洞窟] ①동창 ②통찰 ③동굴 ④동공
15. [菜蔬] ①채소 ②채류 ③한류 ④호소
16. [描寫] ①추사 ②묘사 ③복사 ④모사
17. [瑕疵] ①가자 ②하차 ③가차 ④하자
18. [拔萃] ①발진 ②발췌 ③발졸 ④포졸

※ 다음 설명과 같은 뜻을 지닌 한자어는?

19. 올바른 길에서 벗어나 잘못된 길로 빠지는 일
    ①墮落 ②厭世 ③裁判 ④衝突

20. 행동이나 의사의 자유를 제한하거나 속박함
    ①回顧 ②親戚 ③預金 ④拘束

21. 수를 놓은 비단
    ①禽獸 ②稀少 ③錦繡 ④胎氣

22. '회와 구운 고기'라는 뜻으로, 칭찬을 받으며 사람의 입에 자주 오르내림을 이르는 말
    ①遵法 ②搖籃 ③膾炙 ④禪宗

23. 자신의 재능이나 능력 등을 믿음으로써 가지는 자랑
    ①煩惱 ②圖鑑 ③敎鞭 ④矜持

24. 좋은 점이나 착하고 훌륭한 일을 높이 평가함
    ①稱號 ②陶工 ③稱讚 ④飜譯

※ 다음 문장 중 ( ) 안에 들어갈 한자어로 알맞은 것은?

25. ( )이 오래 지속되어 농작물 피해가 컸습니다.
    ①螢雪 ②旱魃 ③叢書 ④諮問

26. 사소한 오해로 단짝 친구와의 사이가 ( )해졌습니다.
    ①竝列 ②疎外 ③疏遠 ④宮殿

27. 대부분의 ( )는 동물을 소재로 하며 결말에는 교훈을 줍니다.
    ①解夢 ②寓話 ③賃金 ④惡魔

28. ( )는 생활의 활력과 활기가 저하될 때 일어나는 현상입니다.
    ①粒子 ②肖像 ③古墳 ④倦怠

29. 그는 모교에 한문 교사로 ( )했습니다.
    ①透明 ②赴任 ③優劣 ④辨別

30. ( ) 음식은 가풍에 따라 풍습이 다릅니다.
    ①許諾 ②肖像 ③哀悼 ④幣帛

주관식 (주1~주70번)

※ 다음 한자의 훈·음을 쓰시오.

주1. 辱 (　　　)　주2. 亨 (　　　)

주3. 冠 (　　　)　주4. 餓 (　　　)

주5. 憲 (　　　)　주6. 拳 (　　　)

주7. 羽 (　　　)　주8. 響 (　　　)

주9. 亞 (　　　)　주10. 菌 (　　　)

※ 다음 훈·음에 맞는 한자를 〈보기〉에서 찾아 쓰시오.

〈보기〉	築 粉 輪 庶 儀 蔬 礎 栗 疑 紛

주11. 가루　분 (　　　)　주12. 주춧돌 초 (　　　)

주13. 여러　서 (　　　)　주14. 의심　의 (　　　)

주15. 바퀴　륜 (　　　)

※ 다음 □ 안에 공통으로 들어갈 한자를 〈보기〉에서 찾아 쓰시오.

〈보기〉	環 供 亂 露 賤

주16. □覽　□給　提□ (　　　)

주17. □境　花□　□形 (　　　)

주18. 白□　□骨　□出 (　　　)

※ 다음 〈보기〉의 설명에 맞게 □ 안에 공통으로 들어갈 한자를 쓰시오.

주19. ① 斷□　② 胃□　(　　　)

〈보기〉　① 몹시 슬퍼서 창자가 끊어지는 듯함
② 위와 창자

주20. ① □母　② □婦　(　　　)

〈보기〉　① 아버지의 누이
② 시어머니와 며느리를 아울러 이르는 말

주21. ① □兵　② □生　(　　　)

〈보기〉　① 군대를 파견함
② 갈려나와 생김

※ 다음 한자어의 독음을 쓰시오.

주22. 改憲 (　　　)　주23. 計劃 (　　　)

주24. 苟且 (　　　)　주25. 檀紀 (　　　)

주26. 突破 (　　　)　주27. 繁盛 (　　　)

주28. 佛像 (　　　)　주29. 刷新 (　　　)

주30. 安逸 (　　　)　주31. 優雅 (　　　)

주32. 逸脫 (　　　)　주33. 提供 (　　　)

주34. 中旬 (　　　)　주35. 恥辱 (　　　)

주36. 爆彈 (　　　)

※ 다음 글을 읽고, 밑줄 친 낱말이 뜻하는 한자를 〈보기〉에서 찾아 쓰시오.

도심에 (37)사슴 (38)무리가 나타나 화제
(39)평온하던 도시에 (40)갑자기 사슴들이 나타났습니다. 사슴을 (41)가둘 것을 찾는 사람, (42)달아나는 사슴에 부딪칠까봐 이리저리 도망가는 사람들로 도심은 한순간 혼란에 빠졌으나 119 대원들이 포획 장비를 이용, 신고 30여 분 만에 사슴을 모두 (43)잡는 데 성공하였습니다.

〈보기〉	突 黨 峰 逃 鹿 額 捕 妥 囚

주37. _____　주38. _____　주39. _____

주40. _____　주41. _____　주42. _____

주43. _____

제3회 한자자격시험 예상문제

※ 다음 문장 중 한자로 표기된 단어의 독음을 쓰시오.

주44. 검찰 간부의 **受賂** 사실이 온 국민을 충격에 빠뜨렸습니다. (   )

주45. 그 작품은 **厭世的**인 경향을 띠고 있습니다. (   )

주46. 안개 때문에 건물의 **輪郭**이 흐릿하게 보였습니다. (   )

주47. 국내 정상급 가수들이 펼친 공연은 정말 **幻想**적이었습니다. (   )

주48. 비석과 무덤은 오랜 풍상으로 많이 **毁損**되어 있었습니다. (   )

주49. 숫자 '7'을 행운의 숫자라고 여기는 것은 일종의 **迷信**입니다. (   )

주50. 겨울철에는 대기가 많이 **乾燥**한 편입니다. (   )

주51. 보석과 같은 **稀少** 상품들의 가격은 대부분 비쌉니다. (   )

주52. **倦怠**를 극복하는 출발은 건강을 점검하는 데에서 비롯됩니다. (   )

주53. **多汗症**은 신체의 여러 부위에 걸쳐 영향을 끼칩니다. (   )

주54. 텔레비전의 범죄 **搜査** 장면이 때로는 모방 범죄를 부추기기도 합니다. (   )

주55. 할머니는 사진을 보며 당시 상황을 **回顧**했습니다. (   )

주56. 도시는 시골보다 산업이 일찍 **隆盛**하였습니다. (   )

※ 다음 문장 중 ( ) 안의 단어를 한자로 쓰시오.

주57. 경찰은 (대마초)를 피운 혐의로 그를 입건하였습니다. (   )

주58. 현대 생활의 직업 구조는 (전공) 분야로 다양하게 나누어져 있습니다. (   )

주59. 호남평야는 우리나라의 (곡창) 지대입니다. (   )

주60. 충전이 (완료)되면 충전기에 초록색 불이 들어옵니다. (   )

주61. 테레사 수녀는 가난한 사람들의 어머니로 (칭송)받고 있습니다. (   )

주62. 도시의 자연(환경)은 극심한 공해로 생존의 위협을 받고 있습니다. (   )

주63. 소나기와 함께 덮친 강풍으로 농작물이 큰 (피해)를 입었습니다. (   )

※ 다음 문장 중 한자로 표기한 단어의 잘못된 부분을 바르게 고쳐 쓰시오. (단, 음이 같은 한자로 고칠 것)

주64. 길이 안 보일 정도로 풀이 **貿盛**하게 자랐습니다. (→   )

주65. 을지문덕 장군은 거짓으로 항복하고 혼자 **敵鎭**으로 들어가 수나라 군의 약점을 살피고 돌아왔습니다. (→   )

※ 다음 □ 안에 적당한 한자를 넣어 〈보기〉의 설명에 해당하는 성어를 완성하시오.

주66. □手空□   (,   )
〈보기〉 '맨손과 맨주먹' 이라는 뜻으로, 아무것도 가진 것이 없음을 이르는 말

주67. 鷄□有□   (,   )
〈보기〉 '달걀에도 뼈가 있다.' 라는 뜻으로, 운수가 나쁜 사람은 모처럼 좋은 기회를 만나도 역시 일이 잘 안됨을 이르는 말

주68. 天□之□   (,   )
〈보기〉 '하늘과 땅 사이와 같이 엄청난 차이' 라는 뜻으로, 사물이 서로 엄청나게 다름을 이르는 말

주69. 萬□□通   (,   )
〈보기〉 '모든 일이 뜻하는 대로 두루두루 잘된다.' 라는 뜻으로, 모든 것이 뜻하는 대로 잘 이루어짐을 이르는 말

주70. □戰苦□   (,   )
〈보기〉 '모질게 싸우고 힘들게 싸운다.' 라는 뜻으로, 어려운 상황에서 매우 노력함을 비유하여 이르는 말

국가공인 한자자격시험 [3급] 예상문제 제4회

[제한시간: 60분]

객관식 (1~30번)

※ 다음 [ ] 안의 한자와 음이 같은 한자는?

1. [稿] ①恭 ②庫 ③嶺 ④爆
2. [府] ①負 ②孔 ③鹿 ④拂
3. [鉛] ①症 ②貢 ③宴 ④了
4. [齊] ①援 ②堤 ③供 ④龍
5. [踐] ①咸 ②攻 ③輪 ④泉

※ 다음 [ ] 안의 한자와 뜻이 상대(반대)되는 한자는?

6. [着] ①亞 ②刊 ③離 ④鉛
7. [晩] ①負 ②奔 ③珍 ④早

※ 다음 [ ] 안의 한자와 뜻이 비슷한 한자는?

8. [慮] ①泳 ②糧 ③憶 ④府
9. [險] ①銳 ②肺 ③契 ④危
10. [了] ①終 ②周 ③爆 ④慾

※ 다음 〈보기〉의 내용과 가장 관련이 깊은 한자는?

11. 〈보기〉 난로 장갑 털모자
    ①評 ②亭 ③雜 ④暖

12. 〈보기〉 다보탑 석가탑 에펠탑
    ①底 ②峰 ③塔 ④慮

13. 〈보기〉 수레 바퀴 자동차
    ①輪 ②劍 ③某 ④裕

※ 다음 [ ] 안 한자어의 독음이 바른 것은?

14. [特殊] ①특단 ②특수 ③특사 ④특징
15. [福祉] ①폭리 ②복지 ③복사 ④폭지
16. [堆積] ①추적 ②퇴적 ③선적 ④누적
17. [碑銘] ①방명 ②익명 ③비명 ④비록
18. [蛇足] ①사족 ②만족 ③흡족 ④충족

※ 다음 설명과 같은 뜻을 지닌 한자어는?

19. 남을 속여 넘김
    ①欺瞞 ②旋回 ③要塞 ④中庸

20. 논밭에 곡식의 씨앗을 뿌림
    ①播種 ②颱風 ③夭折 ④氾濫

21. 어렵게 여겨 꺼림
    ①僻地 ②敍述 ③忌憚 ④賠償

22. 빛깔을 들인 밀초
    ①鍛鍊 ②傀儡 ③華燭 ④書翰

23. 모임에 공식적으로 초대를 받고 온 사람
    ①倭亂 ②來賓 ③週末 ④奪取

24. 남 앞에서 자기의 원고를 겸손하게 이르는 말
    ①毁損 ②宗廟 ③拙稿 ④緩和

※ 다음 문장 중 ( ) 안에 들어갈 한자어로 알맞은 것은?

25. 음식을 골고루 먹어야 영양소를 고루 ( )할 수 있습니다.
    ①輔國 ②攝取 ③緯度 ④地震

26. 비행기가 정상 ( )에 오르자 승무원들이 무료 음료를 제공해 주었습니다.
    ①軌道 ②沐浴 ③厄運 ④磁力

27. 과수원 너머에 있는 들판에서 농민들이 ( )을 하고 있습니다.
    ①播種 ②比率 ③安寧 ④招聘

28. 태풍으로 모든 ( )의 운항이 금지되었습니다.
    ①蜂蜜 ②船舶 ③屯田 ④鬼神

29. 먼 친척보다 ( )이 낫습니다.
    ①穴居 ②推薦 ③障碍 ④近隣

30. 올바른 언어생활을 위해 ( ) 사용을 금해야 합니다.
    ①博物館 ②卑俗語 ③匿名性 ④葡萄糖

주관식 (주1~ 주70번)

※ 다음 한자의 훈·음을 쓰시오.

주1. 航 (   )   주2. 郵 (   )
주3. 祈 (   )   주4. 項 (   )
주5. 旬 (   )   주6. 耐 (   )
주7. 咸 (   )   주8. 援 (   )
주9. 奴 (   )   주10. 避 (   )

※ 다음 훈·음에 맞는 한자를 〈보기〉에서 찾아 쓰시오.

〈보기〉 照 胃 資 環 巡 姿 皇 旬 委 潮

주11. 순행할 순 (   )   주12. 맡길 위 (   )
주13. 재물 자 (   )   주14. 임금 황 (   )
주15. 비칠 조 (   )

※ 다음 □ 안에 공통으로 들어갈 한자를 〈보기〉에서 찾아 쓰시오.

〈보기〉 企 宣 龍 壁 評

주16. □價   論□   好□   (   )
주17. 城□   □報   □畫   (   )
주18. □揚   □傳   □敎   (   )

※ 다음 〈보기〉의 설명에 맞게 □ 안에 공통으로 들어갈 한자를 쓰시오.

주19. ① □通   ② 一□   (   )

〈보기〉
① 뚫고 나감
② 처음부터 끝까지 같은 주의·방법으로 계속함

주20. ① □慕   ② □憶   (   )

〈보기〉
① 죽은 사람을 그리며 생각함
② 지나간 일을 돌이켜 생각함

주21. ① □備   ② 家□   (   )

〈보기〉
① 빠짐없이 다 갖춤
② 집안 살림에 쓰는 기구

※ 다음 한자어의 독음을 쓰시오.

주22. 拒否 (   )   주23. 考慮 (   )
주24. 勸獎 (   )   주25. 端雅 (   )
주26. 頭腦 (   )   주27. 繁榮 (   )
주28. 比較 (   )   주29. 修了 (   )
주30. 巖壁 (   )   주31. 郵便 (   )
주32. 印刷 (   )   주33. 祭祀 (   )
주34. 支柱 (   )   주35. 親睦 (   )
주36. 抗拒 (   )

※ 다음 글을 읽고, 밑줄 친 낱말이 뜻하는 한자를 〈보기〉에서 찾아 쓰시오.

삼복더위의 보양식이라면 뭐니 뭐니 해도 삼계탕입니다. 이는 옛날부터 한여름 (37)더위를 (38)이기기 위해 즐겨 먹던 대표적인 건강식품입니다. 삼계탕은 (39)진실로 우리의 음식 문화가 고스란히 배어 있는 가장 한국적인 음식이기도 합니다. 삼계탕은 이름 그대로 (40)닭의 (41)뱃속에 인삼을 넣고 끓여서 국으로 먹는 것입니다. 삼계탕에는 인삼 외에도 마늘, (42)밤, 대추, 율무, 은행 등 (43)여러 가지 열매를 넣습니다. 인삼도 닭도 한국산이 최고이니, 삼계탕은 역시 가장 한국적인 음식임에 틀림없습니다.

〈보기〉 苟 栗 暑 恭 腹 克 兼 庶 鷄

주37. _____   주38. _____   주39. _____
주40. _____   주41. _____   주42. _____
주43. _____

※ 다음 문장 중 한자로 표기된 단어의 독음을 쓰시오.

주44. 부모의 선택과 판단에 의한 懲罰과 주의는 정당합니다. (   )

주45. 글을 읽을 때에는 문맥을 잘 把握해야 합니다. (   )

주46. 인생의 伴侶를 구하는 일은 신중해야 합니다. (   )

주47. 檢閱을 통해 영화의 등급이 결정되었습니다. (   )

주48. 최근 음주 운전으로 인한 교통사고 발생 頻度가 증가하고 있습니다. (   )

주49. 지구는 타원형의 軌道를 그리며 태양 주위를 돕니다. (   )

주50. 배우는 臺本에 따라 연기를 펼칩니다. (   )

주51. 부여에는 殉葬이라는 장례 관습이 있었습니다. (   )

주52. 그녀는 시험을 앞두고 신경이 銳敏해졌습니다. (   )

주53. 겉으로 드러난 현상보다는 그 裏面을 잘 살펴야 합니다. (   )

주54. 친구가 병원에 입원했다는 소식에 나의 마음은 錯雜하였습니다. (   )

주55. 봄이 되면 농가에서는 논밭에 播種을 하느라 바쁩니다. (   )

주56. 타인에게 손해를 입히면 당연히 賠償해야 합니다. (   )

※ 다음 문장 중 (   ) 안의 단어를 한자로 쓰시오.

주57. 언제 발생할지 모르는 사고와 질병에 대비해 (보험)에 가입했습니다. (   )

주58. 새로운 분야를 (개척)하기 위해서는 모험이 필요합니다. (   )

주59. 경찰은 목격자의 (진술)을 토대로 사건의 단서를 찾았습니다. (   )

주60. 벽에 낙서를 하던 아이들은 주인을 보자 (도망)을 쳤습니다. (   )

주61. 그 책은 판매 속도가 더디고 수익성도 적어 (절판)하였습니다. (   )

주62. 세종 대왕은 재위 기간 동안 많은 (공적)을 쌓았습니다. (   )

주63. 스케이트 선수가 유연하고 (우아)하게 얼음판 위를 움직였습니다. (   )

※ 다음 문장 중 한자로 표기한 단어의 잘못된 부분을 바르게 고쳐 쓰시오. (단, 음이 같은 한자로 고칠 것)

주64. 그 곳은 잦은 폭설로 인해 특별 재해 지역으로 宣浦되었습니다. (→   )

주65. 경찰은 유명 외제 의류의 상표를 위조해 시중에 팔아온 유통 組織을 적발하였습니다.
(→   )

※ 다음 □ 안에 적당한 한자를 넣어 〈보기〉의 설명에 해당하는 성어를 완성하시오.

주66. □□佳人 (,   )

〈보기〉 '세상에 비할 데 없이 아름다운 여자' 라는 뜻으로, 세상에 견줄 만한 사람이 없을 정도로 뛰어나게 아름다운 여인을 이르는 말

주67. 苦□之□ (,   )

〈보기〉 '자신의 몸을 괴롭게 하여 내는 꾀' 라는 뜻으로, 적을 속이기 위해 자신의 괴로움을 무릅쓰고 꾸미는 계책을 이르는 말

주68. 千篇□□ (,   )

〈보기〉 '천 권의 책이 하나의 법과 같다.' 라는 뜻으로, 모든 것이 획일적이어서 변화나 다양함이 없음을 이르는 말

주69. 目不□□ (,   )

〈보기〉 '눈으로 丁 자를 알지 못한다.' 라는 뜻으로, 아주 어리석고 무식함을 이르는 말. 낫 놓고 ㄱ 자도 모른다.

주70. □地□之 (,   )

〈보기〉 '처지를 바꾸어 그것을 생각한다.' 라는 뜻으로, 어떤 일을 상대방의 입장에서 생각해 봄을 이르는 말

국가공인 한자자격시험 [3급] 예상문제

[제한시간: 60분]

제 5 회

객관식 (1~30번)

※ 다음 [ ] 안의 한자와 음이 같은 한자는?

1. [卷] ① 司 ② 織 ③ 勸 ④ 抗
2. [紛] ① 冠 ② 栗 ③ 陳 ④ 奔
3. [愚] ① 優 ② 航 ③ 離 ④ 貫
4. [濟] ① 管 ② 提 ③ 履 ④ 梨
5. [濯] ① 慣 ② 陣 ③ 卓 ④ 享

※ 다음 [ ] 안의 한자와 뜻이 상대(반대)되는 한자는?

6. [興] ① 悔 ② 亡 ③ 拓 ④ 盲
7. [易] ① 礎 ② 訟 ③ 貫 ④ 難

※ 다음 [ ] 안의 한자와 뜻이 비슷한 한자는?

8. [明] ① 稿 ② 蓮 ③ 哲 ④ 粉
9. [亂] ① 紛 ② 俊 ③ 被 ④ 鹿
10. [憲] ① 法 ② 誌 ③ 避 ④ 捕

※ 다음 〈보기〉의 내용과 가장 관련이 깊은 한자는?

11. 〈보기〉 석탄 연료 검정
    ① 姪 ② 炭 ③ 組 ④ 恥

12. 〈보기〉 벌초 성묘 제사
    ① 墓 ② 帶 ③ 券 ④ 姑

13. 〈보기〉 지진 태풍 홍수
    ① 麻 ② 芳 ③ 述 ④ 災

※ 다음 [ ] 안 한자어의 독음이 바른 것은?

14. [沈默] ① 심묵 ② 심연 ③ 침흑 ④ 침묵
15. [矯正] ① 단정 ② 교정 ③ 순정 ④ 규정
16. [炊事] ① 취사 ② 형사 ③ 허사 ④ 서사
17. [辨別] ① 변별 ② 반별 ③ 석별 ④ 이별
18. [收斂] ① 총검 ② 위험 ③ 수렴 ④ 수험

※ 다음 설명과 같은 뜻을 지닌 한자어는?

19. 용액의 묽고 진한 정도
    ① 誓約 ② 俳優 ③ 濃度 ④ 巧妙

20. 아무 말도 없이 잠잠히 있음
    ① 誇張 ② 沈默 ③ 迷信 ④ 三綱

21. 쓸개
    ① 膽囊 ② 永訣 ③ 顚倒 ④ 醉氣

22. 넋. 정신이나 마음
    ① 魂魄 ② 擴大 ③ 混濁 ④ 莊園

23. 몸을 위로 솟구쳐 뛰는 일
    ① 舞踊 ② 跳躍 ③ 丘陵 ④ 遷都

24. 식물에 새로 트는 싹
    ① 巷說 ② 翌日 ③ 萌芽 ④ 信託

※ 다음 문장 중 ( ) 안에 들어갈 한자어로 알맞은 것은?

25. 신하들은 임금의 ( )가 내려지기를 기다리고 있었습니다.
    ① 勅書 ② 結晶 ③ 苦悶 ④ 忌憚

26. 운동을 많이 하면 ( )이 발달합니다.
    ① 缺陷 ② 飢餓 ③ 筋肉 ④ 年齡

27. 숯은 ( ) 제거에 효과가 큽니다.
    ① 郊外 ② 簡單 ③ 惡臭 ④ 編輯

28. 등산은 심신을 단련할 수 있는 좋은 ( )입니다.
    ① 蔑視 ② 岐路 ③ 隔差 ④ 趣味

29. 그 후보자는 선거법 위반 혐의로 검찰에 ( )되었습니다.
    ① 起訴 ② 緊張 ③ 攻擊 ④ 描寫

30. 졸음운전은 고속도로 자동차 ( ) 사고의 주요 원인입니다
    ① 裏面 ② 衝突 ③ 昇華 ④ 誹謗

틀린 문제가 있다면 본문을 다시 살펴서 완전히 익히고 다음 단계로 넘어가세요.

주관식 (주1~주70번)

※ 다음 한자의 훈·음을 쓰시오.

주1. 舟 (   )   주2. 囚 (   )

주3. 擔 (   )   주4. 被 (   )

주5. 胃 (   )   주6. 淡 (   )

주7. 悠 (   )   주8. 畓 (   )

주9. 刷 (   )   주10. 爆 (   )

※ 다음 훈·음에 맞는 한자를 〈보기〉에서 찾아 쓰시오.

〈보기〉 刷 織 拓 測 爆 涉 側 倉 陳 胞

주11. 건널 섭(   )   주12. 짤 직(   )

주13. 곳집 창(   )   주14. 헤아릴 측(   )

주15. 태보 포(   )

※ 다음 □ 안에 공통으로 들어갈 한자를 〈보기〉에서 찾아 쓰시오.

〈보기〉 確   額   擔   派   般

주16. □率   □認   正□   (   )

주17. □子   金□   殘□   (   )

주18. □兵   黨□   學□   (   )

※ 다음 〈보기〉의 설명에 맞게 □ 안에 공통으로 들어갈 한자를 쓰시오.

주19. ① □石   ② 基□   (   )

〈보기〉 ① 주춧돌
② 물의 밑바닥. 근본

주20. ① 眼□   ② 革□   (   )

〈보기〉 ① 눈병이 났을 때 아픈 눈을 가리는 거즈 따위의 천 조각
② 가죽으로 만든 띠

주21. ① □速   ② 缺□   (   )

〈보기〉 ① 배나 항공기의 속도
② 비행기나 선박이 정기적인 운항을 거름

※ 다음 한자어의 독음을 쓰시오.

주22. 傑出 (   )   주23. 關係 (   )

주24. 規範 (   )   주25. 擔保 (   )

주26. 萬般 (   )   주27. 報償 (   )

주28. 詐欺 (   )   주29. 壽宴 (   )

주30. 餘暇 (   )   주31. 郵票 (   )

주32. 姿態 (   )   주33. 提議 (   )

주34. 指揮 (   )   주35. 侵攻 (   )

주36. 虛妄 (   )

※ 다음 글을 읽고, 밑줄 친 낱말이 뜻하는 한자를 〈보기〉에서 찾아 쓰시오.

매화 (37)아가씨 선발 대회 열려 ······.
(38)매화 아가씨 선발 대회가 열렸습니다. 이날 대회에 참가한 아가씨들은 단정하고 (39)맵시 있는 옷차림으로 자신을 (40)꾸미고 나와 미모를 한껏 (41)누렸습니다. 1등은 개최지에서 가장 (42)멀리 (43)떨어진 곳에서 온 18세 고등학생이 차지하였습니다.

〈보기〉 娘 享 管 悠 裝 梅 距 銅 姿

주37. _____   주38. _____   주39. _____

주40. _____   주41. _____   주42. _____

주43. _____

제5회 한자자격시험 예상문제

※ 다음 문장 중 한자로 표기된 단어의 독음을 쓰시오.

주44. 경기가 끝나자 양 팀 선수들은 서로를 **激勵**하였습니다. (　　　)

주45. 죄에 대한 **赦免**은 대통령의 특권이기 때문에 의회에 의해서 기각될 수 없습니다. (　　　)

주46. 성질이 포악한 사람을 **禽獸**에 비유합니다. (　　　)

주47. 학교 화단에서 본 꽃을 식물**圖鑑**에서 찾아보았습니다. (　　　)

주48. 온도와 **濕度**가 높으면 불쾌지수도 높아집니다. (　　　)

주49. 프로그램에 **誤謬**가 생겨 컴퓨터가 작동하지 않습니다. (　　　)

주50. 기능 **障碍**가 발생하여 로켓이 공중에서 폭발했습니다. (　　　)

주51. 전쟁의 **慘狀**을 목격하고 전율을 금할 수 없었습니다. (　　　)

주52. 우리나라 선수끼리 결승전에서 **覇權**을 다투게 되었습니다. (　　　)

주53. 전통을 무시한 퇴폐적인 외래문화를 **排斥**해야 마땅합니다. (　　　)

주54. 빈혈은 철분의 **缺乏**으로 혈액 내의 적혈구 수가 줄어들어 나타나는 질병입니다. (　　　)

주55. 아직도 **似而非** 종교를 믿는 사람이 많습니다. (　　　)

주56. 비가 많이 와서 채소 값이 **急騰**했습니다. (　　　)

※ 다음 문장 중 (　) 안의 단어를 한자로 쓰시오.

주57. (**쾌청**)한 하늘 아래, 울긋불긋한 단풍잎들이 절경을 이루고 있었습니다. (　　　)

주58. 선수들은 시민의 (**환영**)에 감사의 뜻으로 손을 흔들었습니다. (　　　)

주59. 양들이 넓은 들판에서 (**한가**)롭게 풀을 뜯고 있습니다. (　　　)

주60. 어머니는 (**분유**)를 물에 타서 아기에게 먹였습니다. (　　　)

주61. 도로, 항만, 발전소, 댐 등의 (**건설**)은 국익을 위해 필요합니다. (　　　)

주62. 형과 나는 키 (**차이**)가 한 뼘 정도 납니다. (　　　)

주63. 병원에 가서 (**독감**) 예방 주사를 맞았습니다. (　　　)

※ 다음 문장 중 한자로 표기한 단어의 잘못된 부분을 바르게 고쳐 쓰시오. (단, 음이 같은 한자로 고칠 것)

주64. 반도체 산업은 우리나라 **收出**의 중추적인 역할을 하고 있습니다. (　　→　　)

주65. 10월 **中順**을 전후로 우리나라 일대에서는 단풍이 절정을 이룹니다. (　　→　　)

※ 다음 □ 안에 적당한 한자를 넣어 〈보기〉의 설명에 해당하는 성어를 완성하시오.

주66. □□一針　　(　,　)

〈보기〉 '정수리에 놓은 하나의 바늘' 이라는 뜻으로, 따끔한 충고나 교훈을 이르는 말

주67. 苦□□來　　(　,　)

〈보기〉 '쓴 것이 다하면 단 것이 온다.' 라는 뜻으로, 고생 끝에 즐거움이 옴을 이르는 말

주68. □山之□　　(　,　)

〈보기〉 '다른 산의 돌' 이라는 뜻으로, 다른 사람의 하찮은 말과 행동도 자신의 지식과 덕을 닦는 데 도움이 될 수 있음을 이르는 말

주69. □□多識　　(　,　)

〈보기〉 '학식이 넓고 아는 것이 많다.' 라는 뜻으로, 모르는 것이 없음을 이르는 말

주70. 烏□□落　　(　,　)

〈보기〉 '까마귀 날자 배 떨어진다.' 라는 뜻으로, 일이 공교롭게도 동시에 일어나 남에게 의심을 받게 됨을 이르는 말

국가공인 한자자격시험 [3급] 예상문제 제6회

[제한시간: 60분]

객관식 (1~30번)

※ 다음 [ ] 안의 한자와 음이 같은 한자는?

1. [紀] ①較 ②奇 ③吏 ④姪
2. [祕] ①肥 ②響 ③構 ④臨
3. [胃] ①儀 ②委 ③秩 ④憲
4. [弔] ①苟 ②麻 ③像 ④租
5. [歎] ①炭 ②宜 ③險 ④妄

※ 다음 [ ] 안의 한자와 뜻이 상대(반대)되는 한자는?

6. [罰] ①賞 ②組 ③澤 ④硬
7. [虛] ①樣 ②侵 ③岸 ④滿

※ 다음 [ ] 안의 한자와 뜻이 비슷한 한자는?

8. [奔] ①走 ②慮 ③輪 ④拂
9. [詐] ①供 ②欺 ③肥 ④胃
10. [慕] ①陳 ②織 ③戀 ④抗

※ 다음 〈보기〉의 내용과 가장 관련이 깊은 한자는?

11. 〈보기〉 한국 일본 중국
    ①齊 ②餓 ③邦 ④胃
12. 〈보기〉 편지 우정국 수집
    ①郵 ②聰 ③丸 ④航
13. 〈보기〉 본관 뿌리 혈통
    ①派 ②譜 ③征 ④策

※ 다음 [ ] 안 한자어의 독음이 바른 것은?

14. [抽出] ①추출 ②유출 ③퇴출 ④검출
15. [狩獵] ①수뢰 ②수납 ③수렵 ④수뇌
16. [丘陵] ①대륙 ②구룩 ③구릉 ④기륭
17. [純粹] ①발췌 ②순수 ③순졸 ④수수
18. [招聘] ①소빙 ②초청 ③초빙 ④소개

※ 다음 설명과 같은 뜻을 지닌 한자어는?

19. 전체 속에서 어떤 물건, 생각, 요소 따위를 뽑아냄
    ①比率 ②名譽 ③結晶 ④抽出
20. 염화수소의 수용액
    ①鹽酸 ②岐路 ③名詞 ④比喩
21. 업신여기거나 하찮게 여겨 깔봄
    ①蔑視 ②愼重 ③捷徑 ④含蓄
22. 생물체를 절개하여 내부를 조사하는 일
    ①許諾 ②解剖 ③遞增 ④解夢
23. 어리석고 사리에 어두움
    ①把握 ②遲滯 ③運搬 ④蒙昧
24. 땅속이나 큰 덩치의 흙, 돌 더미 따위에 묻혀 있는 것을 찾아서 파냄
    ①騷音 ②保護 ③發掘 ④洞窟

※ 다음 문장 중 ( ) 안에 들어갈 한자어로 알맞은 것은?

25. 높은 산에 올라가면 ( )이 낮아져 귀가 멍멍해 집니다.
    ①氣壓 ②洪水 ③謙遜 ④幻想
26. 그의 말에는 ( )이 많아 사람들이 지루함을 느꼈습니다.
    ①塵土 ②慰勞 ③蛇足 ④狩獵
27. 산림이 ( )해야 여름철 홍수 피해를 막을 수 있습니다.
    ①祠堂 ②矛盾 ③鬱蒼 ④飢餓
28. 잇따른 공직자들의 ( )이 각 신문의 헤드라인을 장식하였습니다.
    ①滄海 ②函數 ③醜聞 ④尖端
29. 유머는 ( )을 푸는 데 도움을 줍니다.
    ①絶叫 ②官僚 ③民譚 ④緊張
30. 그는 논문의 ( )을 영문으로 작성하였습니다.
    ①崩壞 ②抄錄 ③脣音 ④淫亂

주관식 (주1~주70번)

※ 다음 한자의 훈·음을 쓰시오.

주1. 貸 (　　　　) 주2. 浦 (　　　　)

주3. 訟 (　　　　) 주4. 籍 (　　　　)

주5. 派 (　　　　) 주6. 毒 (　　　　)

주7. 態 (　　　　) 주8. 宜 (　　　　)

주9. 豚 (　　　　) 주10. 宣 (　　　　)

※ 다음 훈·음에 맞는 한자를 〈보기〉에서 찾아 쓰시오.

〈보기〉 享 距 弘 構 侵 浸 苟 昏 拒 亨

주11. 누릴 향 (　　　) 주12. 진실로 구 (　　　)

주13. 클 홍 (　　　) 주14. 막을 거 (　　　)

주15. 침노할 침 (　　　)

※ 다음 □ 안에 공통으로 들어갈 한자를 〈보기〉에서 찾아 쓰시오.

〈보기〉 裕 緣 誌 憲 腹

주16. 因□　　血□　　□分　(　　　)

주17. □法　　□兵　　制□節　(　　　)

주18. 餘□　　富□　　□福　(　　　)

※ 다음 〈보기〉의 설명에 맞게 □ 안에 공통으로 들어갈 한자를 쓰시오.

주19. ① 監□　　② 總□　(　　　)

〈보기〉
① 일이나 사람 따위가 잘못되지 아니하도록 살피어 단속함
② 어떤 관할 구역 안의 모든 행정을 통할하는 직책

주20. ① □合　　② 關□　(　　　)

〈보기〉
① 두 가지 이상의 사물이 서로 합동하여 하나의 조직체를 만듦
② 서로 관계를 맺어 매여 있음

주21. ① □兒　　② 色□　(　　　)

〈보기〉
① 눈먼 아이
② 빛깔을 구별하지 못하는 상태, 또는 그런 증상이 있는 사람

※ 다음 한자어의 독음을 쓰시오.

주22. 劍術 (　　　) 주23. 冠禮 (　　　)

주24. 菌絲 (　　　) 주25. 貸與 (　　　)

주26. 滿潮 (　　　) 주27. 補償 (　　　)

주28. 詐稱 (　　　) 주29. 囚人 (　　　)

주30. 旅券 (　　　) 주31. 運航 (　　　)

주32. 殘留 (　　　) 주33. 租貢 (　　　)

주34. 陳述 (　　　) 주35. 侵略 (　　　)

주36. 血盟 (　　　)

※ 다음 글을 읽고, 밑줄 친 낱말이 뜻하는 한자를 〈보기〉에서 찾아 쓰시오.

충남 예산에서 (37)길쌈 축제 열려 …….
올해로 3회째를 맞는 이 축제는 (38)베틀에서 베짜기, (39)삼 껍질 벗기기, (40)돼지 먹이 주기, (41)도끼로 장작 패기, (42)밤 빨리 까기, (43)나물 캐기 등의 대회를 개최하여 참가한 사람들에게 다양한 농촌 체험 활동을 제공하였습니다.

〈보기〉 斤 麻 囚 蔬 豚 績 孟 栗 機

주37. _____　주38. _____　주39. _____

주40. _____　주41. _____　주42. _____

주43. _____

※ 다음 문장 중 한자로 표기된 단어의 독음을 쓰시오.

주44. 우리 마을은 이웃 간의 정이 **敦篤**합니다. (　　　)

주45. 국회 **審議**에서 정부의 개헌안이 부결되었습니다. (　　　)

주46. 그의 **傲慢**한 태도에 모두 화가 났습니다. (　　　)

주47. 자연은 인간을 이롭게도 하지만 때로는 **災殃**을 불러일으키기도 합니다. (　　　)

주48. 흥부에게 치료받은 제비는 높은 **蒼空**으로 힘차게 날아올랐습니다. (　　　)

주49. **廢鑛** 지역을 관광농원으로 개발하였습니다. (　　　)

주50. 강이 **汎濫**하여 마을 대부분이 물에 잠겼습니다. (　　　)

주51. 건축 설계상의 **缺陷**으로 건물이 붕괴하였습니다. (　　　)

주52. 많은 사람이 **寺刹**이나 교회를 신성한 장소로 여깁니다. (　　　)

주53. 우리 모두 한글에 대한 **矜持**와 자부심으로 한글 알리기에 힘써야 합니다. (　　　)

주54. 시계에서 4시, 5시, 7시, 8시일 때의 각은 **鈍角**입니다. (　　　)

주55. 골목길에 방치된 음식 쓰레기의 **惡臭**가 코를 찌릅니다. (　　　)

주56. 환경 **汚染**으로 오존층이 점점 파괴되고 있습니다. (　　　)

※ 다음 문장 중 ( ) 안의 단어를 한자로 쓰시오.

주57. (**정리**) 정돈을 잘하면 주변이 깨끗해집니다. (　　　)

주58. 울릉도는 동해에 (**위치**)하고 있습니다. (　　　)

주59. 오랜 회담 끝에 양측이 마침내 (**타협**)에 이르렀습니다. (　　　)

주60. 그는 비자금에 관해서 일체 언급을 (**회피**)하였습니다. (　　　)

주61. 독립 운동가들은 상해에 임시 정부를 세우고 일제에 (**항거**)하였습니다. (　　　)

주62. 예식이 시작되자 면사포를 쓴 신부와 연미복을 입은 (**신랑**)이 나란히 팔을 끼고 입장하였습니다. (　　　)

주63. 식물이 (**군락**)을 형성하고 세력을 넓혀 나가려면 꽃을 피우고 주변으로 씨앗을 퍼뜨려야 합니다. (　　　)

※ 다음 문장 중 한자로 표기한 단어의 잘못된 부분을 바르게 고쳐 쓰시오. (단, 음이 같은 한자로 고칠 것)

주64. 골이 터지지 않자 **勝付**차기로 승패를 결정하였습니다. (　　　→　　　)

주65. 그는 **重後**하면서도 부드러운 인상을 풍겼습니다. (　　　→　　　)

※ 다음 □ 안에 적당한 한자를 넣어 〈보기〉의 설명에 해당하는 성어를 완성하시오.

주66. 朝□暮□ (　　,　　)

〈보기〉 '아침에 명령을 내렸다가 저녁에 다시 고친다.' 라는 뜻으로, 법령을 자꾸 고쳐서 갈피를 잡기가 어려움을 이르는 말

주67. 過□不□ (　　,　　)

〈보기〉 '지나친 것은 미치지 못한 것과 같다.' 라는 뜻으로, 중용이 중요함을 이르는 말

주68. □上空□ (　　,　　)

〈보기〉 '탁자 위의 헛된 논의' 라는 뜻으로, 실제적인 이용 가치도 없는 것을 둘러 앉아 의논함을 이르는 말

주69. □□忘德 (　　,　　)

〈보기〉 '은혜를 등지고 덕을 잊어버린다.' 라는 뜻으로, 남에게 입은 은덕을 저버리고 배신함을 이르는 말

주70. □合之□ (　　,　　)

〈보기〉 '까마귀가 모인 것처럼 질서가 없이 모인 군사' 라는 뜻으로, 임시로 모여들어서 규율이 없고 무질서한 병졸 또는 군중을 이르는 말

국가공인 한자자격시험 [3급] 예상문제

[제한시간: 60분] 제 7 회

객관식 (1~30번)

※ 다음 [ ] 안의 한자와 음이 같은 한자는?

1. [祈] ① 索 ② 疑 ③ 寄 ④ 贊
2. [詐] ① 斯 ② 絃 ③ 拳 ④ 梅
3. [圍] ① 姻 ② 衛 ③ 倉 ④ 亨
4. [潮] ① 菌 ② 盲 ③ 逸 ④ 組
5. [避] ① 被 ② 昏 ③ 克 ④ 孟

※ 다음 [ ] 안의 한자와 뜻이 상대(반대)되는 한자는?

6. [暑] ① 架 ② 邊 ③ 延 ④ 寒
7. [厚] ① 薄 ② 塔 ③ 裕 ④ 嶺

※ 다음 [ ] 안의 한자와 뜻이 비슷한 한자는?

8. [響] ① 聯 ② 付 ③ 音 ④ 圍
9. [亞] ① 副 ② 鎭 ③ 港 ④ 管
10. [悅] ① 履 ② 祀 ③ 維 ④ 喜

※ 다음 〈보기〉의 내용과 가장 관련이 깊은 한자는?

11. 〈보기〉 성격 칼날 질문
    ① 張 ② 羽 ③ 輩 ④ 銳

12. 〈보기〉 고사리 미나리 숙주
    ① 刻 ② 蔬 ③ 鹿 ④ 畓

13. 〈보기〉 결혼 예식장 혼례
    ① 耐 ② 岸 ③ 姻 ④ 邊

※ 다음 [ ] 안 한자어의 독음이 바른 것은?

14. [纖維] ① 직유 ② 직진 ③ 섬세 ④ 섬유
15. [哀悼] ① 애원 ② 애도 ③ 의탁 ④ 애모
16. [燃燒] ① 연소 ② 원소 ③ 폭소 ④ 희소
17. [遷都] ① 부도 ② 시도 ③ 천도 ④ 항도
18. [赴任] ① 부임 ② 주임 ③ 부고 ④ 책임

※ 다음 설명과 같은 뜻을 지닌 한자어는?

19. 행동을 함께하기 위하여 서로 붙들어 도와줌
    ① 宮闕 ② 凍死 ③ 福祉 ④ 提携

20. 따돌리거나 거부하여 밀어 내침
    ① 排斥 ② 月蝕 ③ 振動 ④ 特殊

21. 몹시 괴롭히거나 가혹하게 대우함
    ① 螢雪 ② 叢書 ③ 諮問 ④ 虐待

22. 주된 사물이나 기관에 딸려서 붙음
    ① 辭典 ② 附錄 ③ 附屬 ④ 沒入

23. 어떠한 한계나 표준을 뛰어넘음
    ① 戲弄 ② 超越 ③ 耽溺 ④ 誹謗

24. 콧구멍에서 인두에 이르기까지의 빈 곳
    ① 枯死 ② 空欄 ③ 鼻腔 ④ 冷却

※ 다음 문장 중 ( ) 안에 들어갈 한자어로 알맞은 것은?

25. 온실가스의 주요 원인은 석탄과 같은 화석 연료의 ( ) 때문입니다.
    ① 收斂 ② 戲弄 ③ 燃燒 ④ 月蝕

26. ( )은 눈알이 박혀 움푹 들어간 눈구멍의 바깥 위쪽 구석에 있습니다.
    ① 揷畵 ② 彫刻 ③ 淚腺 ④ 戲曲

27. 두 나라 간의 협상으로 새로운 무역 협정이 ( ) 되었습니다.
    ① 激勵 ② 乾燥 ③ 金融 ④ 締結

28. 이번 화재의 원인은 ( )으로 밝혀졌습니다.
    ① 象徵 ② 調劑 ③ 官廳 ④ 漏電

29. 연습은 성공을 위한 가장 빠른 ( )입니다.
    ① 捷徑 ② 萌芽 ③ 琴瑟 ④ 坑道

30. 공자는 겉과 속이 아주 다른 ( ) 한 사람을 미워하였습니다.
    ① 多汗症 ② 上位圈 ③ 標準語 ④ 似而非

주관식 (주1~ 주70번)

※ 다음 한자의 훈·음을 쓰시오.

주1. 塔 (　　　　) 　주2. 姻 (　　　　)

주3. 亂 (　　　　) 　주4. 値 (　　　　)

주5. 慮 (　　　　) 　주6. 恕 (　　　　)

주7. 側 (　　　　) 　주8. 戀 (　　　　)

주9. 逸 (　　　　) 　주10. 超 (　　　　)

※ 다음 훈·음에 맞는 한자를 〈보기〉에서 찾아 쓰시오.

〈보기〉 離 珍 逃 畿 陣 斯 機 履 詐 盜

주11. 경기　기 (　　) 　수12. 도둑　도 (　　)

주13. 보배　진 (　　) 　주14. 밟을 리 (　　)

주15. 이　　사 (　　)

※ 다음 □ 안에 공통으로 들어갈 한자를 〈보기〉에서 찾아 쓰시오.

〈보기〉 普 周 刻 澤 任

주16. 光□　德□　惠□　(　　　)

주17. □務　信□　擔□　(　　　)

주18. □邊　□圍　一□　(　　　)

※ 다음 〈보기〉의 설명에 맞게 □ 안에 공통으로 들어갈 한자를 쓰시오.

주19. ① □岸　② 生□　(　　　)

〈보기〉
① 물가
② 이 세상에 살아 있는 동안

주20. ① 缺□　② 破□　(　　　)

〈보기〉
① 모자람. 한 부분이 없어 불완전함
② 깨어져 못 쓰게 됨

주21. ① □邊　② 一□　(　　　)

〈보기〉
① 어떤 대상의 둘레
② 일정한 경로를 한 바퀴 돎

※ 다음 한자어의 독음을 쓰시오.

주22. 激突 (　　　) 　주23. 官吏 (　　　)

주24. 謹弔 (　　　) 　주25. 待避 (　　　)

주26. 孟浪 (　　　) 　주27. 保障 (　　　)

주28. 散亂 (　　　) 　주29. 輸入 (　　　)

주30. 驛舍 (　　　) 　주31. 衛生 (　　　)

주32. 殘額 (　　　) 　주33. 潮流 (　　　)

주34. 秩序 (　　　) 　주35. 妥當 (　　　)

주36. 惠澤 (　　　)

※ 다음 글을 읽고, 밑줄 친 낱말이 뜻하는 한자를 〈보기〉에서 찾아 쓰시오.

　진정한 실력은 자신의 잘못된 (37)버릇을 (38)버리고 노력을 (39)쌓을 때 향상될 수 있습니다. 노력하지 않고 수업에 대한 불평만 (40)늘어놓으면 절대 실력이 향상되지 않습니다. 자신의 잘못된 공부 습관을 (41)바로잡고 그 누가 (42)방해하여도 집중해서 노력한다면 당신의 장래는 (43)밝을 것입니다.

〈보기〉 妨 築 慣 宜 羽 捨 訂 哲 陳

주37. _____　주38. _____　주39. _____

주40. _____　주41. _____　주42. _____

주43. _____

제7회 한자자격시험 예상문제

※ 다음 문장 중 한자로 표기된 단어의 독음을 쓰시오.

주44. 사고 현장은 부상자들의 신음과 **絶叫**로 가득했습니다. (　　)

주45. 장수왕은 광활한 영토를 효과적으로 다스리기 위해 평양으로 **遷都**하였습니다. (　　)

주46. 경찰에 포위된 범인은 결국 도주를 **抛棄**하였습니다. (　　)

주47. 할아버지께서는 **僻地** 해안가에 있는 작은 마을에서 젊은 시절을 보내셨습니다. (　　)

주48. 악천후 때문에 국내선과 국외선 전 노선의 비행기 운항이 일시적으로 **缺航**하였습니다. (　　)

주49. 백과사전에는 독자들의 개념 이해를 도와주는 **插畵**, 지도, 사진들이 수록되어 있습니다. (　　)

주50. 이모는 옥동자를 낳게 해 달라고 **祈禱**하였습니다. (　　)

주50. 열은 **摩擦**에 의해 생깁니다. (　　)

주52. 주민은 마을의 **安寧**을 기원하는 제사를 지냈습니다. (　　)

주53. 토양 침식은 나무를 심음으로써 어느 정도 **緩和**됩니다. (　　)

주54. 음악은 **情緖** 순화에 도움이 됩니다. (　　)

주55. 이번 주까지 논문의 **抄錄**을 작성하기로 하였습니다. (　　)

주56. 시에서 사용하는 언어는 매우 **含蓄**적입니다. (　　)

※ 다음 문장 중 ( ) 안의 단어를 한자로 쓰시오.

주57. 우리 가족은 (**검소**)와 절약을 생활 속에서 늘 실천하고 있습니다. (　　)

주58. 그 회사는 (**창사**) 이래 최대 매출을 기록했습니다. (　　)

주59. 문학에 (**반영**)되는 삶은 현실에 뿌리를 두고 있습니다. (　　)

주60. 뜰 안에는 아담한 (**정자**)와 그 정자를 둘러싼 연못이 있었습니다. (　　)

주61. 훈장님은 아주 (**근엄**)하게 아이들을 훈계하였습니다. (　　)

주62. 독립투사들의 (**유일**)한 희망은 조국의 광복이었습니다. (　　)

주63. (**토양**)은 식물이 자랄 수 있는 기반이 됩니다. (　　)

※ 다음 문장 중 한자로 표기한 단어의 잘못된 부분을 바르게 고쳐 쓰시오. (단, 음이 같은 한자로 고칠 것)

주64. 말보다는 **實賤**이 중요합니다. (　　→　　)

주65. 아마존 강의 밀림 **地貸**는 아직도 원시 그대로의 모습이 남아 있습니다. (　　→　　)

※ 다음 □ 안에 적당한 한자를 넣어 〈보기〉의 설명에 해당하는 성어를 완성하시오.

주66. □口難□ (　,　)
〈보기〉 '여러 사람의 입은 막기가 어렵다.' 라는 뜻으로, 많은 사람이 마구 떠들어대는 소리는 감당하기 어려움을 이르는 말

주67. □墨者□ (　,　)
〈보기〉 '먹을 가까이 하는 사람이 검어진다.' 라는 뜻으로, 나쁜 사람과 가까이 지내면 나쁜 버릇에 물들기 쉬움을 비유하여 이르는 말

주68. □竹之□ (　,　)
〈보기〉 '대나무를 쪼개는 기세' 라는 뜻으로, 적을 거침없이 물리치고 쳐들어가는 기세를 이르는 말

주69. □生□義 (　,　)
〈보기〉 '목숨을 버리고 의를 좇는다.' 라는 뜻으로, 목숨을 버릴지언정 옳은 일을 함을 이르는 말

주70. □□百世 (　,　)
〈보기〉 '꽃다운 향기가 백세에 널리 알려진다.' 라는 뜻으로, 명예로운 이름을 후세에 길이 남김을 이르는 말

국가공인 한자자격시험 [3급] 예상문제

[제한시간: 60분]

 제 8 회

객관식 (1~30번)

※ 다음 [ ] 안의 한자와 음이 같은 한자는?

1. [盜] ①姿 ②策 ③弘 ④逃
2. [捨] ①祀 ②斤 ③盟 ④宣
3. [裕] ①資 ②拓 ③悠 ④確
4. [俊] ①謹 ②銘 ③涉 ④準
5. [賀] ①殘 ②何 ③蔬 ④雜

※ 다음 [ ] 안의 한자와 뜻이 상대(반대)되는 한자는?

6. [深] ①毒 ②淺 ③龍 ④梨
7. [繼] ①衛 ②差 ③斷 ④享

※ 다음 [ ] 안의 한자와 뜻이 비슷한 한자는?

8. [吾] ①償 ②余 ③秩 ④險
9. [航] ①贊 ②舟 ③像 ④妄
10. [援] ①臨 ②券 ③梅 ④助

※ 다음 〈보기〉의 내용과 가장 관련이 깊은 한자는?

11. 〈보기〉 갓 성년 벼슬
    ①冠 ②慾 ③殘 ④賤
12. 〈보기〉 현판 액수 이마
    ①販 ②額 ③亨 ④濯
13. 〈보기〉 맡기다 부치다 나그네
    ①座 ②愚 ③寄 ④銅

※ 다음 [ ] 안 한자어의 독음이 바른 것은?

14. [鹽酸] ①염소 ②감사 ③염산 ④감음
15. [燦爛] ①찬란 ②요란 ③찬성 ④호란
16. [傲慢] ①방만 ②불만 ③오만 ④태만
17. [騷音] ①탁음 ②녹음 ③굉음 ④소음
18. [畏敬] ①공경 ②파경 ③외경 ④존경

※ 다음 설명과 같은 뜻을 지닌 한자어는?

19. 조상의 신주를 모셔 놓은 집
    ①無影 ②祠堂 ③憐憫 ④忽然
20. 녹거나 녹임
    ①蹴球 ②匠人 ③燃燒 ④溶解
21. 메마르고 건조하여 식물이 거의 자라지 않는 땅
    ①沙漠 ②奴隷 ③貢獻 ④寡占
22. 더 이상의 양을 수용할 수 없이 가득 참
    ①雷電 ②未畢 ③森林 ④飽和
23. 죄를 용서하여 형벌을 면제함
    ①零下 ②店鋪 ③赦免 ④炊事
24. 예를 갖추어 불러 맞아들임
    ①誕生 ②旱魃 ③招聘 ④揭揚

※ 다음 문장 중 ( ) 안에 들어갈 한자어로 알맞은 것은?

25. 태권도는 심신 ( )에 많은 도움이 됩니다.
    ①鍛鍊 ②相互 ③族閥 ④鍼灸
26. 소년이 ( )을 향해 연을 날리고 있습니다.
    ①蒼空 ②飽和 ③純粹 ④分裂
27. 그녀는 침실을 꽃무늬 벽지로 ( )했습니다.
    ①鑛物 ②傲慢 ③狀況 ④塗褙
28. 전쟁의 ( )은 차마 눈 뜨고 볼 수 없었습니다.
    ①凝固 ②天賦 ③慘狀 ④虐待
29. 침은 고통을 ( )하는 데 효과가 있다고 합니다.
    ①頃刻 ②緩和 ③茅屋 ④沙漠
30. 높이뛰기 선수는 높이 ( )하여 장대를 뛰어넘었습니다.
    ①拔萃 ②跳躍 ③檀君 ④汚染

주관식 (주1~주70번)

※ 다음 한자의 훈·음을 쓰시오.

주1. 嶺 (　　　)　주2. 妾 (　　　)
주3. 祥 (　　　)　주4. 鹿 (　　　)
주5. 哲 (　　　)　주6. 龍 (　　　)
주7. 債 (　　　)　주8. 孟 (　　　)
주9. 倉 (　　　)　주10. 姿 (　　　)

※ 다음 훈·음에 맞는 한자를 〈보기〉에서 찾아 쓰시오.

〈보기〉　港 睦 普 銳 償 祀 敏 抗 額 譜

주11. 재빠를 민 (　　　)　주12. 항구 항 (　　　)
주13. 이마 액 (　　　)　주14. 넓을 보 (　　　)
주15. 갚을 상 (　　　)

※ 다음 □ 안에 공통으로 들어갈 한자를 〈보기〉에서 찾아 쓰시오.

〈보기〉　府　執　陳　享　斯

주16. □年　□樂　□有　(　　　)
주17. □列　□述　開□　(　　　)
주18. 固□　□着　□念　(　　　)

※ 다음 〈보기〉의 설명에 맞게 □ 안에 공통으로 들어갈 한자를 쓰시오.

주19. ① □成　② 協□　(　　　)
〈보기〉
① 다른 사람의 의견이나 제안 등을 좋다고 인정하여 동의함
② 찬동하여 도움

주20. ① □勤　② □席　(　　　)
〈보기〉
① 근무해야 할 날에 나오지 않고 빠짐
② 나가야 할 자리에 나가지 않음

주21. ① □固　② □實　(　　　)
〈보기〉
① 태도나 상황 따위가 확실하고 굳음
② 틀림이 없음

※ 다음 한자어의 독음을 쓰시오.

주22. 缺禮 (　　　)　주23. 關涉 (　　　)
주24. 寄稿 (　　　)　주25. 對抗 (　　　)
주26. 銘心 (　　　)　주27. 複雜 (　　　)
주28. 生涯 (　　　)　주29. 熟眠 (　　　)
주30. 延期 (　　　)　주31. 衛星 (　　　)
주32. 裝備 (　　　)　주33. 調整 (　　　)
주34. 菜蔬 (　　　)　주35. 態度 (　　　)
주36. 弘報 (　　　)

※ 다음 글을 읽고, 밑줄 친 낱말이 뜻하는 한자를 〈보기〉에서 찾아 쓰시오.

　논개는 왜장들이 (37)잔치를 벌이고 있는 (38)정자로 향했습니다. 그리고 (39)공손히 인사를 하고 앉았습니다.
　'조용한 나라를 침범한 이 (40)도둑 같은 놈들! 너희를 절대 (41)용서할 수 없다.'
　논개는 술에 취해 (42)어지러운 왜장을 껴안고 남강에 (43)떨어졌습니다.

〈보기〉　宴 恭 賊 司 距 博 紛 亭 恕

주37. _____　주38. _____　주39. _____
주40. _____　주41. _____　주42. _____
주43. _____

※ 다음 문장 중 한자로 표기된 단어의 독음을 쓰시오.

주44. 전지를 연결하는 방법에는 직렬과 竝列이 있습니다. ( )

주45. 예로부터 謙遜은 우리의 자랑스러운 미덕입니다. ( )

주46. 비둘기는 평화를 象徵합니다. ( )

주47. 그 환자는 지금 생사의 岐路를 헤매고 있습니다. ( )

주48. 媒體의 발달로 많은 기업이 새로운 판로를 개척하고 있습니다. ( )

주49. 검은색 깃은 哀悼의 표시입니다. ( )

주50. 적의 要塞를 힘락하여 이군의 수중으로 넘어왔습니다. ( )

주51. 두 기업의 提携는 상당한 상승효과를 가져올 것으로 기대됩니다. ( )

주52. 그는 국가 대표 팀의 감독으로 招聘되었습니다. ( )

주53. 巷說에 따르면 그가 차기 회장 후보라고 합니다. ( )

주54. 신문에 기업 총수의 訃告가 실렸습니다. ( )

주55. 최근 신체 부위를 이용한 마약 밀수 수법이 갈수록 巧妙해지고 있습니다. ( )

주56. 그는 죽은 후에 장기를 기증하기로 誓約하였습니다. ( )

※ 다음 문장 중 ( ) 안의 단어를 한자로 쓰시오.

주57. 사람들은 세월이 흐르거나 실패를 한 뒤에야 (후회)하곤 합니다. ( )

주58. 죽음 앞에서는 아무리 큰 재산과 권력도 다 (허망)합니다. ( )

주59. 오선지 위에 음표를 그려 넣어 (악보)를 만들었습니다. ( )

주60. 전세 (계약)이 만료되기까지는 아직 1년이 남았습니다. ( )

주61. 그 남자는 술에 취해 파티에서 (천박)하게 굴었습니다. ( )

주62. 청소년기의 음주와 흡연은 정상적인 성장을 (방해)합니다. ( )

주63. 경찰은 교통 신호를 위반한 운전자에게 면허증 (제시)를 요구하였습니다. ( )

※ 다음 문장 중 한자로 표기한 단어의 잘못된 부분을 바르게 고쳐 쓰시오. (단, 음이 같은 한자로 고칠 것)

주64. 할머니께서 몸이 편찮으신지 岸色이 좋지 않았습니다. (→)

주65. 증인의 陳術은 용의자를 궁지에 몰았습니다. (→)

※ 다음 □ 안에 적당한 한자를 넣어 〈보기〉의 설명에 해당하는 성어를 완성하시오.

주66. □□爲馬 (,)

〈보기〉 '사슴을 가리켜 말이라고 한다.' 라는 뜻으로, 꾀를 부려 다른 사람을 농락하거나 권세를 부림을 이르는 말

주67. 金□玉□ (,)

〈보기〉 '금으로 된 가지와 옥으로 된 잎' 이라는 뜻으로, 임금의 가족 또는 귀한 자손을 이르는 말

주68. □□絶倒 (,)

〈보기〉 '배를 안고 기절하듯이 넘어진다.' 라는 뜻으로, 배를 그러안고 넘어질 정도로 몹시 웃음을 이르는 말

주69. 三人□□ (,)

〈보기〉 '세 사람이면 호랑이도 만든다.' 라는 뜻으로, 거짓말이라도 여러 사람이 말하면 참말로 들음을 이르는 말

주70. 類類□□ (,)

〈보기〉 '같은 무리끼리 서로 따른다.' 라는 뜻으로, 성격이나 처지가 비슷한 사람끼리 서로 어울림을 이르는 말

국가공인 한자자격시험 [3급] 예상문제

[제한시간: 60분]

제 9 회

객관식 (1~30번)

※ 다음 [ ] 안의 한자와 음이 같은 한자는?

1. [督] ①賊 ②模 ③毒 ④獎
2. [祥] ①償 ②哲 ③悔 ④企
3. [悠] ①慕 ②裝 ③維 ④妾
4. [誌] ①劃 ②池 ③刷 ④超
5. [港] ①丈 ②旬 ③欺 ④項

※ 다음 [ ] 안의 한자와 뜻이 상대(반대)되는 한자는?

6. [賢] ①優 ②症 ③愚 ④亨
7. [損] ①貢 ②腹 ③帶 ④益

※ 다음 [ ] 안의 한자와 뜻이 비슷한 한자는?

8. [盜] ①資 ②債 ③確 ④賊
9. [販] ①蔬 ②募 ③賣 ④謹
10. [硬] ①機 ②睦 ③堅 ④帳

※ 다음 〈보기〉의 내용과 가장 관련이 깊은 한자는?

11. 〈보기〉 돌 생일 칠순
    ①銘 ②欺 ③系 ④宴

12. 〈보기〉 심하다 깊다 중하다
    ①績 ②深 ③豚 ④茶

13. 〈보기〉 장님 점자 심봉사
    ①盲 ②彈 ③響 ④兼

※ 다음 [ ] 안 한자어의 독음이 바른 것은?

14. [雇傭] ①중용 ②고객 ③고용 ④구속
15. [遺蹟] ①유적 ②성적 ③귀책 ④실책
16. [障碍] ①획득 ②비애 ③장애 ④소득
17. [宗廟] ①종묘 ②숭상 ③종가 ④상조
18. [頃刻] ①경해 ②경각 ③시각 ④항각

※ 다음 설명과 같은 뜻을 지닌 한자어는?

19. 필요 이상의 돈이나 물건을 쓰거나 분수에 지나친 생활을 함
    ①肯定 ②滅亡 ③碑銘 ④奢侈

20. 꾀어서 정신을 혼미하게 하거나 좋지 아니한 길로 이끎
    ①濕度 ②天賦 ③誘惑 ④瑕疵

21. 생물체의 몸을 이루는 가늘고 긴 실 모양의 물질
    ①弊社 ②纖維 ③懲罰 ④幼稚

22. 뒤섞이어 어수선함
    ①隨筆 ②脈絡 ③錯雜 ④概念

23. 발을 드리움
    ①垂簾 ②筋肉 ③收斂 ④媒體

24. 신부가 처음으로 시부모를 뵐 때 큰절을 하고 올리는 물건
    ①分娩 ②羞恥 ③幣帛 ④遺蹟

※ 다음 문장 중 ( ) 안에 들어갈 한자어로 알맞은 것은?

25. 그 회사는 외국 회사와 ( )하여 신제품을 개발하고 있습니다.
    ①提携 ②滅亡 ③碑銘 ④濕度

26. 이번 회담은 양국 관계가 더욱 ( )해지는 계기가 되었습니다.
    ①沃土 ②敦篤 ③狂人 ④踏査

27. 광복절 특사로 많은 모범수가 ( )되었습니다.
    ①赦免 ②頓悟 ③屈伏 ④智慧

28. 이 제품은 숙련된 ( )의 솜씨로 탄생한 명품입니다.
    ①檢閱 ②揭揚 ③匠人 ④肯定

29. 새로운 분야를 개척하기 위해서는 ( )이 필요합니다.
    ①主軸 ②臺本 ③絞首 ④冒險

30. 그는 어리석은 자신의 행동에 ( )를 금할 길이 없었습니다.
    ①自愧 ②鼻腔 ③綿織 ④急騰

주관식 (주1~주70번)

※ 다음 한자의 훈·음을 쓰시오.

주1. 盟 (　　　)　주2. 差 (　　　)

주3. 銘 (　　　)　주4. 姪 (　　　)

주5. 訂 (　　　)　주6. 祀 (　　　)

주7. 陳 (　　　)　주8. 貿 (　　　)

주9. 池 (　　　)　주10. 敏 (　　　)

※ 다음 훈·음에 맞는 한자를 〈보기〉에서 찾아 쓰시오.

〈보기〉 逸 銘 妨 姻 齊 濟 症 訟 盲 緣

주11. 방해할 방 (　　　)　주12. 증세　증 (　　　)

주13. 눈멀　맹 (　　　)　주14. 편안　일 (　　　)

주15. 가지런할 제 (　　　)

※ 다음 □ 안에 공통으로 들어갈 한자를 〈보기〉에서 찾아 쓰시오.

〈보기〉 募 恕 彈 港 態

주16. □丸　防□　爆□ (　　　)

주17. □口　空□　出□ (　　　)

주18. □度　實□　形□ (　　　)

※ 다음 〈보기〉의 설명에 맞게 □ 안에 공통으로 들어갈 한자를 쓰시오.

주19. ① 感□　② 急□ (　　　)

〈보기〉 ① 마음에 깊이 느끼어 크게 감동함
② 변화의 움직임 따위가 급하고 격렬함

주20. ① □近　② 兩□ (　　　)

〈보기〉 ① 곁의 가까운 곳
② 두 편

주21. ① □手　② 生□ (　　　)

〈보기〉 ① 야구에서, 본루를 지키며 투수가 던지는 공을 받는 선수
② 산 채로 잡음

※ 다음 한자어의 독음을 쓰시오.

주22. 兼床 (　　　)　주23. 冠婚 (　　　)

주24. 奇妙 (　　　)　주25. 德澤 (　　　)

주26. 募集 (　　　)　주27. 負擔 (　　　)

주28. 庶務 (　　　)　주29. 旬報 (　　　)

주30. 延着 (　　　)　주31. 委員 (　　　)

주32. 抵當 (　　　)　주33. 罪囚 (　　　)

주34. 妻妾 (　　　)　주35. 版權 (　　　)

주36. 丸藥 (　　　)

※ 다음 글을 읽고, 밑줄 친 낱말이 뜻하는 한자를 〈보기〉에서 찾아 쓰시오.

　두 화랑은 마음을 (37)바로잡고 (38)진실로 자신들의 (39)맹세를 돌에 (40)새기기 시작했습니다.
　'하늘 앞에 맹세하여 지금으로부터 3년 이후에도 충도를 (41)지키고 과실이 없기를 맹세한다.
　만일 나라가 불안하고 세상이 (42)크게 어려워지면 가히 행할 것을 맹세한다. 시경, 상서, 예기, 춘추를 (43)익히기를 맹세하되 3년으로 한다.'

〈보기〉 訂 盟 苟 衛 奋 弘 刻 返 講

주37. _____　주38. _____　주39. _____

주40. _____　주41. _____　주42. _____

주43. _____

제9회 한자자격시험 예상문제

※ 다음 문장 중 한자로 표기된 단어의 독음을 쓰시오.

주44. 과거에는 언론의 왜곡된 보도로 국민을 **欺瞞**하는 일이 비일비재했습니다. （　　）

주45. '방금'과 '지금'은 의미상 같은 **脈絡**으로 볼 수 있습니다. （　　）

주46. 지난여름에 다녀온 중국 어학연수의 **旅程**은 참으로 빡빡했습니다. （　　）

주47. **腰痛**은 자세가 좋지 않아서 생기는 결과일 수 있습니다. （　　）

주48. 폭격으로 많은 유명한 절과 **彫刻**품들이 파괴되었습니다. （　　）

주49. 인터넷에서 얻을 수 있는 정보의 양과 종류는 상상을 **超越**할 정도입니다. （　　）

주50. 그는 우리의 제의를 흔쾌히 **許諾**하였습니다. （　　）

주51. 새 **赴任**지로 옮기는 것은 당사자와 그 가족들에게 힘겨운 일일 수 있습니다. （　　）

주52. 시가지의 혼잡을 피해 **郊外**로 나들이를 갔습니다. （　　）

주53. 유생들은 궁으로 입궐하라는 **書札**을 받았습니다. （　　）

주54. 가난한 나라에서는 매년 많은 사람이 **飢餓**로 생명을 잃습니다. （　　）

주55. 조련사는 **猛獸**를 애완동물처럼 쉽게 다룹니다. （　　）

주56. 이 도령과 성 춘향은 서로 **戀慕**하였습니다. （　　）

※ 다음 문장 중 (　) 안의 단어를 한자로 쓰시오.

주57. 우리나라의 (**기초**) 자치 단체는 '시, 군, 구'를 단위로 합니다. （　　）

주58. 회사는 직원을 채용하기 전에 그들의 (**이력**)을 검토합니다. （　　）

주59. 치과에 가서 충치를 치료하고 나니 (**통증**)이 말끔히 사라졌습니다. （　　）

주60. 여름 (**휴가**) 때 우리는 바닷가 근처에서 민박을 하였습니다. （　　）

주61. 알레르기는 일부 물질들에 대하여 신체가 비정상적으로 (**민감**)하게 반응하는 것입니다. （　　）

주62. 자식이 아무리 커도 부모는 항상 자식을 (**염려**)합니다. （　　）

주63. 그는 액운과 불행을 겪으면서도 (**고상**)한 인품을 버리지 않았습니다. （　　）

※ 다음 문장 중 한자로 표기한 단어의 잘못된 부분을 바르게 고쳐 쓰시오. (단, 음이 같은 한자로 고칠 것)

주64. 그는 나에게 잘못을 시인하고 **容庶**를 빌었습니다. （　→　）

주65. 방파제는 바다의 거센 물결을 막아 **航口**를 보호합니다. （　→　）

※ 다음 □ 안에 적당한 한자를 넣어 〈보기〉의 설명에 해당하는 성어를 완성하시오.

주66. □□之間　　　　（　,　）

〈보기〉 '가리키고 부를 만한 사이'라는 뜻으로, 손짓하여 부를 만한 가까운 거리를 이르는 말

주67. □□不落　　　　（　,　）

〈보기〉 '공격하기 어려워 함락되지 않는다.'라는 뜻으로, 장애물이 견고해서 일을 이루기 어려움을 이르는 말

주68. □容月□　　　　（　,　）

〈보기〉 '꽃같이 예쁜 얼굴과 달같이 고운 맵시'라는 뜻으로, 아름다운 여인의 용모와 자태를 이르는 말

주69. 雪上□□　　　　（　,　）

〈보기〉 '눈 위에 서리를 더한다.'라는 뜻으로, 난처한 일이나 불행한 일이 잇달아 일어남을 이르는 말

주70. □□投石　　　　（　,　）

〈보기〉 '달걀로 돌을 친다.'라는 뜻으로, 아주 약한 것으로 강한 것에 대항하려는 어리석음을 비유하여 이르는 말. 계란으로 바위 치기.

국가공인 한자자격시험 [3급] 예상문제

[제한시간: 60분] 제10회

객관식 (1~30번)

※ 다음 [ ] 안의 한자와 음이 같은 한자는?

1. [某] ①募 ②睦 ③揮 ④側
2. [庶] ①底 ②巡 ③薄 ④恕
3. [栽] ①値 ②敏 ③災 ④耐
4. [池] ①障 ②只 ③貿 ④娘
5. [環] ①丸 ②測 ③聰 ④熟

※ 다음 [ ] 안의 한자와 뜻이 상대(반대)되는 한자는?

6. [閑] ①張 ②築 ③忙 ④寄
7. [深] ①淺 ②構 ③祥 ④郵

※ 다음 [ ] 안의 한자와 뜻이 비슷한 한자는?

8. [悟] ①聰 ②覺 ③絃 ④庶
9. [爭] ①獎 ②競 ③奇 ④儀
10. [租] ①稅 ②策 ③恕 ④盟

※ 다음 〈보기〉의 내용과 가장 관련이 깊은 한자는?

11. 〈보기〉 무덤 조상 죽다
    ①逃 ②離 ③祀 ④博

12. 〈보기〉 법 무늬 본보기
    ①腹 ②祥 ③壞 ④模

13. 〈보기〉 법원 원고 피고
    ①障 ②訟 ③債 ④澤

※ 다음 [ ] 안 한자어의 독음이 바른 것은?

14. [診療] ①진찰 ②검료 ③진료 ④검찰
15. [情緖] ①정서 ②정자 ③청자 ④청계
16. [縱橫] ①종황 ②종횡 ③종료 ④종각
17. [遞增] ①급증 ②가증 ③체신 ④체증
18. [窒息] ①실식 ②실직 ③질직 ④질식

※ 다음 설명과 같은 뜻을 지닌 한자어는?

19. 윗사람의 딸을 높여 이르는 말
    ①令孃 ②抛棄 ③窒息 ④紐帶

20. 틀어지거나 잘못된 것을 바로잡음
    ①搜査 ②矯正 ③埋藏 ④近隣

21. 그릇되어 이치에 맞지 않는 일
    ①葛藤 ②頃刻 ③誤謬 ④氣壓

22. 일정한 방침 아래 여러 가지 재료를 모아 신문, 잡지, 책 따위를 만드는 일
    ①茅屋 ②惡臭 ③姙娠 ④編輯

23. 사실과 다르게 해석하거나 그릇되게 함
    ①抄錄 ②自愧 ③哀悼 ④歪曲

24. 어떤 분야에서 우두머리나 으뜸의 자리를 차지하여 누리는 공인된 권리와 힘
    ①斜陽 ②覇權 ③冒險 ④苦悶

※ 다음 문장 중 ( ) 안에 들어갈 한자어로 알맞은 것은?

25. 그녀는 발레리나가 되기를 꿈꾸며 ( )을 공부했습니다.
    ①舞踊 ②書札 ③縱橫 ④堆積

26. 국가의 ( )은 개인의 발전과도 관계가 있습니다.
    ①遷都 ②音韻 ③隆盛 ④殉葬

27. 애완견은 ( ) 동물로서의 가치가 매우 큽니다.
    ①蒸散 ②腰痛 ③伴侶 ④稻作

28. 개표가 60% 정도 진행되자 당선자의 ( )이 드러나기 시작했습니다.
    ①審議 ②咽喉 ③瑕疵 ④輪郭

29. 컴퓨터에는 많은 ( )품이 들어갑니다.
    ①紹介 ②附屬 ③憎惡 ④脂肪

30. 그는 상품권을 불법으로 ( )하여 시중에 유통한 혐의로 구속되었습니다.
    ①謙遜 ②缺陷 ③模倣 ④僞造

주관식 (주1~주70번)

※ 다음 한자의 훈·음을 쓰시오.

주1. 誌 (　　　)　　주2. 髮 (　　　)

주3. 症 (　　　)　　주4. 妨 (　　　)

주5. 帳 (　　　)　　주6. 輩 (　　　)

주7. 周 (　　　)　　주8. 譜 (　　　)

주9. 濟 (　　　)　　주10. 卜 (　　　)

※ 다음 훈·음에 맞는 한자를 〈보기〉에서 찾아 쓰시오.

〈보기〉　恭 髮 擔 頌 誌 踐 演 供 差 淡

주11. 기릴 송 (　　　)　　주12. 펼 연 (　　　)

주13. 공손 공 (　　　)　　주14. 어긋날 차 (　　　)

주15. 멜 담 (　　　)

※ 다음 □ 안에 공통으로 들어갈 한자를 〈보기〉에서 찾아 쓰시오.

〈보기〉　抗 鬪 優 裝 熟

주16. □爭　拳□　戰□　(　　　)

주17. □拒　□爭　抵□　(　　　)

주18. □秀　聲□　□勝　(　　　)

※ 다음 〈보기〉의 설명에 맞게 □ 안에 공통으로 들어갈 한자를 쓰시오.

주19. ① □耐　② 殘□　(　　　)

〈보기〉
① 괴로움이나 노여움 따위를 참고 견딤
② 인정이 없고 몹시 모짊

주20. ① 深□　② 彫□　(　　　)

〈보기〉
① 상태나 정도가 매우 깊고 중대함 또는 절박함
② 글씨, 그림, 물건의 형상을 돌, 나무 따위에 새김

주21. ① □藥　② 彈□　(　　　)

〈보기〉
① 약재를 빻아 반죽하여 작고 둥글게 만든 약. 알약
② 총포에 재어서 쏘면 폭발하여 그 힘으로 탄알이 튀어 나가게 된 물건

※ 다음 한자어의 독음을 쓰시오.

주22. 兼任 (　　　)　　주23. 交涉 (　　　)

주24. 寄與 (　　　)　　주25. 盜賊 (　　　)

주26. 妙策 (　　　)　　주27. 府署 (　　　)

주28. 書籍 (　　　)　　주29. 新築 (　　　)

주30. 鉛筆 (　　　)　　주31. 裕福 (　　　)

주32. 著述 (　　　)　　주33. 周圍 (　　　)

주34. 鐵拳 (　　　)　　주35. 販賣 (　　　)

주36. 後悔 (　　　)

※ 다음 글을 읽고, 밑줄 친 낱말이 뜻하는 한자를 〈보기〉에서 찾아 쓰시오.

　산의 제일 높은 (37)봉우리에 오른 아군은 (38)진을 치기 시작했습니다.
　"이번 전투에서 (39)이길 수 있는 방법은 이곳을 사수하는 것뿐이다. (40)달아날 곳도 없다. 목숨을 걸고 (41)싸울 수 있도록 해라."
　소대장이 총에 (42)칼을 꽂으며 조용한 목(43)소리로 말했습니다.

〈보기〉　響 峰 克 鬪 劍 祈 逃 皇 陣

주37. _____　주38. _____　주39. _____

주40. _____　주41. _____　주42. _____

주43. _____

※ 다음 문장 중 한자로 표기된 단어의 독음을 쓰시오.

주44. 두 사람의 실력이 막상막하여서 **優劣**을 가릴 수 없습니다. (   )

주45. 환자는 의사의 처방전대로 약국에서 약을 **調劑**하여 받았습니다. (   )

주46. 아주 작은 꽃가루가 물 위에 떠 있으면 꽃가루는 물 분자들과 끊임없이 **衝突**합니다. (   )

주47. 접안렌즈는 대물렌즈에 의해 **擴大**된 상을 더욱 확대합니다. (   )

주48. 그들은 이번 실험의 실패 원인을 **分析**하여 대책을 마련하기로 하였습니다. (   )

주49. 그는 부상당한 선수 대신 **交替** 투입되었습니다. (   )

주50. 학교 앞에서는 **徐行**해야 합니다. (   )

주51. 그는 새로운 상품을 **企劃**하고 시장 조사하는 일을 하고 있습니다. (   )

주52. 스트레스는 **免疫** 체계를 악화시킬 수 있습니다. (   )

주53. 그녀가 그에게 가졌던 **憐憫**이 점차 사랑으로 발전하였습니다. (   )

주54. 이솝은 주로 동물을 의인화해서 **寓話**를 썼습니다. (   )

주55. 원고를 본 편집장은 흔쾌히 **拙稿**를 잡지에 싣겠다고 말했습니다. (   )

주56. 누구든지 한가한 시간에 하고 싶은 **趣味**를 갖는 것이 좋습니다. (   )

※ 다음 문장 중 ( ) 안의 단어를 한자로 쓰시오.

주57. 나와 동생은 집 주변을 깨끗이 (**청소**)하였습니다. (   )

주58. 카멜레온은 주위 (**배경**)과 같은 색깔을 띨 수가 있습니다. (   )

주59. 판사가 (**죄수**)에게 형을 선고했습니다. (   )

주60. (**내분**)이 분분하던 야당은 또 한 차례의 파벌 싸움으로 곤경에 빠지게 되었습니다. (   )

주61. 대부분의 공공 도서관은 다양한 종류의 도서와 (**잡지**)를 제공합니다. (   )

주62. 매체의 발달로 많은 기업이 새로운 (**판로**)를 개척하고 있습니다. (   )

주63. 몸에 피로를 풀려면 충분한 (**휴식**)이 필요합니다. (   )

※ 다음 문장 중 한자로 표기한 단어의 잘못된 부분을 바르게 고쳐 쓰시오. (단, 음이 같은 한자로 고칠 것)

주64. **原姑**를 작성할 때 워드 프로세서를 사용하면 더 쉽고 빠르게 쓸 수 있습니다.
(→   )

주65. 그의 조언은 **後背**들에게 좋은 길잡이가 되었습니다. (→   )

※ 다음 □ 안에 적당한 한자를 넣어 〈보기〉의 설명에 해당하는 성어를 완성하시오.

주66. □退兩□ (,   )
〈보기〉 '나아감과 물러남 두 가지가 모두 어렵다.' 라는 뜻으로, 이러지도 저러지도 못하는 매우 난처한 처지를 이르는 말

주67. 東□西□ (,   )
〈보기〉 '동쪽으로 달리고 서쪽으로 달린다.' 라는 뜻으로, 여기저기 몹시 바쁘게 돌아다님을 이르는 말

주68. □□定離 (,   )
〈보기〉 '만난 사람은 헤어짐이 정해져 있다.' 라는 뜻으로, 만남이 있으면 헤어짐이 있기 마련임을 이르는 말

주69. 送□□新 (,   )
〈보기〉 '옛것을 보내고 새것을 맞이한다.' 라는 뜻으로, 묵은해를 보내고 새해를 맞이함을 이르는 말

주70. 臨機□□ (,   )
〈보기〉 '어떤 경우에 임하여서도 변화에 응한다.' 라는 뜻으로, 그때그때의 사정을 보아 알맞고 적당하게 일을 처리하는 것을 이르는 말

실전평가

- 한자자격시험 기출문제 (4회분)

제45회 국가공인 한자자격시험 [3급] 기출문제

객관식 (1~30번)

※ 다음 [ ] 안의 한자와 음이 같은 한자는?
1. [操] ①擇 ②畓 ③條 ④援
2. [維] ①總 ②裕 ③雖 ④誰
3. [祈] ①社 ②彈 ③斯 ④寄
4. [際] ①堤 ②債 ③確 ④隊
5. [祕] ①岸 ②妨 ③緣 ④肥

※ 다음 [ ] 안의 한자와 뜻이 상대(반대)되는 한자는?
6. [薄] ①般 ②券 ③厚 ④敏
7. [愚] ①恕 ②賢 ③慕 ④慈

※ 다음 [ ] 안의 한자와 뜻이 비슷한 한자는?
8. [絶] ①較 ②斷 ③黨 ④巖
9. [紛] ①爆 ②貿 ③素 ④亂
10. [爭] ①競 ②秩 ③降 ④揚

※ 다음 〈보기〉의 내용과 가장 관련이 깊은 한자는?

11. 〈보기〉 사내 | 낭군 | 화랑
    ①浪 ②郎 ③略 ④奴

12. 〈보기〉 비취 | 진주 | 금
    ①寶 ②扶 ③機 ④兼

13. 〈보기〉 보리 | 기장 | 수수
    ①府 ②梅 ③穀 ④律

※ 다음 [ ] 안 한자어의 독음이 바른 것은?
14. [激勵] ①격려 ②교려 ③격렬 ④교열
15. [賃金] ①임금 ②대금 ③입금 ④차금
16. [根幹] ①근한 ②근간 ③은한 ④은간
17. [洪水] ①공수 ②항수 ③강수 ④홍수
18. [遞增] ①가증 ②둔승 ③체증 ④호승

※ 다음 설명과 같은 뜻을 지닌 한자어는?
19. 어떤 일을 하다가 잠깐 쉼
    ①犧牲 ②幣帛 ③休憩 ④招聘
20. 마음과 힘을 다하여 떨쳐 일어남
    ①福祉 ②分娩 ③分裂 ④奮發
21. 어떤 일을 지나치게 즐겨 거기에 빠짐
    ①戲弄 ②耽溺 ③超越 ④矯正
22. 나쁜 폐단이나 묵은 것을 버리고 새롭게 함
    ①刷新 ②慘狀 ③貢獻 ④交替
23. 꾀어서 정신을 혼미하게 하거나 좋지 아니한 길로 이끔
    ①夭折 ②情緖 ③誘惑 ④災殃
24. 어떤 사물이나 현상이 시작되어 나온 맨 처음을 비유적으로 이르는 말
    ①疏遠 ②嚆矢 ③羞恥 ④蒙昧

※ 다음 문장 중 ( ) 안에 들어갈 한자어로 알맞은 것은?
25. 그 배우는 운동으로 몸을 ( )시켰다.
    ①鍛鍊 ②敍述 ③赦免 ④搜査
26. 소중한 유산인 문화재를 ( )해서는 안 된다.
    ①寬容 ②顚倒 ③狩獵 ④毀損
27. 그는 공무원으로서 ( )할 것을 다짐하였다.
    ①淸廉 ②含蓄 ③膾炙 ④奢侈
28. 아버지께서는 영어를 유창하게 ( )하신다.
    ①起訴 ②緩和 ③驅使 ④信託
29. 공사를 시작하기 전에 반드시 현장 ( )을(를) 해야 한다.
    ①獲得 ②隆盛 ③踏査 ④跳躍
30. 자동차 ( ) 시험에서 우리나라 차의 우수성이 입증되었다.
    ①凝固 ②衝突 ③昇華 ④調劑

주관식 (주1~주70번)

※ 다음 한자의 훈·음을 쓰시오.

주1. 鎭 (　　　　) 　주2. 議 (　　　　)
주3. 響 (　　　　) 　주4. 仰 (　　　　)
주5. 于 (　　　　) 　주6. 拒 (　　　　)
주7. 施 (　　　　) 　주8. 窮 (　　　　)
주9. 博 (　　　　) 　주10. 講 (　　　　)

※ 다음 훈·음에 맞는 한자를 〈보기〉에서 찾아 쓰시오.

〈보기〉	倉　暮　創　副　慣　版　墓　貫　販

주11. 곳집 창 (　　　) 　주12. 팔 판 (　　　)
주13. 버금 부 (　　　) 　주14. 무덤 묘 (　　　)
주15. 버릇 관 (　　　)

※ 다음 □ 안에 공통으로 들어갈 한자를 〈보기〉에서 찾아 쓰시오.

〈보기〉	梨　感　監　興　謠

주16. 歌□　　童□　　俗□　　(　　　　)
주17. 遊□　　□味　　餘□　　(　　　　)
주18. 舍□　　□督　　□視　　(　　　　)

※ 다음 〈보기〉의 설명에 맞게 □ 안에 공통으로 들어갈 한자를 쓰시오.

주19. ① 兩□　② □近　(　　　　)

〈보기〉	① 두 편 ② 곁의 가까운 곳

주20. ① 責□　② □命　(　　　　)

〈보기〉	① 맡아서 해야 할 임무나 의무 ② 일정한 지위나 임무를 남에게 맡김

주21. ① 內□　② □容　(　　　　)

〈보기〉	① 어떤 성질이나 뜻 따위를 속에 품음 ② 남을 너그럽게 감싸 주거나 받아들임

※ 다음 한자어의 독음을 쓰시오.

주22. 漏電 (　　　　) 　주23. 枝葉 (　　　　)
주24. 抱負 (　　　　) 　주25. 親睦 (　　　　)
주26. 對抗 (　　　　) 　주27. 非難 (　　　　)
주28. 謹弔 (　　　　) 　주29. 募集 (　　　　)
주30. 安逸 (　　　　) 　주31. 周圍 (　　　　)
주32. 銳利 (　　　　) 　주33. 事件 (　　　　)
주34. 支柱 (　　　　) 　주35. 索引 (　　　　)
주36. 快哉 (　　　　)

※ 다음 글을 읽고, 밑줄 친 낱말이 뜻하는 한자를 〈보기〉에서 찾아 쓰시오.

배추의 마음
　　　　　　나희덕

배추에게도 마음이 있나보다
씨앗 뿌리고 농약 없이 키우려니
하도 자라지 않아
가을이 되어도 헛일일 것 같더니
여름내 밭둑 지나며 잊지 않았던 말
(37)나는 너희로 하여 기쁠 것 같아
잘 자라 (38)기쁠 것 같아

(39)늦가을 배추포기 (40)묶어주며 보니
그래도 튼실하게 자라 속이 꽤 찼다.
(41)혹시 배추벌레 한 마리
(42)이 속에 갇혀 나오지 못하면 어떡하지?
꼭 동여매지도 못하는 사람 마음이나
배추벌레에게 반 넘어 먹히고도
속은 점점 순결한 잎으로 차오르는
배추의 마음이 뭐가 (43)다를까?
배추 풀물이 사람 소매에도 들었나보다

〈보기〉	喜　此　勉　我　差　束　或　晚

주37. _____　주38. _____　주39. _____
주40. _____　주41. _____　주42. _____
주43. _____

※ 다음 문장 중 한자로 표기된 단어의 독음을 쓰시오.

주44. 주장에는 **妥當**한 근거가 있어야 한다. ( )

주45. 나트륨을 **燃燒**시키면 노란색 불빛이 난다. ( )

주46. 청바지는 젊음의 **象徵**으로 비유되곤 한다. ( )

주47. 이삿짐을 다 옮기고 나자 **疲困**이 몰려왔다. ( )

주48. 애써 설명하려 했지만 **苟且**한 변명에 불과했다. ( )

주49. 교지 **編輯**을 위해 우리는 며칠 밤을 꼬박 새웠다. ( )

주50. 수목원에 들어서자 **鬱蒼**한 나무들이 눈길을 끌었다. ( )

주51. 겉으로 드러난 현상보다는 그 **裏面**을 잘 살펴야 한다. ( )

주52. 어려운 환경에 처한 아이들을 보며 **憐憫**을 느꼈다. ( )

주53. 감기를 예방하기 위해서는 **恒常** 청결을 유지해야 한다. ( )

주54. 검찰이 수사를 시작하자 그는 곧 **受賂**한 사실을 자백했다. ( )

주55. 이번 논문에서 가장 중요한 부분을 **拔萃**해서 책상 위에 올려놓으세요. ( )

주56. 그대를 향한 나의 사랑이 평생 변치 않는다고 이 자리에서 **誓約**하겠소. ( )

※ 다음 문장 중 ( ) 안의 단어를 한자로 쓰시오.

주57. 이 음식은 맛이 (**담백**)하다. ( )

주58. (**인내**)는 쓰고 열매는 달다. ( )

주59. 그는 항상 (**규칙**)적인 생활을 한다. ( )

주60. 그 친구는 의식적으로 나를 (**회피**)하고 있다. ( )

주61. (**막중**)한 임무를 띠고 이번 일에 파견되었다. ( )

주62. 그는 최선을 다한다는 (**각오**)로 그 일에 임하고 있다. ( )

주63. (**목련**)꽃이 활짝 핀 모습에 모두들 감탄을 금치 못했다. ( )

※ 다음 문장 중 한자로 표기한 단어의 잘못된 부분을 바르게 고쳐 쓰시오. (단, 음이 같은 한자로 고칠 것)

주64. 그의 강연은 **郡衆**을 감동시켰다. (→)

주65. 온실가스 배출을 줄여 지구 환경을 **保傳**해야 한다. (→)

※ 다음 □ 안에 적당한 한자를 넣어 〈보기〉의 설명에 해당하는 성어를 완성하시오.

주66. 苦□□來 (,)

〈보기〉 고통이 다하면 기쁨이 온다는 뜻

주67. 日□月□ (,)

〈보기〉 날이 가고 달이 갈수록 점점 더 발전하고 성장하여 감을 뜻함

주68. 深思□□ (,)

〈보기〉 '깊이 생각하고 오래 살핀다.' 는 뜻으로, 곰곰이 따져 사려깊이 처신함을 뜻함

주69. □息之□ (,)

〈보기〉 '당장의 편한 것만을 취하는 계책' 이라는 뜻으로, 임시방편으로 내는 즉흥적인 계책을 뜻함

주70. 格物□□ (,)

〈보기〉 '사물을 연구하여 앎에 이른다.' 는 뜻으로, 사물의 이치를 연구하여 지식과 지혜를 얻고 올바른 판단력을 기른다는 뜻

제46회 국가공인 한자자격시험 [3급] 기출문제

객관식 (1~30번)

※ 다음 [ ] 안의 한자와 음이 같은 한자는?
1. [卓] ①械 ②濯 ③具 ④篇
2. [郵] ①尙 ②總 ③柳 ④愚
3. [貸] ①梅 ②議 ③隊 ④層
4. [般] ①盟 ②班 ③驚 ④麻
5. [債] ①菜 ②冊 ③恨 ④副

※ 다음 [ ] 안의 한자와 뜻이 상대(반대)되는 한자는?
6. [安] ①樂 ②甚 ③輪 ④危
7. [治] ①亂 ②倒 ③國 ④齊

※ 다음 [ ] 안의 한자와 뜻이 비슷한 한자는?
8. [施] ①專 ②旅 ③設 ④負
9. [覺] ①悟 ②測 ③展 ④斤
10. [詐] ①積 ②討 ③斯 ④欺

※ 다음 〈보기〉의 내용과 가장 관련이 깊은 한자는?

11. | 〈보기〉 | 새 | 주몽 | 부화 |

①祈 ②弓 ③卵 ④哲

12. | 〈보기〉 | 불꽃 | 화약 | 폭파 |

①享 ②臥 ③爆 ④悔

13. | 〈보기〉 | 부의 | 상가 | 조문 |

①弔 ②侵 ③賤 ④司

※ 다음 [ ] 안 한자어의 독음이 바른 것은?
14. [淚腺] ①누선 ②여선 ③여천 ④누전
15. [招聘] ①초유 ②초빙 ③소견 ④소련
16. [拙稿] ①졸고 ②졸호 ③출고 ④출호
17. [抽出] ①거출 ②퇴출 ③유출 ④추출
18. [耽溺] ①침약 ②침닉 ③탐닉 ④탐약

※ 다음 설명과 같은 뜻을 지닌 한자어는?
19. 아주 짧은 시간
    ①忌憚 ②頃刻 ③翌日 ④缺陷
20. 인정이 두터움
    ①敦篤 ②稱讚 ③親戚 ④煩惱
21. 긴장된 상태나 급박한 것을 느슨하게 함
    ①緩和 ②傀儡 ③憎惡 ④嗜好
22. 어떤 무리에서 싫어하며 따돌리거나 멀리함
    ①裏面 ②純粹 ③誹謗 ④疎外
23. 몹시 괴롭히거나 가혹하게 대우함
    ①歪曲 ②虐待 ③零下 ④裁判
24. 두 사람 사이에 서서 양편의 일이 어울리게 주선함
    ①收斂 ②相互 ③紹介 ④誓約

※ 다음 문장 중 ( ) 안에 들어갈 한자어로 알맞은 것은?
25. 양국 정상이 조약을 ( )하였다.
    ①締結 ②萌芽 ③罷市 ④附屬
26. '홍길동전'은 한글 소설의 ( )라고 할 수 있다.
    ①嚆矢 ②冥府 ③訃告 ④苗木
27. 항공기가 활주로 주변을 ( )하고 있다.
    ①辨別 ②旋回 ③竝列 ④氾濫
28. 숲이 ( )하여 산짐승이 서식하기에 적합하다.
    ①鬱蒼 ②葛藤 ③緊張 ④丘陵
29. 성 범죄자 관리 소홀에 대한 ( )의 소리가 높다.
    ①慰勞 ②塗褙 ③慨歎 ④需要
30. 세계 곳곳에는 식량난으로 인해 ( )에 허덕이는 곳이 존재한다.
    ①遞增 ②飢餓 ③捷徑 ④對酌

주관식 (주1~주70번)

※ 다음 한자의 훈·음을 쓰시오.

주1. 憂 (　　　) 　주2. 姪 (　　　)
주3. 肥 (　　　) 　주4. 環 (　　　)
주5. 慮 (　　　) 　주6. 誰 (　　　)
주7. 銳 (　　　) 　주8. 採 (　　　)
주9. 苟 (　　　) 　주10. 樣 (　　　)

※ 다음 훈·음에 맞는 한자를 〈보기〉에서 찾아 쓰시오.

〈보기〉	眼　輩　恕　償　商　署　杯　拒　眠

주11. 막을 거 (　　　) 　주12. 갚을 상 (　　　)
주13. 잠잘 면 (　　　) 　주14. 무리 배 (　　　)
주15. 용서할 서 (　　　)

※ 다음 □ 안에 공통으로 들어갈 한자를 〈보기〉에서 찾아 쓰시오.

〈보기〉	組　則　切　案　供

주16. □覽　□給　提□　(　　　)
주17. □斷　一□　適□　(　　　)
주18. □織　□合　□立　(　　　)

※ 다음 〈보기〉의 설명에 맞게 □ 안에 공통으로 들어갈 한자를 쓰시오.

주19. ① □進　② 類□　(　　　)

〈보기〉	① 목표를 향하여 밀고 나아감 ② 같은 종류의 것 또는 비슷한 것에 기초하여 다른 사물을 미루어 추측하는 일

주20. ① 生□　② □手　(　　　)

〈보기〉	① 산 채로 잡음 ② 야구에서, 본루를 지키며 투수가 던지는 공을 받는 선수

주21. ① □數　② □加　(　　　)

〈보기〉	① 어떤 수의 갑절이 되는 수 ② 몇 배로 늘어남

※ 다음 한자어의 독음을 쓰시오.

주22. 吸入 (　　　) 　주23. 逃避 (　　　)
주24. 傑出 (　　　) 　주25. 契機 (　　　)
주26. 延期 (　　　) 　주27. 弘報 (　　　)
주28. 調整 (　　　) 　주29. 陳述 (　　　)
주30. 佛像 (　　　) 　주31. 關涉 (　　　)
주32. 端雅 (　　　) 　주33. 反映 (　　　)
주34. 協助 (　　　) 　주35. 犯罪 (　　　)
주36. 平素 (　　　)

※ 다음 글을 읽고, 밑줄 친 낱말이 뜻하는 한자를 〈보기〉에서 찾아 쓰시오.

향수

정지용

흙에서 자란 내 마음
파아란 하늘빛이 그리워
함부로 쏜 화살을 (37)찾으러
풀섶 (38)이슬엔 함추름 휘적시던 곳
그곳이 차마 꿈엔들 (39)잊힐 리야

전설 바다에 (40)춤추는 밤 (41)물결 같은
검은 귀밑머리 날리는 어린 누이와
아무렇지도 않고 예쁠 것도 없는
사철 발 벗은 (42)아내가
따가운 햇살을 (43)등에 지고 이삭 줍던 곳
그곳이 차마 꿈엔들 잊힐 리야

〈보기〉	波　背　妻　霜　妄　露　舞　索　忘

주37. _____　주38. _____　주39. _____
주40. _____　주41. _____　주42. _____
주43. _____

※ 다음 문장 중 한자로 표기된 단어의 독음을 쓰시오.

주44. 그는 무료한 일상에 **倦怠**를 느꼈다.
( )

주45. 어떠한 협박에도 **屈伏**하지 않았다.
( )

주46. 그들은 매번 의견이 **衝突**했다.
( )

주47. 선택의 **岐路**에서 방황하고 있다.
( )

주48. 골동품은 **稀少**할수록 가격이 비싸다.
( )

주49. 추위가 장기화되자 채소 값이 **急騰**했다.
( )

주50. 두 선수의 실력은 **優劣**을 가릴 수 없다.
( )

주51. 수년간의 노력이 수포로 돌아가자 **虛脫**했다.
( )

주52. 묘청은 서경으로 **遷都**할 것을 주장했다.
( )

주53. 최근 제주도 **沿岸**에서 열대 어종이 잡히고 있다.
( )

주54. 정부는 이번 대 참사에 대해 **哀悼** 성명을 발표했다.
( )

주55. 이제껏 시도하지 않은 특별한 작품을 **企劃** 중이다.
( )

주56. 그 선수는 첫 출전에 대한 긴장 때문에 매우 **硬直**되어 있다.
( )

※ 다음 문장 중 ( ) 안의 단어를 한자로 쓰시오.

주57. 밀렸던 관리비를 (**완납**)했다.
( )

주58. 외모가 (**준수**)한 그는 인기가 많다.
( )

주59. 모델들이 아름다운 (**자태**)를 뽐내고 있다.
( )

주60. 너무 오래된 일이라 (**기억**)이 나지 않는다.
( )

주61. 그 사장은 (**내분**)을 수습하기 위해 고민하고 있다.
( )

주62. 새로운 분야를 (**개척**)하기 위해서는 모험이 필요하다.
( )

주63. (**혹시**) 모를 사태에 대비해 경찰들이 대기하고 있다.
( )

※ 다음 문장 중 한자로 표기한 단어의 잘못된 부분을 바르게 고쳐 쓰시오. (단, 음이 같은 한자로 고칠 것)

주64. 그 지역은 **地代**가 낮아 장마철이면 위험하다.
(→)

주65. 그녀는 다양한 **吏歷**을 가지고 있다.
(→)

※ 다음 □ 안에 적당한 한자를 넣어 〈보기〉의 설명에 해당하는 성어를 완성하시오.

주66. □□不落 (,)

〈보기〉 공격하기가 어려워 쉽사리 함락되지 아니함

주67. □□爲馬 (,)

〈보기〉 윗사람을 농락하여 권세를 마음대로 함을 이르는 말

주68. □□無退 (,)

〈보기〉 전쟁에 나아가서 물러서지 않음

주69. □手空□ (,)

〈보기〉 '맨손과 맨주먹' 이라는 뜻으로, 아무것도 가진 것이 없음을 이르는 말

주70. 一□百□ (,)

〈보기〉 다른 사람들에게 경각심을 불러일으키기 위하여 본보기로 한 사람에게 엄한 처벌을 하는 일을 이르는 말

제47회 국가공인 한자자격시험 [3급] 기출문제

객관식 (1 ~ 30번)

※ 다음 [ ] 안의 한자와 음이 같은 한자는?

1. [距] ①建 ②辛 ③擧 ④堅
2. [聯] ①戀 ②管 ③列 ④契
3. [浮] ①乎 ②亨 ③維 ④府
4. [盜] ①監 ②潔 ③逃 ④敢
5. [紀] ①旣 ②介 ③甚 ④雅

※ 다음 [ ] 안의 한자와 뜻이 상대(반대)되는 한자는?

6. [厚] ①朴 ②薄 ③胞 ④潮
7. [辱] ①細 ②閑 ③鬪 ④榮

※ 다음 [ ] 안의 한자와 뜻이 비슷한 한자는?

8. [範] ①秩 ②規 ③陳 ④籍
9. [哲] ①明 ②宗 ③役 ④妄
10. [較] ①戊 ②昔 ③比 ④繁

※ 다음 〈보기〉의 내용과 가장 관련이 깊은 한자는?

11. 〈보기〉 본관 뿌리 혈통
    ①岸 ②訟 ③租 ④譜

12. 〈보기〉 둑 제방 범람
    ①堤 ②提 ③慕 ④某

13. 〈보기〉 혼례 시집 장인
    ①署 ②刷 ③姻 ④妥

※ 다음 [ ] 안 한자어의 독음이 바른 것은?

14. [特殊] ①특수 ②특명 ③사주 ④사치
15. [遷都] ①빈도 ②전도 ③유도 ④천도
16. [碑銘] ①귀신 ②비명 ③비방 ④익명
17. [騷音] ①포화 ②심의 ③소음 ④순음
18. [畏敬] ①파경 ②외경 ③공경 ④전경

※ 다음 설명과 같은 뜻을 지닌 한자어는?

19. 어떤 일을 꾀하고 의논함
    ①所謂 ②冒險 ③謀議 ④結晶

20. 주된 사물이나 기관에 딸려서 붙음
    ①附屬 ②分娩 ③僻地 ④分析

21. 많이 덮쳐 쌓거나 쌓임
    ①汚染 ②凝固 ③堆積 ④埋藏

22. 필요한 부분만을 뽑아서 적음, 또는 그런 기록
    ①中庸 ②書札 ③附錄 ④抄錄

23. 죽은 사람과 산 사람이 서로 영원히 헤어짐
    ①訃告 ②永訣 ③滅亡 ④沒入

24. 다른 사물에 빗대어서 교훈적, 풍자적 내용을 엮은 이야기
    ①諮問 ②巷說 ③編輯 ④寓話

※ 다음 문장 중 ( ) 안에 들어갈 한자어로 알맞은 것은?

25. 그의 말에는 ( )이 많다.
    ①陋名 ②漏電 ③蛇足 ④辭典

26. ( )이 지속되자 논바닥이 갈라졌다.
    ①寺刹 ②旱魃 ③利潤 ④沐浴

27. 정책을 결정하기 전에 ( ) 조사를 실시하였다.
    ①設立 ②撒布 ③受侮 ④輿論

28. 그는 맡은 일에 ( )를 가지고 최선을 다한다.
    ①矜持 ②疏遠 ③赦免 ④福祉

29. 성적이 떨어졌다고 ( )감을 가질 필요는 없다.
    ①信賴 ②自愧 ③攻擊 ④磁力

30. 음식을 골고루 먹어야 영양소를 고루 ( )할 수 있다.
    ①純粹 ②奪取 ③調劑 ④攝取

주관식 (주1~주70번)

※ 다음 한자의 훈·음을 쓰시오.

주1. 倉 (　　　)　　주2. 裕 (　　　)
주3. 援 (　　　)　　주4. 奴 (　　　)
주5. 暇 (　　　)　　주6. 渴 (　　　)
주7. 銅 (　　　)　　주8. 昏 (　　　)
주9. 柱 (　　　)　　주10. 港 (　　　)

※ 다음 훈·음에 맞는 한자를 〈보기〉에서 찾아 쓰시오.

〈보기〉	糧 頌 捨 須 委 粉 威 揮 差 置

주11. 가루 분 (　　　)　　주12. 어긋날 차 (　　　)
주13. 기릴 송 (　　　)　　주14. 휘두를 휘 (　　　)
주15. 맡길 위 (　　　)

※ 다음 □ 안에 공통으로 들어갈 한자를 〈보기〉에서 찾아 쓰시오.

〈보기〉	傑 祈 害 味 驗

주16. 被□　□毒　災□　(　　　)
주17. 吟□　妙□　□覺　(　　　)
주18. □作　俊□　□出　(　　　)

※ 다음 〈보기〉의 설명에 맞게 □ 안에 공통으로 들어갈 한자를 쓰시오.

주19. ① □兒　② 色□　(　　　)

〈보기〉	① 눈먼 아이 ② 빛깔을 구별하지 못하는 상태, 또는 그런 증상이 있는 사람

주20. ① 憂□　② 鄕□　(　　　)

〈보기〉	① 근심과 걱정을 아울러 이르는 말 ② 고향을 그리워하는 마음이나 시름

주21. ① □邊　② 一□　(　　　)

〈보기〉	① 어떤 대상의 둘레 ② 일정한 경로를 한 바퀴 돎

※ 다음 한자어의 독음을 쓰시오.

주22. 態度 (　　　)　　주23. 謹弔 (　　　)
주24. 劍術 (　　　)　　주25. 衛生 (　　　)
주26. 恥事 (　　　)　　주27. 驛舍 (　　　)
주28. 裝備 (　　　)　　주29. 恒常 (　　　)
주30. 後悔 (　　　)　　주31. 旬報 (　　　)
주32. 感歎 (　　　)　　주33. 改憲 (　　　)
주34. 侵略 (　　　)　　주35. 兼床 (　　　)
주36. 殘留 (　　　)

※ 다음 글을 읽고, 밑줄 친 낱말이 뜻하는 한자를 〈보기〉에서 찾아 쓰시오.

파도와 갯벌 사이

도종환

(37)쌓았단 흩어 버리고
쌓았단 흩어 버립니다.
(38)모았다간 허물어 버리고
모았다간 허물어 버립니다.
파도와 갯벌 사이에 찍은 흔적처럼
결국은 아무 것도 (39)남기지 말아야 합니다.
(40)만났단 (41)헤어지고
만났단 헤어집니다.
구름과 하늘이 서로 만났던 (42)자리처럼
결국은 (43)깨끗이 비워 주고 갑니다.

〈보기〉	倒 遺 築 睦 淨 慕 座 離 逢

주37._____　주38._____　주39._____
주40._____　주41._____　주42._____
주43._____

※ 다음 문장 중 한자로 표기된 단어의 독음을 쓰시오.

주44. 그는 남을 **配慮**할 줄 아는 사람이다.
( )

주45. 태풍으로 비행기와 선박이 **缺航**되었다.
( )

주46. 남을 **欺瞞**하거나 모함해서는 안 된다.
( )

주47. 그는 회화보다는 **彫刻**에 소질을 보였다.
( )

주48. 안개 속 **追突** 사고로 교통이 마비되었다.
( )

주49. 그녀는 과거에 **執着**하는 경향이 강하였다.
( )

주50. 어린이를 **拉致**한 유괴범이 몸값을 요구하였다.
( )

주51. 친구가 입원했다는 소식에 마음이 **錯雜**해졌다.
( )

주52. 기업의 규제 **緩和**를 통해 경제 성장을 이루었다.
( )

주53. **拙稿**를 읽고 칭찬해 주신 선생님께 감사드린다.
( )

주54. 우리 학교는 오래 전부터 그 대학과 **紐帶** 관계를 맺어 왔다. ( )

주55. 일자리 창출을 공약으로 내건 **候補**가 도지사에 당선되었다. ( )

주56. 그의 도전적인 삶은 **障碍**가 있는 사람들에게 희망을 주었다. ( )

※ 다음 문장 중 ( ) 안의 단어를 한자로 쓰시오.

주57. (**대마초**)를 밀수입한 일당이 검거되었다.
( )

주58. 그의 열정적인 (**강연**)은 매우 인상 깊었다.
( )

주59. 스승의 날을 맞아 (**담임**) 선생님께 감사 편지를 썼다. ( )

주60. 명절이 다가오자 주부들의 손길이 (**분주**)해졌다.
( )

주61. 무소유의 삶을 몸소 실천한 법정 스님이 (**타계**)하셨다. ( )

주62. 철저한 품질 (**검사**)를 통해 제품의 불량률을 줄였다.
( )

주63. 어렸을 때부터 올바른 생활 (**습관**)을 기르는 것은 매우 중요하다. ( )

※ 다음 문장 중 한자로 표기한 단어의 잘못된 부분을 바르게 고쳐 쓰시오. (단, 음이 같은 한자로 고칠 것)

주64. 회사 내 **組職**이 개편될 예정이다.
(→)

주65. 그 감독은 상업주의 영화를 **志揚**하고 예술 영화에 전념했다. (→)

※ 다음 □ 안에 적당한 한자를 넣어 〈보기〉의 설명에 해당하는 성어를 완성하시오.

주66. □上□論 (,)

〈보기〉 현실성이 없는 허황한 이론이나 논의

주67. □思熟□ (,)

〈보기〉 깊이 잘 생각함

주68. 臨機□□ (,)

〈보기〉 그때그때 처한 사태에 맞추어 즉각 그 자리에서 결정하거나 처리함

주69. □□之計 (,)

〈보기〉 '당장 편안 것만을 취하는 계책'이라는 뜻으로, 임시방편으로 내는 즉흥적인 계책을 말함

주70. □木□魚 (,)

〈보기〉 '나무에 올라가서 물고기를 구한다.'는 뜻으로, 도저히 불가능한 일을 굳이 하려 함을 비유적으로 이르는 말

제48회 국가공인 한자자격시험 [3급] 기출문제

객관식 (1~30번)

※ 다음 [ ] 안의 한자와 음이 같은 한자는?

1. [板] ① 檢 ② 片 ③ 判 ④ 飯
2. [淡] ① 彈 ② 擔 ③ 繼 ④ 準
3. [妙] ① 素 ② 謝 ③ 揮 ④ 墓
4. [舞] ① 貿 ② 緣 ③ 某 ④ 銘
5. [拳] ① 貫 ② 勸 ③ 糧 ④ 勝

※ 다음 [ ] 안의 한자와 뜻이 상대(반대)되는 한자는?

6. [愚] ① 壯 ② 賢 ③ 侵 ④ 仰
7. [順] ① 細 ② 閑 ③ 逆 ④ 付

※ 다음 [ ] 안의 한자와 뜻이 비슷한 한자는?

8. [蔬] ① 康 ② 慣 ③ 査 ④ 菜
9. [盜] ① 賊 ② 悠 ③ 逃 ④ 速
10. [租] ① 組 ② 稅 ③ 怨 ④ 宣

※ 다음 〈보기〉의 내용과 가장 관련이 깊은 한자는?

11. 〈보기〉 붙잡다 포로 잡다
    ① 抱 ② 避 ③ 捕 ④ 抗

12. 〈보기〉 안색 인상 화장
    ① 顔 ② 履 ③ 肥 ④ 腦

13. 〈보기〉 관리 벼슬 다스리다
    ① 旗 ② 較 ③ 譜 ④ 吏

※ 다음 [ ] 안 한자어의 독음이 바른 것은?

14. [幣帛] ① 폐금 ② 건백 ③ 폐백 ④ 건배
15. [拉致] ① 입지 ② 입도 ③ 입치 ④ 납치
16. [超越] ① 역성 ② 조성 ③ 추월 ④ 초월
17. [測量] ① 측량 ② 즉석 ③ 측정 ④ 즉시
18. [堤防] ① 제원 ② 제방 ③ 시원 ④ 지방

※ 다음 설명과 같은 뜻을 지닌 한자어는?

19. 뒤섞이어 어수선함
    ① 錯雜 ② 凝固 ③ 葛藤 ④ 堆積

20. 윗사람의 딸을 높여 이르는 말
    ① 官僚 ② 美貌 ③ 令孃 ④ 娘子

21. 일이 되어 가는 과정이나 형편
    ① 掛圖 ② 狀況 ③ 塗褙 ④ 抄錄

22. 꾀어서 정신을 혼미하게 하거나 좋지 아니한 길로 이끎
    ① 誘惑 ② 沃土 ③ 旅程 ④ 厄運

23. 겉으로는 그것과 같아 보이나 실제로는 전혀 다르거나 아닌 것을 이르는 말
    ① 謀議 ② 附屬 ③ 昇華 ④ 似而非

24. 어떤 사실의 앞뒤, 또는 두 사실이 이치상 어긋나서 서로 맞지 않음을 이르는 말
    ① 永訣 ② 煩惱 ③ 模倣 ④ 矛盾

※ 다음 문장 중 ( ) 안에 들어갈 한자어로 알맞은 것은?

25. 이산가족들의 ( )가 처절하였다.
    ① 旋回 ② 絶叫 ③ 濃度 ④ 白眉

26. 이 글은 신문의 한 부분을 ( )한 것이다.
    ① 揷畵 ② 冒險 ③ 拔萃 ④ 需要

27. 치과 치료를 받을 때에는 ( )을 하게 된다.
    ① 緊張 ② 空欄 ③ 胡亂 ④ 縮尺

28. 안전 점검을 소홀히 했던 부주의가 크나큰 ( )을 가져왔다.
    ① 狡猾 ② 災殃 ③ 歪曲 ④ 微分

29. 지난여름 발생한 ( )은 어마어마한 인명과 재산 피해를 남겼다.
    ① 未畢 ② 免疫 ③ 颱風 ④ 傲慢

30. 공원에서는 ( )가 금지되어 있으며 이를 어길 시에는 과태료를 내야 한다.
    ① 炊事 ② 名譽 ③ 誤謬 ④ 特殊

주관식 (주1~주70번)

※ 다음 한자의 훈·음을 쓰시오.

주1. 資 (　　　)　　주2. 盡 (　　　)
주3. 妥 (　　　)　　주4. 浦 (　　　)
주5. 負 (　　　)　　주6. 寄 (　　　)
주7. 肺 (　　　)　　주8. 銳 (　　　)
주9. 囚 (　　　)　　주10. 刷 (　　　)

※ 다음 훈·음에 맞는 한자를 〈보기〉에서 찾아 쓰시오.

〈보기〉	距　雅　沿　涯　繁　拒　隊　睦　傑　帶

주11. 무리 대 (　　　)　　주12. 물가 애 (　　　)
주13. 뛰어날 걸 (　　　)　　주14. 화목할 목 (　　　)
주15. 떨어질 거 (　　　)

※ 다음 □ 안에 공통으로 들어갈 한자를 〈보기〉에서 찾아 쓰시오.

〈보기〉	突　恭　聰　熟　暇

주16. □眠　　早□　　成□　(　　　)
주17. □然　　激□　　□風　(　　　)
주18. □明　　□氣　　□敏　(　　　)

※ 다음 〈보기〉의 설명에 맞게 □ 안에 공통으로 들어갈 한자를 쓰시오.

주19. ① 接□　② □陸　(　　　)

〈보기〉	① 두 물체의 표면이 접촉하여 떨어지지 아니하게 됨, 또는 그런 일 ② 비행기 따위가 공중에서 활주로나 판판한 곳에 내림

주20. ① □悟　② 感□　(　　　)

〈보기〉	① 앞으로 해야 할 일이나 겪을 일에 대한 마음의 준비 ② 눈, 코, 귀, 혀, 살갗을 통하여 바깥의 어떤 자극을 알아차림

주21. ① 複□　② □眞　(　　　)

〈보기〉	① 원본을 베낌 ② 물체를 있는 그대로 그려낸 형상

※ 다음 한자어의 독음을 쓰시오.

주22. 後輩 (　　　)　　주23. 辯論 (　　　)
주24. 發刊 (　　　)　　주25. 條件 (　　　)
주26. 提供 (　　　)　　주27. 光澤 (　　　)
주28. 扶助 (　　　)　　주29. 朋黨 (　　　)
주30. 亦是 (　　　)　　주31. 取捨 (　　　)
주32. 反映 (　　　)　　주33. 打倒 (　　　)
주34. 紀念 (　　　)　　주35. 降臨 (　　　)
주36. 普及 (　　　)

※ 다음 글을 읽고, 밑줄 친 부분의 뜻을 가진 한자를 〈보기〉에서 찾아 쓰시오.

　　세금이 새는 현장은 지금 이 순간에도 주변에 널려 있다. 연말이면 멀쩡한 보도블록을 뜯어내고 새 블록으로 바꾸는 속사정을 국민은 (37)이미 꿰뚫어 보고 있다. 예산이 (38)넉넉히 남으면 당장 필요하지 않은 장비라도 일단 사 놓고, 그래도 돈이 (39)남으면 외유성 출장을 가기도 한다. 인수위가 "예산을 절감해 불용액(예산을 쓰고 남은 돈)이 생기더라도 이듬해에 예산을 깎지 않겠다."고 밝힌 것은 예산 낭비의 구조적 요인을 시정하겠다는 뜻이지만 근본 해결책은 못 된다. '보도블록 교체' 관행만 해도 "(40)심한 곳부터 선택하여 뿌리 뽑겠다."는 장담이 (41)여러 차례 있었지만 수십 년째 되풀이되고 있다. 예산을 '(42)눈먼 돈', 세금을 '남의 (43)돈' 정도로 취급하는 일부 공무원들의 도덕적 해이를 그대로 두고는 어떤 처방도 소용이 없다.　　　-동아일보 칼럼 중에서-

〈보기〉	錢　恥　盲　裕　殘　庶　邊　甚　已

주37._____　　주38._____　　주39._____
주40._____　　주41._____　　주42._____
주43._____

※ 다음 문장 중 한자로 표기된 단어의 독음을 쓰시오.

주44. 여권을 **僞造**한 일당이 검거되었다.
(   )

주45. 그는 **受賂** 혐의로 불구속 기소되었다.
(   )

주46. 시험을 치를 때에는 **愼重**을 기해야 한다.
(   )

주47. 양 선수의 실력은 **優劣**을 가리기 어렵다.
(   )

주48. 슬픈 내용의 이야기들은 **淚腺**을 자극한다.
(   )

주49. 오디션에 합격하여 연극의 **臺本**을 받았다.
(   )

주50. 강사로 **招聘**되어 해외에서 근무하게 되었다.
(   )

주51. 텔레비전의 광고가 **奢侈**를 조장하기도 한다.
(   )

주52. 기름 유출 사고로 생태계가 심각하게 **毁損**되었다.
(   )

주53. 소나무, 밤나무, 잣나무가 **鬱蒼**한 숲을 이루었다.
(   )

주54. **僻地**에는 입학생이 없어 학교가 폐교되기도 한다.
(   )

주55. 엄마들은 어린아이에게서 **暫時**도 눈을 뗄 수가 없다.
(   )

주56. 우리 반의 자랑거리는 **疎外**되는 학생이 없다는 것이다.
(   )

※ 다음 문장 중 ( ) 안의 단어를 한자로 쓰시오.

주57. 국제(**결혼**)이 보편화되어 가고 있다.
(   )

주58. 모든 색을 (**혼합**)하면 검정색이 나온다.
(   )

주59. 컴퓨터가 (**고장**)나서 사용할 수가 없다.
(   )

주60. 시험이 끝나고 오랜만에 (**휴식**)을 취했다.
(   )

주61. 그는 인상착의가 (**평범**)하여 잘 기억나지 않는다.
(   )

주62. 스스로의 삶에 (**만족**)할 줄 아는 사람이 진정한 부자이다.
(   )

주63. 정성스런 간호에도 불구하고 병세는 (**호전**)되지 않았다.
(   )

※ 다음 문장 중 한자로 표기한 단어의 잘못된 부분을 바르게 고쳐 쓰시오. (단, 음이 같은 한자로 고칠 것)

주64. **學比**를 벌기 위해 방학 동안 아르바이트를 하였다.
(→   )

주65. 그는 자동차를 정비하는 **技述**이 남달라 그 업계에서 유명해졌다.
(→   )

※ 다음 □ 안에 적당한 한자를 넣어 〈보기〉의 설명에 해당하는 성어를 완성하시오.

주66. 日就□□   (,   )

| 〈보기〉 | 나날이 다달이 자라거나 발전함 |

주67. □手無□   (,   )

| 〈보기〉 | 손을 묶은 것처럼 어찌할 도리가 없어 꼼짝 못함 |

주68. 背恩□□   (,   )

| 〈보기〉 | 남에게 입은 은덕을 저버리고 배신하는 태도가 있음 |

주69. 大□□成   (,   )

| 〈보기〉 | '큰 그릇을 만드는 데는 시간이 오래 걸린다.'는 뜻으로, 크게 될 사람은 늦게 이루어짐을 이르는 말 |

주70. 金□玉□   (,   )

| 〈보기〉 | '금으로 된 가지와 옥으로 된 잎'이라는 뜻으로, 임금의 가족을 높여 이르거나 귀한 자손을 이르는 말 |

풀자 부록

풀기만 하면 자격증 따는 - 「풀자」

- 한자자격시험 예상문제 정답
- 한자자격시험 기출문제 정답
- 한자자격시험 대비 OCR 답안지

1회 예상문제 정답

[객관식]

1. ②   2. ③   3. ①   4. ③   5. ②
6. ②   7. ④   8. ④   9. ③   10. ①
11. ② 12. ④ 13. ① 14. ② 15. ③
16. ② 17. ① 18. ① 19. ② 20. ③
21. ④ 22. ① 23. ② 24. ② 25. ④
26. ③ 27. ④ 28. ① 29. ① 30. ④

[주관식]

주1. 끌 연   주2. 겨를 가   주3. 어른 장   주4. 깨달을 각
주5. 흙 양   주6. 책펴낼 간   주7. 속일 사   주8. 익힐 강
주9. 납 연   주10. 그을 획   주11. 慣   주12. 販
주13. 奴   주14. 株   주15. 鹿   주16. 避
주17. 激   주18. 揮   주19. 擔   주20. 悔
주21. 訂   주22. 갈증   주23. 경직   주24. 구제
주25. 기지   주26. 도주   주27. 반영   주28. 부유
주29. 소독   주30. 심각   주31. 예리   주32. 응모
주33. 점거   주34. 준걸   주35. 추측   주36. 포부
주37. 邦   주38. 盜   주39. 逃   주40. 銳
주41. 揮   주42. 芳   주43. 耐   주44. 타당
주45. 명예   주46. 가축   주47. 붕괴   주48. 교편
주49. 긴장   주50. 소개   주51. 연소   주52. 울창
주53. 증여   주54. 퇴적   주55. 모방   주56. 갱도
주57. 平凡   주58. 背泳   주59. 覺悟   주60. 俊秀
주61. 擔任   주62. 雜草   주63. 故障   주64. 宣→線
주65. 致→置   주66. 臨, 戰   주67. 難, 忘   주68. 馬, 肥
주69. 揚, 揚   주70. 憂, 患

2회 예상문제 정답

[객관식]

1. ④   2. ③   3. ①   4. ③   5. ②
6. ①   7. ②   8. ③   9. ④   10. ③
11. ② 12. ① 13. ④ 14. ② 15. ①
16. ② 17. ① 18. ② 19. ④ 20. ③
21. ③ 22. ① 23. ③ 24. ① 25. ②
26. ① 27. ② 28. ② 29. ① 30. ③

[주관식]

주1. 막을 거   주2. 모양 양   주3. 고리 환   주4. 기울 경
주5. 노래 요   주6. 클 홍   주7. 기계 계   주8. 물가 애
주9. 저물 혼   주10. 봉우리 봉   주11. 險   주12. 妄
주13. 債   주14. 博   주15. 整   주16. 兼
주17. 爆   주18. 困   주19. 臺   주20. 銘
주21. 拒   주22. 감탄   주23. 계기   주24. 구조
주25. 누전   주26. 도피   주27. 배려   주28. 분주
주29. 송사   주30. 아담   주31. 용상   주32. 인내
주33. 정벌   주34. 준수   주35. 치사   주36. 폭발
주37. 涯   주38. 壁   주39. 孔   주40. 敏
주41. 拒   주42. 丈   주43. 援   주44. 비방
주45. 구차   주46. 나태   주47. 수렴   주48. 연안
주49. 위로   주50. 지진   주51. 투명   주52. 몰입
주53. 희생   주54. 비유   주55. 굴복   주56. 납치
주57. 溫泉   주58. 追慕   주59. 混合   주60. 包圍
주61. 保衛   주62. 講演   주63. 卽刻   주64. 暑→署
주65. 人→因   주66. 張, 李   주67. 傾, 國   주68. 顔, 恥
주69. 上, 下   주70. 熟, 考

3회 예상문제 정답

[객관식]

1. ① 2. ③ 3. ② 4. ② 5. ④
6. ① 7. ② 8. ③ 9. ① 10. ②
11. ② 12. ① 13. ③ 14. ③ 15. ①
16. ② 17. ④ 18. ② 19. ② 20. ④
21. ③ 22. ③ 23. ④ 24. ③ 25. ②
26. ③ 27. ② 28. ④ 29. ② 30. ④

[주관식]

주1. 욕될 욕	주2. 형통할 형	주3. 갓 관	주4. 주릴 아
주5. 법 헌	주6. 주먹 권	주7. 깃 우	주8. 소리 향
주9. 버금 아	주10. 버섯 균	주11. 粉	주12. 礎
주13. 庶	주14. 疑	주15. 輪	주16. 供
주17. 環	주18. 露	주19. 腸	주20. 姑
주21. 派	주22. 개헌	주23. 계획	주24. 구차
주25. 단기	주26. 돌파	주27. 번성	주28. 불상
주29. 쇄신	주30. 안일	주31. 우아	주32. 일탈
주33. 제공	주34. 중순	주35. 치욕	주36. 폭탄
주37. 鹿	주38. 黨	주39. 妥	주40. 突
주41. 囚	주42. 逃	주43. 捕	주44. 수뢰
주45. 염세적	주46. 윤곽	주47. 환상	주48. 훼손
주49. 미신	주50. 건조	주51. 희소	주52. 권태
주53. 다한증	주54. 수사	주55. 회고	주56. 융성
주57. 大麻草	주58. 專攻	주59. 穀倉	주60. 完了
주61. 稱頌	주62. 環境	주63. 被害	주64. 貿→茂
주65. 鎭→陣	주66. 赤, 拳	주67. 卵, 骨	주68. 壞, 差
주69. 事, 亨	주70. 惡, 鬪		

4회 예상문제 정답

[객관식]

1. ② 2. ① 3. ③ 4. ② 5. ④
6. ③ 7. ④ 8. ③ 9. ④ 10. ①
11. ④ 12. ③ 13. ① 14. ③ 15. ②
16. ② 17. ③ 18. ② 19. ③ 20. ①
21. ③ 22. ③ 23. ② 24. ③ 25. ②
26. ① 27. ① 28. ④ 29. ④ 30. ②

[주관식]

주1. 배 항	주2. 우편 우	주3. 빌 기	주4. 목 항
주5. 열흘 순	주6. 견딜 내	주7. 다 함	주8. 도울 원
주9. 종 노	주10. 피할 피	주11. 巡	주12. 委
주13. 資	주14. 皇	주15. 照	주16. 評
주17. 壁	주18. 宣	주19. 貫	주20. 追
주21. 具	주22. 거부	주23. 고려	주24. 권장
주25. 단아	주26. 두뇌	주27. 번영	주28. 비교
주29. 수료	주30. 암벽	주31. 우편	주32. 인쇄
주33. 축제	주34. 지주	주35. 친목	주36. 항거
주37. 暑	주38. 克	주39. 苟	주40. 鷄
주41. 腹	주42. 栗	주43. 庶	주44. 징벌
주45. 파악	주46. 반려	주47. 검열	주48. 빈도
주49. 궤도	주50. 대본	주51. 순장	주52. 예민
주53. 이면	주54. 착잡	주55. 파종	주56. 배상
주57. 保險	주58. 開拓	주59. 陳述	주60. 逃亡
주61. 絶版	주62. 功績	주63. 優雅	주64. 浦→布
주65. 職→織	주66. 絶, 世	주67. 肉, 策	주68. 一, 律
주69. 識, 丁	주70. 易, 思		

5회 예상문제 정답

[객관식]

1. ③ 2. ④ 3. ① 4. ② 5. ③
6. ② 7. ④ 8. ③ 9. ① 10. ①
11. ② 12. ① 13. ④ 14. ② 15. ①
16. ① 17. ① 18. ③ 19. ③ 20. ②
21. ① 22. ① 23. ② 24. ③ 25. ①
26. ③ 27. ③ 28. ④ 29. ① 30. ②

[주관식]

주1. 배 주   주2. 가둘 수   주3. 멜 담   주4. 입을 피
주5. 밥통 위   주6. 맑을 담   주7. 멀 유   주8. 논 답
주9. 인쇄할 쇄   주10. 터질 폭   주11. 涉   주12. 織
주13. 倉   주14. 測   주15. 胞   주16. 確
주17. 額   주18. 派   주19. 礎   주20. 帶
주21. 航   주22. 걸출   주23. 관계   주24. 규범
주25. 담보   주26. 만반   주27. 보상   주28. 사기
주29. 수연   주30. 여가   주31. 우표   주32. 자태
주33. 제의   주34. 지휘   주35. 침공   주36. 허망
주37. 娘   주38. 梅   주39. 姿   주40. 裝
주41. 享   주42. 悠   주43. 距   주44. 격려
주45. 사면   주46. 금수   주47. 도감   주48. 습도
주49. 오류   주50. 장애   주51. 참상   주52. 패권
주53. 배척   주54. 결핍   주55. 사이비   주56. 급등
주57. 快晴   주58. 歡迎   주59. 閑暇   주60. 粉乳
주61. 建設   주62. 差異   주63. 毒感   주64. 收→輸
주65. 順→旬   주66. 頂, 門   주67. 盡, 甘   주68. 他, 石
주69. 博, 學   주70. 飛, 梨

6회 예상문제 정답

[객관식]

1. ② 2. ① 3. ② 4. ④ 5. ①
6. ① 7. ④ 8. ① 9. ② 10. ③
11. ③ 12. ① 13. ② 14. ① 15. ③
16. ③ 17. ② 18. ② 19. ③ 20. ①
21. ① 22. ② 23. ④ 24. ③ 25. ②
26. ③ 27. ③ 28. ③ 29. ④ 30. ②

[주관식]

주1. 빌릴 대   주2. 물가 포   주3. 송사할 송   주4. 문서 적
주5. 물갈래 파   주6. 독 독   주7. 모양 태   주8. 마땅 의
주9. 돼지 돈   주10. 베풀 선   주11. 享   주12. 苟
주13. 弘   주14. 拒   주15. 侵   주16. 緣
주17. 憲   주18. 裕   주19. 督   주20. 聯
주21. 盲   주22. 검술   주23. 관례   주24. 균사
주25. 대여   주26. 만조   주27. 보상   주28. 사칭
주29. 수인   주30. 여권   주31. 운항   주32. 잔류
주33. 조공   주34. 진술   주35. 침략   주36. 혈맹
주37. 績   주38. 機   주39. 麻   주40. 豚
주41. 斤   주42. 栗   주43. 蔬   주44. 돈독
주45. 심의   주46. 오만   주47. 재앙   주48. 창공
주49. 폐광   주50. 범람   주51. 결함   주52. 사찰
주53. 긍지   주54. 둔각   주55. 악취   주56. 오염
주57. 整理   주58. 位置   주59. 妥協   주60. 回避
주61. 抗拒   주62. 新郞   주63. 群落   주64. 付→負
주65. 後→厚   주66. 令, 改   주67. 猶, 及   주68. 卓, 論
주69. 背, 恩   주70. 烏, 卒

7회 예상문제 정답

[객관식]

1. ③ 2. ① 3. ② 4. ④ 5. ①
6. ④ 7. ① 8. ② 9. ① 10. ④
11. ④ 12. ② 13. ③ 14. ④ 15. ②
16. ① 17. ③ 18. ② 19. ④ 20. ①
21. ④ 22. ③ 23. ② 24. ① 25. ②
26. ③ 27. ④ 28. ④ 29. ① 30. ④

[주관식]

주1. 탑 탑 주2. 혼인할 인 주3. 어지러울 란 주4. 값 치
주5. 생각 려 주6. 용서할 서 주7. 곁 측 주8. 사모할 련
주9. 편안 일 주10. 넘을 초 주11. 畿 주12. 盜
주13. 珍 주14. 履 주15. 斯 주16. 澤
주17. 任 주18. 周 주19. 涯 주20. 損
주21. 周 주22. 격돌 주23. 관리 주24. 근조
주25. 대피 주26. 맹랑 주27. 보장 주28. 산란
주29. 수입 주30. 역사 주31. 위생 주32. 잔액
주33. 조류 주34. 질서 주35. 타당 주36. 혜택
주37. 慣 주38. 捨 주39. 築 주40. 陳
주41. 訂 주42. 妨 주43. 哲 주44. 절규
주45. 천도 주46. 포기 주47. 벽지 주48. 결항
주49. 삽화 주50. 기도 주51. 마찰 주52. 안녕
주53. 완화 주54. 정서 주55. 초록 주56. 함축
주57. 儉素 주58. 創社 주59. 反映 주60. 亭子
주61. 謹嚴 주62. 唯一 주63. 土壤 주64. 賤→踐
주65. 貸→帶 주66. 衆, 防 주67. 近, 黑 주68. 破, 勢
주69. 捨, 取 주70. 流, 芳

8회 예상문제 정답

[객관식]

1. ④ 2. ① 3. ③ 4. ④ 5. ②
6. ② 7. ③ 8. ② 9. ② 10. ④
11. ① 12. ② 13. ① 14. ③ 15. ①
16. ③ 17. ④ 18. ③ 19. ① 20. ④
21. ① 22. ④ 23. ③ 24. ③ 25. ①
26. ① 27. ④ 28. ③ 29. ② 30. ②

[주관식]

주1. 고개 령 주2. 첩 첩 주3. 상서로울 상 주4. 사슴 록
주5. 밝을 철 주6. 용 룡 주7. 빛 채 주8. 맏 맹
주9. 곳집 창 주10. 맵시 자 주11. 敏 주12. 港
주13. 額 주14. 普 주15. 償 주16. 享
주17. 陳 주18. 執 주19. 贊 주20. 缺
주21. 確 주22. 결례 주23. 관섭 주24. 기고
주25. 대항 주26. 명심 주27. 복잡 주28. 생애
주29. 숙면 주30. 연기 주31. 위성 주32. 장비
주33. 조정 주34. 채소 주35. 태도 주36. 홍보
주37. 宴 주38. 亭 주39. 恭 주40. 賊
주41. 恕 주42. 紛 주43. 距 주44. 병렬
주45. 겸손 주46. 상징 주47. 기로 주48. 매체
주49. 애도 주50. 요새 주51. 제휴 주52. 초빙
주53. 항설 주54. 부고 주55. 교묘 주56. 서약
주57. 後悔 주58. 虛妄 주59. 樂譜 주60. 契約
주61. 淺薄 주62. 妨害 주63. 提示 주64. 岸→顔
주65. 術→述 주66. 指, 鹿 주67. 枝, 葉 주68. 抱, 腹
주69. 成, 虎 주70. 相, 從

한자자격시험 - 3급

정답

www.hanja114.org

9회 예상문제 정답

[객관식]

1. ③ 2. ① 3. ③ 4. ② 5. ④
6. ③ 7. ④ 8. ④ 9. ③ 10. ③
11. ④ 12. ② 13. ① 14. ④ 15. ①
16. ③ 17. ① 18. ④ 19. ④ 20. ①
21. ② 22. ③ 23. ① 24. ③ 25. ①
26. ② 27. ① 28. ③ 29. ④ 30. ①

[주관식]

주1. 맹세 맹 주2. 어긋날 차 주3. 새길 명 주4. 조카 질
주5. 바로잡을 정 주6. 제사 사 주7. 늘어놓을 진 주8. 무역할 무
주9. 못 지 주10. 재빠를 민 주11. 妨 주12. 症
주13. 盲 주14. 逸 주15. 齊 주16. 彈
주17. 港 주18. 態 주19. 激 주20. 側
주21. 捕 주22. 겸상 주23. 관혼 주24. 기묘
주25. 덕택 주26. 모집 주27. 부담 주28. 서무
주29. 순보 주30. 연착 주31. 위원 주32. 저당
주33. 죄수 주34. 처첩 주35. 판권 주36. 환약
주37. 訂 주38. 苟 주39. 盟 주40. 刻
주41. 衛 주42. 弘 주43. 講 주44. 기만
주45. 맥락 주46. 여정 주47. 요통 주48. 조각
주49. 초월 주50. 허락 주51. 부임 주52. 교외
주53. 서찰 주54. 기아 주55. 맹수 주56. 연모
주57. 基礎 주58. 履歷 주59. 痛症 주60. 休暇
주61. 敏感 주62. 念慮 주63. 高尙 주64. 庶→恕
주65. 航→港 주66. 指, 呼 주67. 難, 攻 주68. 花, 態
주69. 加, 霜 주70. 以, 卵

10회 예상문제 정답

[객관식]

1. ① 2. ④ 3. ③ 4. ② 5. ①
6. ② 7. ② 8. ② 9. ② 10. ①
11. ③ 12. ④ 13. ② 14. ④ 15. ③
16. ② 17. ② 18. ④ 19. ① 20. ②
21. ③ 22. ④ 23. ④ 24. ② 25. ①
26. ③ 27. ③ 28. ④ 29. ② 30. ④

[주관식]

주1. 기록할 지 주2. 터럭 발 주3. 증세 증 주4. 방해할 방
주5. 휘장 장 주6. 무리 배 주7. 두루 주 주8. 족보 보
주9. 건널 제 주10. 점 복 주11. 頌 주12. 演
주13. 恭 주14. 差 주15. 擔 주16. 鬪
주17. 抗 주18. 優 주19. 忍 주20. 刻
주21. 丸 주22. 겸임 주23. 교섭 주24. 기여
주25. 도적 주26. 묘책 주27. 부서 주28. 서적
주29. 신축 주30. 연필 주31. 유복 주32. 저술
주33. 주위 주34. 철권 주35. 판매 주36. 후회
주37. 峰 주38. 陣 주39. 克 주40. 逃
주41. 鬪 주42. 劍 주43. 響 주44. 우열
주45. 조제 주46. 충돌 주47. 확대 주48. 분석
주49. 교체 주50. 서행 주51. 기획 주52. 면역
주53. 연민 주54. 우화 주55. 졸고 주56. 취미
주57. 淸掃 주58. 背景 주59. 罪囚 주60. 內紛
주61. 雜誌 주62. 販路 주63. 休息 주64. 姑→稿
주65. 背→輩 주66. 進, 難 주67. 奔, 走 주68. 會, 者
주69. 舊, 迎 주70. 應, 變

정답

제45회 기출문제 정답

[객관식]

1. ③ 2. ② 3. ④ 4. ① 5. ④
6. ③ 7. ② 8. ② 9. ④ 10. ①
11. ② 12. ① 13. ③ 14. ① 15. ③
16. ② 17. ④ 18. ④ 19. ③ 20. ④
21. ② 22. ① 23. ③ 24. ② 25. ①
26. ④ 27. ① 28. ③ 29. ③ 30. ②

[주관식]

주1. 진압할 진 주2. 의논할 의 주3. 울릴 향 주4. 우러를 앙
주5. 어조사 우 주6. 막을 거 주7. 베풀 시 주8. 다할 궁
주9. 넓을 박 주10. 익힐 강 주11. 倉 주12. 販
주13. 副 주14. 墓 주15. 慣 주16. 謠
주17. 興 주18. 監 주19. 側 주20. 任
주21. 包 주22. 누전 주23. 지엽 주24. 포부
주25. 친목 주26. 대항 주27. 비난 주28. 근조
주29. 모집 주30. 안일 주31. 주위 주32. 예리
주33. 사건 주34. 지주 주35. 색인 주36. 쾌재
주37. 我 주38. 喜 주39. 晩 주40. 束
주41. 或 주42. 此 주43. 差 주44. 타당
주45. 연소 주46. 상징 주47. 피곤 주48. 구차
주49. 편집 주50. 울창 주51. 이면 주52. 연민
주53. 항상 주54. 수뢰 주55. 발췌 주56. 서약
주57. 淡白 주58. 忍耐 주59. 規則 주60. 回避
주61. 莫重 주62. 覺悟 주63. 木蓮 주64. 郡→群
주65. 傳→全 주66. 盡, 甘 주67. 就, 將 주68. 熟, 考
주69. 姑, 計 주70. 致, 知

제46회 기출문제 정답

[객관식]

1. ② 2. ④ 3. ③ 4. ② 5. ①
6. ④ 7. ① 8. ③ 9. ① 10. ④
11. ③ 12. ③ 13. ① 14. ③ 15. ②
16. ② 17. ④ 18. ① 19. ③ 20. ②
21. ② 22. ④ 23. ② 24. ② 25. ①
26. ① 27. ② 28. ① 29. ③ 30. ②

[주관식]

주1. 근심 우 주2. 조카 질 주3. 살찔 비 주4. 고리 환
주5. 생각 려 주6. 누구 수 주7. 날카로울 예 주8. 캘 채
주9. 진실로 구 주10. 모양 양 주11. 拒 주12. 償
주13. 眠 주14. 輩 주15. 恕 주16. 供
주17. 切 주18. 組 주19. 推 주20. 捕
주21. 倍 주22. 흡입 주23. 도피 주24. 걸출
주25. 계기 주26. 연기 주27. 홍보 주28. 조정
주29. 진술 주30. 불상 주31. 관섭 주32. 단아
주33. 반영 주34. 협조 주35. 범죄 주36. 평소
주37. 索 주38. 露 주39. 忘 주40. 舞
주41. 波 주42. 妻 주43. 背 주44. 권태
주45. 굴복 주46. 충돌 주47. 기로 주48. 희소
주49. 급등 주50. 우열 주51. 허탈 주52. 천도
주53. 연안 주54. 애도 주55. 기획 주56. 경직
주57. 完納 주58. 俊秀 주59. 姿態 주60. 記憶
주61. 內紛 주62. 開拓 주63. 或是 주64. 代→帶
주65. 吏→履 주66. 難, 攻 주67. 指, 鹿 주68. 臨, 戰
주69. 赤, 拳 주70. 罰, 戒

제47회 기출문제 정답

[객관식]

1. ③ 2. ① 3. ④ 4. ③ 5. ①
6. ② 7. ④ 8. ② 9. ① 10. ③
11. ④ 12. ① 13. ③ 14. ① 15. ④
16. ② 17. ③ 18. ② 19. ③ 20. ①
21. ③ 22. ④ 23. ② 24. ④ 25. ③
26. ② 27. ④ 28. ① 29. ② 30. ④

[주관식]

주1. 곳집 창 주2. 넉넉할 유 주3. 도울 원 주4. 종 노
주5. 겨를 가 주6. 목마를 갈 주7. 구리 동 주8. 저물 혼
주9. 기둥 주 주10. 항구 항 주11. 粉 주12. 差
주13. 頌 주14. 揮 주15. 委 주16. 害
주17. 味 주18. 傑 주19. 盲 주20. 愁
주21. 周 주22. 태도 주23. 근조 주24. 검술
주25. 위생 주26. 치사 주27. 역사 주28. 장비
주29. 항상 주30. 후회 주31. 순보 주32. 감탄
주33. 개헌 주34. 침략 주35. 겸상 주36. 잔류
주37. 築 주38. 募 주39. 遺 주40. 逢
주41. 離 주42. 座 주43. 淨 주44. 배려
주45. 결항 주46. 기만 주47. 조각 주48. 추돌
주49. 집착 주50. 납치 주51. 착잡 주52. 완화
주53. 졸고 주54. 유대 주55. 후보 주56. 장애
주57. 大麻草 주58. 講演 주59. 擔任 주60. 奔走
주61. 他界 주62. 檢査 주63. 習慣 주64. 職→織
주65. 志→止 주66. 卓, 空 주67. 深, 考 주68. 應, 變
주69. 姑, 息 주70. 緣, 求

제48회 기출문제 정답

[객관식]

1. ③ 2. ② 3. ④ 4. ① 5. ②
6. ② 7. ③ 8. ② 9. ① 10. ②
11. ③ 12. ① 13. ② 14. ③ 15. ④
16. ② 17. ④ 18. ② 19. ① 20. ②
21. ② 22. ④ 23. ④ 24. ④ 25. ②
26. ③ 27. ① 28. ② 29. ③ 30. ①

[주관식]

주1. 재물 자 주2. 다할 진 주3. 평온할 타 주4. 물가 포
주5. 질 부 주6. 부칠 기 주7. 허파 폐 주8. 날카로울 예
주9. 가둘 수 주10. 인쇄할 쇄 주11. 隊 주12. 涯
주13. 傑 주14. 睦 주15. 距 주16. 熟
주17. 突 주18. 聰 주19. 着 주20. 覺
주21. 寫 주22. 후배 주23. 변론 주24. 발간
주25. 조건 주26. 제공 주27. 광택 주28. 부조
주29. 붕당 주30. 역시 주31. 취사 주32. 반영
주33. 타도 주34. 기념 주35. 강림 주36. 보급
주37. 己 주38. 裕 주39. 殘 주40. 甚
주41. 庶 주42. 盲 주43. 錢 주44. 위조
주45. 수뢰 주46. 신중 주47. 우열 주48. 누선
주49. 대본 주50. 초빙 주51. 사치 주52. 훼손
주53. 울창 주54. 벽지 주55. 잠시 주56. 소외
주57. 結婚 주58. 混合 주59. 故障 주60. 休息
주61. 平凡 주62. 滿足 주63. 好轉 주64. 比→費
주65. 述→術 주66. 月, 將 주67. 束, 策 주68. 忘, 德
주69. 器, 晩 주70. 枝, 葉

수고하셨습니다.
「풀자」를 학습하신 분들이
한자자격시험에 꼭 합격하시길
기원합니다!

사범, 1급~3급 응시자용

국가공인 한자자격시험 답안지

주관 : (사)한자교육진흥회
시행 : 한국한자실력평가원

1 | 1

회 차	제 회	응시등급	
감독관 확 인	(서명)	사 범	○
		1 급	○
		2 급	○
		3 급	○

성 명	

수험번호

			-			-			-				
⓪	⓪	⓪		⓪	⓪		⓪	⓪		⓪	⓪	⓪	⓪
①	①	①		①	①		①	①		①	①	①	①
②	②	②		②	②		②			②	②	②	②
③	③	③		③	③		③			③	③	③	③
④	④	④		④	④					④	④	④	④
⑤	⑤	⑤	-	⑤	⑤	-			-	⑤	⑤	⑤	⑤
⑥	⑥	⑥		⑥	⑥					⑥	⑥	⑥	⑥
⑦	⑦	⑦		⑦	⑦					⑦	⑦	⑦	⑦
⑧	⑧	⑧		⑧	⑧					⑧	⑧	⑧	⑧
⑨	⑨	⑨		⑨	⑨					⑨	⑨	⑨	⑨

주민등록번호

						-							
⓪	⓪	⓪	⓪	⓪	⓪		⓪	⓪	⓪	⓪	⓪	⓪	⓪
①	①	①	①	①	①		①	①	①	①	①	①	①
②	②		②	②	②		②	②	②	②	②	②	②
③	③		③	③	③		③	③	③	③	③	③	③
④	④		④		④	-	④	④	④	④	④	④	④
⑤	⑤		⑤		⑤		⑤	⑤	⑤	⑤	⑤	⑤	⑤
⑥	⑥		⑥		⑥		⑥	⑥	⑥	⑥	⑥	⑥	⑥
⑦	⑦		⑦		⑦		⑦	⑦	⑦	⑦	⑦	⑦	⑦
⑧	⑧		⑧		⑧		⑧	⑧	⑧	⑧	⑧	⑧	⑧
⑨	⑨		⑨		⑨			⑨	⑨	⑨	⑨	⑨	⑨

객 관 식 답 안 란

1	①②③④	16	①②③④	31	①②③④
2	①②③④	17	①②③④	32	①②③④
3	①②③④	18	①②③④	33	①②③④
4	①②③④	19	①②③④	34	①②③④
5	①②③④	20	①②③④	35	①②③④
6	①②③④	21	①②③④	36	①②③④
7	①②③④	22	①②③④	37	①②③④
8	①②③④	23	①②③④	38	①②③④
9	①②③④	24	①②③④	39	①②③④
10	①②③④	25	①②③④	40	①②③④
11	①②③④	26	①②③④	41	①②③④
12	①②③④	27	①②③④	42	①②③④
13	①②③④	28	①②③④	43	①②③④
14	①②③④	29	①②③④	44	①②③④
15	①②③④	30	①②③④	45	①②③④
				46	①②③④
				47	①②③④
				48	①②③④
				49	①②③④
				50	①②③④

※ 답안지 작성요령

1. 객관식 답은 해당번호에 검정색 펜으로 표기
   ▶ 바른표기 예 : ●
   ▶ 틀린표기 예 : ◑ ⊙ ✓ ⊗
2. 객관식 답을 수정할 때는 수정테이프를 사용
3. 주관식 답을 수정할 때는 두줄로 긋고 작성
4. 본 답안지를 구기거나 훼손하지 마시오

문항	주관식 답안란	채점	문항	주관식 답안란	채점
主1		○	主16		○
主2		○	主17		○
主3		○	主18		○
主4		○	主19		○
主5		○	主20		○
主6		○	主21		○
主7		○	主22		○
主8		○	主23		○
主9		○	主24		○
主10		○	主25		○
主11		○	主26		○
主12		○	主27		○
主13		○	主28		○
主14		○	主29		○
主15		○	主30		○

※ 주관식 31~100번 답안란은 뒷면에 있음.

※ 응시자는 채점란의 ○표에 표기하지 마시오.

문항	주관식 답안란	채점	문항	주관식 답안란	채점	문항	주관식 답안란 (사범, 1급용)	채점	문항	주관식 답안란 (사범, 1급용)	채점
주31		○	주46		○	주61		○	주71		○
주32		○	주47		○	주62		○	주72		○
주33		○	주48		○	주63		○	주73		○
주34		○	주49		○	주64		○	주74		○
주35		○	주50		○	주65		○	주75		○
주36		○	주51		○	주66		○	주76		○
주37		○	주52		○	주67		○	주77		○
주38		○	주53		○	주68		○	주78		○
주39		○	주54		○	주69		○	주79		○
주40		○	주55		○	주70		○	주80		○
주41		○	주56		○				주81		○
주42		○	주57		○				주82		○
주43		○	주58		○				주83		○
주44		○	주59		○				주84		○
주45		○	주60		○				주85		○

문항	주관식 답안란 (사범, 1급용)	채점
주86		○
주87		○
주88		○
주89		○
주90		○
주91		○
주92		○
주93		○
주94		○
주95		○
주96		○
주97		○
주98		○
주99		○
주100		○

사범 급수 문장해석 점수
(응시자 표기 금지)

(백) ⓪ ① ② ③ ④ ⑤ ⑥ ⑦ ⑧ ⑨
⓪ ① ② ③ ④ ⑤ ⑥ ⑦ ⑧ ⑨

채점위원 확인란

초검위원
재검위원